ENSEIGNEMENT MUTUEL.

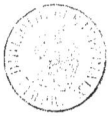

MÉTHODE LATINE.

PREMIÈRE ESPÈCE DE MOTS. — *LE NOM.* (Voir Lhomond '.)

TABLEAU DES DÉCLINAISONS.

	1re DÉCLINAISON.		2e DÉCLINAISON.						3e DÉCLINAISON.						4e DÉCLINAISON.				5e DÉCLINAISON.	
(2)	Sing.	Plur.	Sing.	Pl.	Sing.	Pl.	Sing.	Pl.	Sing.	Pl.	Sing.	Pl.	Sing.	Pl.	Sing.	Pl.	Sing.	Pl.	Sing.	Plur.
Nom.	a	æ	us	i	er	i	um	a	—	es	—	a	—	es	us	us	u	ua	es	es
Gén.	æ	arum	i	orum	i	orum	i	orum	is	um	is	um	is	ium	ûs	uum	u	num	ei	ernm
Dat.	æ	is	o	is	o	is	o	is	i	ibus	i	ibus	i	ibus	ui	ibus	u	ibus	ei	ebus
Acc.	am	as	um	os	um	os	um	a	em	es	—	a	em	es	um	us	u	ua	em	es
Voc.	ó a	ó æ	ó e	ó i	ó er	ó i	ó um	ó a	ó —	ó es	ó a	ó —	ó es	ó us	ó us	ó u	ó ua	ó es	ó es
Abl.	â	is	o	is	o	is	o	is	e	ibus	e	ibus	e	ibus	u	ibus	u	ibus	e	ebus.

Décliner les noms suivants sur **Rosa**.

A.

(3) Abondance, *f.* Abundantia, æ.
Copia, æ.
(4) Absence, *f.* Absentia, æ.
Acreté, *f.* Acrimonia, æ.
Action, *f.* Combat, *m.* Pugna, æ.
Adresse, *f.* Solertia, æ. Industria, æ. Astutia, æ.
Adversité, *f.* Misoria, æ.
Affection, *f.* Bienveillance, *f.* Benevolentia, æ.
Affront, *m.* Injure, *f.* Contumelia, æ.
Agriculture, *f.* Agricultura, æ.
1. Aigle, *m.* Aquila, æ.
Aile, *f.* Ala, æ.
Air, *m.* (vent). Aura, æ.
Air, *m.* (chanson). Cantilena, æ.
Alarme, *f.* Cura, æ.
Algue, *f.* Alga, æ.
Allégresse, *f.* Lætitia, æ.
Alouette, *f.* Alauda, æ.
Ambroisie, *f.* Ambrosia, æ.
Ame, *f.* Anima, æ.
2. Amende, *f.* (peine d'un délit). Mulcta, æ.
Amie, *f.* Amica, æ.
Amitié, *f.* Amicitia, æ.

Amusement, *m.* Nugæ, arum, *f. pl.*
Amphore, *f.* Amphora, æ.
Anatomie, *f.* Anatomia, æ.
Analogie, *f.* Analogia, æ.
Ancre, *f.* Anchora, æ.
Anesse, *f.* Asina, æ.
Animal, *m.* (bête féroce). Fera, æ. Bellua, æ.
3. Anse, *f.* Ansa, æ.
Araignée, *f.* Aranea, æ.
Arbrisseau, *m.* Arbuscula, æ.
Arche, *f.* Coffre, *m.* Arca, æ.
Architecture, *f.* Architectura, æ.
Arène, *f.* Sable, *m.* Arena, æ.
Argent, *m.* (monnaie). Pecunia, æ.
Arrogance, *f.* (hauteur). Insolentia, æ.
Assurance, *f.* Fiducia, æ.
Astronomie, *f.* Astronomia, æ.
4. Atelier, *m.* Officine, *f.* Officina, æ.
Athlète, *m.* Athleta, æ. *m.*
Attrait, *m.* Illecebræ, arum.
Audace, *f.* Audacia, æ.
Aumône, *f.* Eleemosina, æ.
Autel, *m.* Ara, æ.
Aune, *f.* Ulna, æ.
Aurore, *f.* Aurora, æ.
Avarice, *f.* Avaritia, æ.

Avis, *m.* Sentiment, *m.* Sententia, æ.
5. Avoine, *f.* Chalumeau, *m.* Avena, æ.

B.

Baguette, *f.* Verge. *f.* Virga, æ.
Balai, *m.* Scopæ, arum, *f. pl.*
Balle, *f.* (à jouer). Pila, æ.
Baleine, *f.* Balena, æ.
Bandelette sacrée, *f.* Infula, æ. Vitta, æ.
Barque, *f.* Cymba, æ.
Barque, *f.* (petite). Cymbula, æ.
6. Bât, *m.* Clitellæ, arum.
Bataille, *f.* Combat, *m.* Pugna, æ.
Belette, *f.* Mustela, æ.
Bosace, *f.* Pera, æ. Porula, æ.
Bête, *f.* Bestia, æ. Fera, æ.
Biche, *f.* Cerva, æ.
Bienfaisance, *f.* Beneficentia, æ.
Bienveillance, *f.* Benevolentia, æ.
Bierre, *f.* (boisson). Sicera, æ.
Bijou, *m.* (pierre précieuse). Gemma, æ.

7. Biscuit, *m.* Copta, æ.
Bitume, *m.* Maltha, æ.
Bloc, *m.* Masse, *f.* Massa, æ.
Boite, *f.* Capsula, æ.
Bonté, *f.* (clémence). Clementia, æ.
Bord, *m.* (d'une rivière, rivage). Ripa, æ.
Bouillie, *f.* Polenta, æ.
Botanique, *f.* Ars herbaria, is, æ.
Botte, *f.* Ocrea, æ.
Bouche, *f.* (de four). Fourneau, *m.* Camina, æ.
8. Bouclier, *m.* Pelta, æ.
Bouffon, *m.* Scurra, æ. *m.*
Boulangerie, *f.* Ars pistrinaria, is, æ.
Bourgeon, *m.* Gemma, æ.
Bourse, *f.* Crumena, æ.
Bouteille, *f.* Lagena, æ.
Bracelet, *m.* Armilla, æ.
Braise, *f.* Pruna, æ.
Brebis, *f.* (petite). Ovicula, æ.
Bride, *f.* Rênes, Guide, *f.* Habena, æ.
9. Brique, *f.* Latercula, æ. Testa, æ.
But, *m.* Terme, *m.* Meta, æ.
Butin, *m.* Præda, æ.

C.

Cabane, *f.* Casa, æ.
Cacaotier, *m.* Theobroma, æ.
Café, *m.* Cafea, æ.
Cage, *f.* Cavea, æ.
Calendes, *f. pl.* Calendæ, arum.
Calomnie, *f.* Calumnia, æ.
Campagne, *f.* (maison de). Villa, æ.
10. Campagne, *f.* (gens de). Ruricola, æ. *m.*
Canard, *m.* (petit). Anaticula, æ.
Canelle, *f.* Casia, æ.
Caparaçons, *m. pl.* Phaleræ, arum.
Capture, *f.* Prise, *f.* Captura, æ.
Caresse, *f.* Blanditiæ, arum.
Carquois, *m.* Pharetra, æ.
Carrière, *f.* (à pierre). Lapidicina, æ.
Carte, *f.* Billet, *m.* Scheda, æ.
Cassetin, *m.* Casula, æ.
11. Casque, *m.* Galea, æ.
Cathédrale, *f.* Ecclesia cathedralis, æ, is.
Cause, *f.* Sujet, Motif. Causa, æ.
Cave, *f.* Cella vinaria, æ.

---

(1) Notre intention étant de suivre Lhomond, on aura recours à sa Grammaire pour les définitions, les règles et les observations.
(2) Le maître fera répéter plusieurs fois de suite les noms des six cas, très faciles à retenir, au moyen de ces trois mots imaginés qui les rangent par ordre :

tif   tif tif   tif   tif tif

Nominagénida   Accusa   Vacaabla

Il fera également apprendre les terminaisons de chaque déclinaison, dans l'ordre suivant :

1re DÉCLINAISON. *Singulier.* a,   æ,   æ;   am, a, â.
Pluriel.   æ,   arum, is, as. æ, is.
2e DÉCLINAISON. *Singulier.* us,   î,   o, etc., etc., etc.

(3) On fera apprendre les noms dix par dix ; après ce nombre on passera à la dizaine suivante, et ainsi successivement pour toute une colonne.
(4) On écrira au tableau les noms terminés en *cia* ou *itia*, et en général tous ceux qui présentent des difficultés pour l'orthographe.

QUESTIONNAIRE.

Combien y a-t-il de sortes de mots en latin ?
Combien en français ?
Qu'est-ce que le Nom ?
Q'est-ce que le Nom commun ?
Qu'est-ce que le Nom propre ?
Qu'est-ce que le Genre ?
Combien y a-t-il en latin ?
Combien en français ?

Qu'est-ce que le Nombre ?
Combien y en a-t-il ?
Qu'appelle-t-on Cas ?
Combien y en a-t-il ?
Combien y a-t-il de Déclinaisons ?
Comment les distingue-t-on !
S'il n'y a que cinq déclinaisons en latin, pourquoi en remarquez-vous six sur le tableau ?

Que remarquez-vous dans les nominatifs et vocatifs, les datifs et les ablatifs pluriels pour toutes les déclinaisons ?
Dans les Noms neutres, les nominatif, accusatif et vocatif, tant du singulier que du pluriel, sont-ils semblables ?
Quelle est la terminaison des Noms neutres aux nominatif, accusatif et vocatif pluriels ?
Combien y a-t-il de Noms masculins en latin sur ce tableau ? Nommez-les.

Imp. E. Dézairs, à Blois.

ENSEIGNEMENT MUTUEL.

MÉTHODE LATINE.

PREMIÈRE ESPÈCE DE MOTS. — *LE NOM.* (Voir Lhomond.)

Décliner les noms suivants sur **Rosa.**

Caverne, *f.* Spelunca, æ. Caverna, æ.
Cendre, *f.* Favilla, æ.
Cérémonie, *f.* Cæremonia, æ.
Chaîne, *f.* Catena, æ.
Chaise, *f.* Sella, æ.
Chaloupe, *f.* Esquif. Canot. Scapha, æ.
12. Chandelle, *f.* Candela, æ.
Char *m.* Chariot, *m.* Rheda, æ.
Char (petit), Quadrigula, æ.
Charmes, *f. pl.* Attrait. Illecebræ, arum, *f. pl.*
Chasteté, *f.* Pudicitia, æ.
Châtaigne, *f.* Castanea, æ.
Chaume, *m.* Stipula, æ.
Chaudière, *f.* Olla, æ.
Chaumière, *f.* Casa, æ.
Chaussure, *f.* Crepida, æ.
13. Chemin, *m.* Voie, *f.* Via, æ.
Chenille, *f.* Eruca, æ.
Chevelure, *f.* Coma, æ.
Chèvre, *f.* Capra, æ.
Chienne, *f.* (petite). Catella, æ.
Chimère, *f.* Chimæra, æ.
Chirurgie, *f.* Chirurgia, æ.
Cigale, *f.* Cicada, æ.
Cigogne, *f.* Ciconia, æ.
Ciguë, *f.* Cicuta, æ.
14. Cire, *f.* Cera, æ.
Citrouille, *f.* Cucurbita, æ.
Classe, *f.* École, *f.* Schola, æ.
Clémence, *f.* Clementia, æ.
Cocher, *m.* Auriga, æ, *m.*
Coffre ou Boîte. Capsula, æ. Arca, æ.
Colère, *f.* Ressentiment, *m.* Ira, æ. Iracundia, æ.
Colifichets, *m. pl.* Jouets. Nugæ, arum, *f. pl.*
Collègue, *m.* Collega, æ. *m.*
Comédie, *f.* Comedia, æ.
15. Colombe, *f.* Columba, æ.
Colonne, *f.* Columna, æ.
Compagne, *f.* Socia, æ.
Compassion, *f.* Misericordia, æ.
Complaisance, *f.* Obsequentia, æ.
Composteur, *m.* Tabula compositoria, æ.
Concombre, *m.* Cucurbita, æ.
Concorde, *f.* Concordia, æ.
Confiance, *f.* Fiducia, æ.
Congé, *m.* Scholarum Feriæ, arum, *f. pl.*
16. Connaissance, *f.* Notion, *f.* Notitia, æ.
Conquète, *f.* Victoire, *f.* Victoria, æ.
Continence, *f.* Retenue, *f.* Continentia, æ.
Conscience, *f.* Conscientia, æ.
Considération, *f.* Égard, *m.* Observantia, æ.
Corsaire, *m.* Pirate, *m.* Pirata, æ. *m.*

Côte *f.* (Rivage). Ora, æ.
Côte, *f.* (partie du corps). Costa, æ.
Couleuvre, *f.* Colubra, æ.
Coup, *m.* Plaga, æ.
17. Coupe, *f.* Canthara, æ.
Cour, *f.* (de maison). Area, æ.
Cour, *f.* (des rois). Aula, æ.
Couronne, *f.* Corona, æ.
Courroux, *m.* Colère *f.* Ira, æ.
Courtine, *f.* rideau, *m.* Cortina, æ.
Cousine, *f.* consobrina, æ.
Craie, *f.* Creta, æ.
Crâne, *m.* Calva, æ.
Crédit, *m.* faveur *f.* Gratia, æ.
18. Crête, *f.* Crista, æ. Creta. æ.
Crinière, *f.* Juba, æ.
Cruauté, *f.* Sævitia, æ.
Cruche, *f.* Amphora, æ.
Cuirasse, *f.* Lorica, æ.
Cuisine, *f.* Culina, æ.
Cuisson, *f.* Coctura, æ.
Culture, *f.* Cultura, æ.

D.

Dame, *f.* Matrona, æ. Domina, æ.
Débat, *m.* Rixe, *f.* Rixa, æ.
19. Débris, *m.* Reliquiæ, arum.
Décime, *m.* Decimæ, arum.
Déesse, *f.* Dea, æ.
Délicatesse, *f.* Élégance, *f.* Elegantia, æ.
Délai, *m.* Retard, *m.* Mora, æ.
Démence, *f.* Folie, *f.* Dementia, æ.
Demi-once, *f.* Semuncia, æ.
Délices, *f. pl.* Deliciæ, arum.
Delta, *f.* Delta (indéclinable).
Demi-livre, *f.* Semilibra, æ.
20. Département, *m.* Préfecture, *f.* Præfectura, æ.
Dépense, *f.* Frais, *m.* Impensa, æ.
Dépouilles, *f. pl.* Spoliæ, arum. Manubiæ, arum.
Désastre, *m.* (Malheur). Miseria, æ.
Diète, *f.* (Abstinence). Abstinentia, æ.
Diligence, *f.* Diligentia, æ.
Discipline, *f.* Disciplina, æ.
Disette, *f.* Besoin. Faim. Inedia, æ. Inopia, æ.
Disgrâce, *f.* (Malheur). Fortuna adversa, æ.
Dispute, *f.* Rixa, æ.
21. Douceur, *f.* Clémence. Clementia, æ.
Duchesse, *f.* Ducessa, æ.
Dureté, *f.* Duritia, æ.

E.

Eau, *f.* Aqua, æ.
Écaille, *f.* (de poisson). Squama, æ.
Échanson, *m.* Pincerna, æ. *m.*

Échasse, *f.* Grellæ, arum.
École, *f.* (Classe). Schola, æ.
Économie, *f.* (Parcimonie). Parcimonia, æ.
Écume, *f.* Spuma, æ.
22. Égarement, *m.* Imprudentia, æ.
Église, *f.* Ecclesia, æ.
Églogue, *f.* Egloga, æ.
Élève, *f.* Discipula, æ.
Éloquence, *f.* Éloquentia, æ.
Emprunt, *m.* Versura, æ.
Enfance, *f.* Pueritia, æ. Infantia, æ.
Envie, *f.* Jalousie, *f.* Invidia, æ.
Épi, *m.* Spica, æ.
Épingle, *f.* Spina ferrea, æ.
23. Épine, *f.* Spina, æ.
Épouse, *f.* Sponsa, æ.
Esclave, *f.* (Servante). Serva, æ. Famula, æ.
État, *m.* (patrie). Patria, æ.
Étincelle, *f.* Scintilla, æ.
Étoile, *f.* Stella, æ.
Étourderie, *f.* Inconsiderantia, æ.
Étranger, *m.* Alienigena, æ. *m.*
Exactitude, *f.* (Diligence). Diligentia, æ.
Excellence, *f.* Præstantia, æ.
24. Expérience, *f.* Experientia, æ.
Extrémité, *f.* Angustiæ, arum, *f. p.*

F.

Fable, *f.* Fabula, æ.
Famille, *f.* Familia, æ.
Farine, *f.* Farina, æ.
Faucille, *f.* Falcula, æ.
Faute, *f.* Culpa, æ.
Faveur, *f.* (Grâce). Gratia, æ.
Femme, *f.* (petite). Muliercula, æ.
Femelle, *f.* (Femme). Femina, æ.
25. Fenêtre, *f.* Fenestra, æ.
Fente, *f.* Fissura, æ.
Ferme, *f.* Villa, æ.
Fermeté, *f.* (Constance). Constantia, æ.
Fermière, *f.* Villica, æ.
Festin, *m.* (Repas). Epulæ, arum.
Fêtes, *f. pl.* Feriæ, arum.
Fétu, *m.* Festuca, æ.
Fève, *f.* Faba, æ.
Feuille, *f.* (de papier). Plagula, æ.
26. Ficelle, *f.* Resticula, æ.
Fierté, *f.* (Arrogance, Orgueil). Ferocia, æ.
Figure, *f.* (Forme). Forma, æ.
Fille, *f.* Nata, æ. Filia, æ.
Fille (jeune). Puella, æ.
Fille (petite), Filiola, æ.
Finesse, *f.* (Adresse). Solertia, æ.
Fiole, *f.* Laguncula, æ.
Fistule, *f.* Fistula, æ.
Flamme, *f.* Flamma, æ.

27. Fléau, *m.* (à battre le grain). Pertica, æ.
Flèche, *f.* Sagitta, æ.
Fleur, *f.* (de farine). Simila, æ.
Flûte, *f.* Chalumeau, *m.* Tibia, æ. Cicuta, æ.
Folie, *f.* Amentia, æ. Vecordia, æ. Stultitia, æ.
Forêt, *f.* Silva, æ.
Forme, *f.* (Figure). Figura, æ.
Fortune, *f.* Destinée, *f.* Hasard, *m.* Fortuna, æ.
Fossé, *m.* Fosse, *f.* Fossa, æ.
Fovea, æ.
Foule, *f.* Troupe, *f.* Turba, æ. Caterva, æ.
28. Fourreau, *m.* Vagina, æ.
Fourmi, *f.* Formica, æ.
Franc, *m.* (Monnaie). Libra francisca, æ.
Friandise, *f.* Placenta, æ.
Friandise (petite). Placentula, æ.
Fronde, *f.* Funda, æ.
Frimas, *m.* Pruinæ, arum.
Fruitière, *f.* Pomaria, æ.
Fourche, *f.* Furca, æ.
Fuite, *f.* Exil, *m.* Fuga, æ.
29. Funérailles. Exsequiæ, arum.
Fureur, *f.* (Passion violente). Insania, æ.

G.

Garde, *f.* Sentinelle, *f.* Custodia, æ.
Gâteau, *m.* Placenta, æ.
Génisse, *f.* Juvenca, æ.
Gentillesse, *f.* Elegantia, æ.
Géographie, *f.* Géographia, æ.
Géométrie, *f.* Géometria, æ.
Géomètre, *m.* Geometra, æ, *m.*
Gibecière, *f.* Capsa, æ.
30. Gibier, *m.* Venatica Præda, æ.
Girouette, *f.* Bractea versatilis, is.
Gloire, *f.* Gloria, æ.
Goutte, *f.* (d'eau). Gutta, æ.
Goutte, *f.* (Maladie). Podagra, æ.
Gourmandise, *f.* Gula, æ.
Grâce, *f.* Reconnaissance, *f.* Gratia, æ.
Grammaire, *f.* Grammatica, æ.
Grenouille, *f.* Rana, æ.
Guenon, *f.* (Femelle du Singe). Simia, æ.
31. Guêpe, *f.* Vespa, æ.
Guérite, *f.* Specula, æ.
Gueule, *f.* Gula, æ.

H.

Habileté, *f.* Peritia, æ.
Habitant, *m.* (des champs). Incola, æ, *m.*

Habitant (des forêts). Silvicola, æ, *m.*
Hardes, *f. pl.* Sarciculæ, arum.
Hardiesse, *f.* Audace, *f.* Audacia, æ.
Harnais, *m.* Caparaçons, Phalera, æ.
Harpe, *f.* Guitare, *f.* Cithara, æ.
32. Hauteur, *f.* Orgueil, *m.* Superbia, æ.
Herbe, *f.* Herba, æ.
Héron, *m.* Ardea, æ.
Herse, *f.* Occa, æ.
Heure, *f.* Hora, æ.
Hibou, *m.* Noctua, æ.
Histoire, *f.* Historia, æ.
Hiver, *m.* Bruma, æ.
Humeur, *f.* (Naturel). Natura, æ.
Hutte, *f.* Casa, æ.

I.

33. Idée, *f.* Idea, æ.
Idolâtrie, *f.* Idolatria, æ.
Ignominie, *f.* Déshonneur, *m.* Ignominia.
Ignorance, *f.* (Incertitude). Inscitia, æ.
Ignorance, *f.* (Incapacité) Ignorantia, æ.
Île, *f.* Insula, æ.
Impatience, *f.* Intolerantia, æ.
Imprimerie, *f.* Typographia, æ.
Inattention, *f.* Inconsiderantia, æ.
Indigence, *f.* Indigentia, æ. Inopia. æ.
34. Indiscipline, *f.* Indisciplina, æ. Immodestia, æ.
Indulgence, *f.* Egard, *m.* Indulgentia, æ.
Industrie, *f.* Industria, æ. Solertia, æ.
Inexpérience, *f.* Ignorantia, *f.* Inhabileté, *f.* Imperitia, æ.
Inimitié, *f.* Inimicitiæ, arum.
Injure, *f.* Injuria, æ.
Injustice, *f.* Injustitia, æ.
Innocence, *f.* Innocentia, æ.
Inquiétude, *f.* Souci, *m.* Cura, æ.
Insolence, *f.* Audacia, æ.
35. Instruction, *f.* Doctrina, æ.
Intrépidité, *f.* Hardiesse, *f.* Audacia, æ.
Intempérance, *f.* Intemperantia, æ.

J.

Jambon, *m.* Perna, æ.
Javelot, *m.* Pique, *f.* Hasta, æ. Sagitta, æ.
Jeunesse, *f.* (Adolescence). Adolescentia, æ.
Joie, *f.* Lætitia, æ.
Joue, *f.* Gena, æ. Mala, æ.
Jouissance, *f.* (Usage). Usura, æ.
Jument, *f.* Equa, æ.

Imp. E. Dézairs, à Blois.

ENSEIGNEMENT MUTUEL.

MÉTHODE LATINE.

PREMIÈRE ESPÈCE DE MOTS. — *LE NOM.* (Voir Lhomond.)

Décliner les noms suivants sur **Rosa.**

36. Justice, f. Équité, f. Justitia, æ.

L.

Labour, m. Agricultura, æ.
Laboureur, m. Agricola, æ, m.
Lâcheté, f. Inertia, æ. Ignavia, æ. Socordia, æ.
Laitue, f. Lactuca, æ.
Laine, f. Lana, æ.
Lampe, f. Lanterne, f. Lucerna, æ.
Lance, f. Lancea, æ.
Langage, m. Loquela, æ.
Langue, f. Lingua, æ.
37. Lanterne, f. Lampe, Lucerna, æ.
Larme, f. Lacryma, æ.
Lèpre, f. Lepra, æ.
Lettre, f. (Caractère). Littera, æ.
Lettre, f. (Épître). Epistola, æ.
Libéralité, f. (Munificence). Munificentia, æ.
Libraire, m. Bibliopola, æ, m.
Licence, f. Liberté. Permission, f. Licentia, æ.
Lierre, m. Hedera, æ.
Lieue, f. Distance. Leuca, æ.
38. Ligne, f. (Degré), Linea, æ.
Lime, f. Lima, æ.
Lingot, m. Massula, æ.
Liste, f. Tabulæ, arum.
Littérature, f. Litteræ humaniores, arum, um.
Lionne, f. Leæna, æ.
Logique, f. Logica, æ.
Lisières, f. pl. Fasciæ, arum.
Litière, f. Lectica, æ.
Louve, f. Lupa, æ.
39. Lune, f. Luna, æ.
Lutte, f. Palæstra, æ.
Luxe, m. Luxure, f. Débauche, f. Luxuria, æ.
Lyre, f. Cithara, æ. Lyra, æ.

M.

Machine, f. Machina, æ.
Mâchoire, f. Maxilla, æ.
Magasin, m. Apotheca, æ.
Magnificence, f. (Pompe). Pompa, æ.
Main, f. (droite). Dextra, æ.
Main, f. (gauche). Sinistra, æ.
40. Maîtresse, f. Hera, æ, Domina, æ.
Maladresse, f. Imperitia, æ.
Malhour, m. Adversa Fortuna, æ.
Malice, f. Malitia, æ. Nequitia, æ.
Mantelet, m. Vinea, æ.
Manufacture, f. (Officine). Officina, æ.
Marc, m. (Lie). Amurca, æ.
Marchand, m. (de drap). Propola, æ. m.
Marinier, m. Matelot. Nauta, æ, m.

Marmite, f. Chaudière, f. Olla, æ.
41. Marque, f. Nota, æ.
Masse, f. Massa, æ.
Massue, f. Clava, æ.
Matière, f. Materia, æ.
Matricide, m. Matricida, æ, m.
Maxime, f. (Sentence). Sententia, æ.
Méchanceté, f. Malice. Nequitia, æ.
Médecine, f. Medicina, æ.
Mémoire, f. Memoria, æ.
Menaces, f. pl. Minæ, arum.
42. Mesure, f. Mensura, æ.
Mets, m. Repas. Epulæ, arum.
Meule, f. Mola, æ.
Mine, f. Fodina, æ.
Misère, f. Miseria, arum, Inopia, æ.
Miséricorde, f. Misericordia, æ.
Mite, f. Blatta, æ.
Modestie, f. Modération, f. Modestia, æ.
Morale, f. Doctrina, æ.
Motif, m. Cause, f. Sujet, m. Causa, æ.
43. Mouche, f. Musca, æ.
Moulin, m. Moletrina, æ.
Mule, f. Mula, æ.
Murmure, m. Querela, æ.
Muse, f. Musa, æ.
Musique, f. Musica, æ.
Myrrhe, f. Myrrha, æ.

N.

Nageoire, f. Pinna, æ.
Nature, f. Caractère, m. Natura, æ.
Négligence, f. (Incurie). Incuria, æ.
44. Nègre, m. Nigrita, æ, m.
Noces, f. pl. Nuptiæ, arum.
Nonchalance, f. Inertia, æ.
Nourrice, f. Nutricula, æ.
Nourriture, f. Vivres, m. Amorce. Esca, æ.
Nuée, f. Nuage, m. Nebula, æ.
Nymphe, f. Nympha, æ.

O.

Obéissance, f. Obedientia, æ.
Objet, m. Cause, f. Causa, æ.
Obscurité, f. (Ténèbres). Tenebræ, arum.
45. Obstination, f. Pervicacia, æ.
Offense, f. Injure, f. Injuria, æ.
Office, m. (de cuisine). Cella Vasaria, æ.
Oignon, m. Cepa, æ.
Oiseau, m. (petit). Insecte. Avicula, æ.
Olive, f. Oliva, æ.
Olivier, m. Olea, æ.
Ombre, f. Umbra, æ.

Onde, f. Unda, æ.
Opiniâtreté, f. Pertinacia, æ.
46. Opulence, f. Richesse, Opulentia, æ.
Oreille, f. (petite). Auricula, æ.
Orage, m. Tempête, f. Procella, æ.
Orgueil, m. Superbia, æ.
Outrage, m. Coutumelia, æ. Ignominia, æ. Injuria, æ.
Ouvrière, f. Operaria, æ.

P.

Page, f. Pagina, æ.
Paille, f. Palea, æ.
Palais, m. Curia, æ. Regia, æ.
Palestre, m. (lieu où l'on s'exerçait à la lutte). Palæstra, æ.
47. Panthère, f. Panthera, æ.
Papa, m. Pappas, æ, m.
Pape, m. Papa, æ, m.
Papier, m. Cartha, æ.
Papier, m. (d'affaires). Tabula, æ.
Pâque, f. Pascha, æ.
Paquet, m. Ballot. Sarcina, æ.
Parchemin, m. Membrana, æ.
Parchemin (rognure de). Membranula, æ.
Pardon, m. Venia, æ.
48. Paresso, f. Lâcheté, Pigritia, æ. Ignavia, æ.
Parme, m. (Bouclier rond). Parma, æ.
Paroisse, f. Parochia, æ.
Pâte, f. Farina subacta, æ.
Patience, f. Patientia, æ.
Patriarche, m. Patriarcha, æ, m.
Patrie, f. Patria, æ.
Pâturage, m. Pascua, æ.
Paume (de la Main). Palmier, m. Palma, æ.
Paume (Balle à jouer). Pila, æ.
49. Pause, f. (Repos). Pausa, æ.
Paupière, f. Palpebra, æ.
Pauvreté, f. Inopia, æ.
Pays, m. (Patrie). Patria, æ.
Pêche, f. Captura, æ.
Peine, f. Châtiment, m. Pœna, æ.
Peinture, f. Pictura, æ.
Pelle, f. Pala, æ.
Pénitence, f. Repentir, m. Pœnitentia, æ.
Perfidie, f. Perfidia, æ.
50. Perle, f. Margarita, æ.
Persévérance, f. Perseverantia, æ.
Personne, f. (sans négation). Persona, æ.
Perte, f. Jactura, æ.
Philosophie, f. Philosophia, æ.
Pic, f. Pica, æ.
Piége, m. Embûches, f. pl. Insidiæ, arum.
Pierre précieuse, f. Gemma, æ.
Pieu, m. Fourche, f. Furca, æ.

Pigeon, m. Colombe, f. Columba, æ.
51. Pilote, m. Nauta, æ, m.
Pique, f. Hasta, æ.
Pirate, m. Pirata, æ. m.
Piscine, f. Etang, m. Piscina, æ.
Pitié, f. Compassion. Misericordia, æ.
Place, f. (de Maison). Area, æ.
Plaie, f. Plaga, æ.
Plainte, f. Querimonia, æ. Querela, æ.
Plante, f. Planta, æ.
Pluie, f. Pluvia, æ.
52. Plume, f. Pluma, æ.
Poche, f. Perula, æ.
Poète, m. Poeta, æ. m.
Pompe, f. (Triomphe). Pompa, æ.
Porcelaine, f. Porcellenæ, arum.
Porte, f. Janua, æ. Porta, æ. Valvæ, arum.
Pot, m. Olla, æ.
Pouce, m. (Mesure). Uncia, æ.
Poule, f. Gallina, æ.
Pourpre, f. Purpura, æ.
53. Précaution, f. (Soin). Cura, æ.
Préfet. m. Monarcha, æ. m.
Préfecture, f. Præfectura, æ. Monarchia, æ.
Présence, f. Præsentia, æ.
Présomption, f. Fiducia, æ.
Prétexte, m. Motif, m. Causa, æ.
Préture, f. Prætura, æ.
Prévoyance, f. Diligentia, æ.
Princesse, f. Femina princeps, æ. is.
Proie, f. Præda, æ.
54. Prophète, m. Propheta, æ, m.
Propreté, f. Munditia, æ.
Prospérité, f. Secunda Fortuna, æ.
Promenade, f. (petite). Ambulatiuncula, æ.
Proue, f. Prora, æ.
Providence, f. Prévoyance, f. Providentia, æ.
Province, f. Provincia, æ.
Prudence, f. Sagesse, f. Prudentia, æ.
Provision, f. Copia, æ.
Provision de bouche, f. Annona, æ.
55. Puissance, f. Potentia, æ.
Punition, f. Châtiment, m. Pœna, æ.

Q.

Quadrige, m. (Char attelé de quatre chevaux). Quadriga, æ, m.
Quantité, f. Copia, æ.
Querelle, f. Querela, æ. Rixa, æ.
Queue, f. Cauda, æ.

R.

Raffinerie, f. Coquendi sacchari Officina, æ.

Raisin, m. Uva, æ.
Rapine, f. Rapina, æ. Præda, æ.
Recherche, f. Diligentia, æ.
56. Refus, m. Repulsa, æ.
Région, f. Plage, f. Plaga, æ.
Registre, m. Tabula, æ.
Règle, f. Norma, æ. Regula, æ.
Reine, f. Regina, æ.
Renard, m. (petit). Vulpecula, æ.
Repas, m. Souper. Cæna, æ.
Repentir, m. Pœnitentia, æ.
Repos, m. Pause. Pausa, æ.
République, f. Respublica, Reipublicæ.
57. Réputation, f. Renommée, f. Fama, æ.
Réserve, f. Garde, f. Custodia, æ.
Résine, f. Résina, æ.
Restes, m. pl. Reliquiæ, arum.
Revers, m. Fortuna adversa, æ.
Rhétorique, f. Rhetorica, æ.
Richesses, f. pl. Divitiæ, arum. Opulentia, æ.
Ride, f. Ruga, æ.
Rivage, m. Côte. Ripa, æ.
Rive, f. Ripa, æ.
58. Robe, f. Toge, f. Toga, æ.
Rose, f. Rosa, æ.
Rossignol, m. Philomela, æ. Luscinia, æ.
Roue, f. Rota, æ.
Route, f. Chemin, m. Via, æ.
Royauté, f. Regia Potestas, æ, is.
Ruban, m. Vitta, æ.
Rue, f. Via, æ.
Ruine, f. Ruina, æ.

S.

Sable, m. Arena, æ.
59. Sagesse, f. Sapientia, æ.
Salive, f. Saliva, æ.
Satyre, f. Satyra, æ.
Satrape, m. Satrapa, æ, m.
Sauterelle, f. Locusta, æ.
Scène, f. Scena, æ.
Scie, f. Serra, æ.
Science, f. Scientia, æ.
Secrétaire, m. Scriba, æ, m.
Sellette, f. Sella, æ.
60. Sentence, f. Avis. Sentiment. Sententia, æ.
Sentier, m. Semita, æ.
Sentinelles, f. pl. Excubiæ, arum.
Serrure, f. Sera, æ.
Servante, f. Famula, æ. Serva, æ. Ancilla, æ.
Service, m. Opera, æ.
Serviette, f. Mappa, æ.
Siége, m. (pour s'asseoir). Sella, æ.
Sifflet, m. Fistula, æ.
61. Sobriété, f. Tempérance, f. Temperantia, æ.

ENSEIGNEMENT MUTUEL.

MÉTHODE LATINE.

PREMIÈRE ESPÈCE DE MOTS. — *LE NOM.* (Voir Lhomond.)

Décliner les noms suivants sur **Rosa**.

Sœur, *f.* Germana, æ.	Tableau, *m.* Tabula, æ.	Transfuge, *m.* Transfuga, æ, *m.*	Urne,*f.* Urna, æ. Situa, æ. Situ-	Veuve, *f.* Vidua, æ.
Soin, *m.* Cura, æ.	Tablette, *f.* Tabella, æ.	Perfuga, æ, *m.*	la, æ.	67. Victime, *f.* Victima, æ.
Somme, *f.* (d'argent). Summa, æ.	Tache, *f.* Maille, *f.* Macula, æ.	Tranche,*f.* Ofella, æ.	Usure, *f.* Intérêt. Usura, æ.	Victoire, *f.* Victoria, æ.
Sottise, *f.* Stultitia, æ.	Taille, *f.* Stature, *f.* Statura, æ.	Trésor, *m.* Gaza, æ.		Vie, *f.* Conduite, *f.* Vita, æ.
Souci, *m.* Inquiétude, *f.* Cura, æ.	Tante, *f.* Amita, æ.	Trêve, *f.* Induciæ, arum.	**V.**	Vieillesse, *f.* Senecta, æ.
Souci, *m.* (fleur). Caltha, æ.	63. Taupe, *f.* Talpa, æ.	Tristesse , *f.* Tristitia, æ. Mœsti-		Vigilance, *f.* Vigilantia, æ.
Soupe, *f.* Bouillon, *m.* Offa, æ.	Taverne, *f.* Chaumière, *f.* Taber-	tia, æ.	Vacances, *f. pl.* Feriæ, arum.	Vigne, *f.* Vinea, æ.
Souvenir, *m.* Mémoire, *f.* Mémo-	na, æ.	Trompette,*f.*Tuba, æ. Buccina, æ.	Vache, *f.* Vacca, æ.	Violence,*f.* Indiscipline. Intempe-
ria, æ.	Tempérance, *f.* Temperantia, æ.	Troupe, *f.* Escadron. Turba, æ.	Vague, *f.* Unda, æ.	rantia, æ.
Statue, *f.* Statua, æ.	Ténèbres, *f. pl.* Tenebræ, arum.	65. Trouble , *m.* (Sédition).	66. Vague, *f.* Unda, æ.	Violette, *f.* Viola, æ.
62. Subsistance, *f.* Nourriture.	Thé, *m.* Thea, æ.	Turbæ, arum.	Vanité, *f.* Orgueil, *m.* Superbia,æ.	Vipère, *f.* Vipera, æ.
Esca, æ.	Tempête, *f.* Procella, æ.	Tulippe, *f.* Tulippa, æ.	Veilles, *f. pl.* Vigiliæ, arum.	Voie, *f.* Rue, *f.* Chemin. Moyen.
Sujet, *m.* Raison, *f.* Causa, æ.	Terre, *f.* Terra, æ.	Tuile, *f.* Tegula, æ.	Vendange, *f.* Vindemiæ, arum.	*m.* Via, æ.
Supériorité, *f.* Præstantia, æ.	Trône, *m.* Sella, æ.	Tunique, *f.* Tunica, æ.	Vengeance, *f.* Vindicta, æ.	68. Voisine, *f.* Vicina, æ.
Suivant, *m.* (Attaché à la suite).	Timidité, *f.* Verecundia, æ.	Tutèle , *f.* Protection. Défense.	Vêpres, *f. pl.* Vesperæ, arum.	Voiture, *f.* Chariot. Rheda, æ.
Assecla, æ.	Toile, *f.* Tela, æ.	Tutela, æ.	Veine, *f.* Vena, æ.	Volet, *m.* Foricula, æ.
T.	64 Toise,*f.* Sexpeda, æ.	**U.**	Verrue,*f.* Verruca, æ.	Voûte (1). Camera.
	Tonte,*f.* Tonsura, æ.	Union, *f.* Concorde, *f.* Concor-	Verveine,*f.* Verbena, æ.	
Table, *f.* Mensa, æ.	Total, *m.* (le). Summa, æ.	dia, æ.		

ADVERBES. (Voir Lhomond (2). Régime de plusieurs Adverbes.

Peu. Parùm.	Assez. Satis.	Nulle part. Nusquàm.	Le jour d'après. Postridiè.	Comme. Instar.
Un peu. Paululùm.	Trop. Nimis.	En quel lieu ? Ubi ? Ubinàm ?	Voici. Voilà. En. Ecce.	Au-devant. Obviàm.
Beaucoup. Multùm.	Assez. Affatim.	Le jour de devant. Pridiè.	A cause de. Ergò.	

EXERCICES SUR LES NOMS.

L'âcreté. De l'adresse, *gén.* A l'affection. L'affluence, *acc.* O agriculture. De l'aigle, *abl.* Les ailes. Des alarmes, *gén.* Aux algues. Les alouettes, *acc.* De l'ambroisie, *abl.* O analogie. Des ancres, *abl.* La bête féroce, *acc.* Les anses. Aux araignées. Des arches, *gén.* Des arbrisseaux, *abl.* A l'argent. Des autels, *gén.* Aux laines. A la balle. De la barbe, *abl.* Du bât, *gén.* A la bienfaisance. De la besace, *abl.* La bière, *acc.* Au bloc. Peu de bourgeons. Un peu de café. Beaucoup de petits canards. Assez de calomnie. Assez de caresses. A la cave. Trop de cérémonies. Les chaînes, *acc.* Aux chandelles. La chaise. Les chau-dières. Voilà les chaussures. Voici le chirurgien. Le jour de devant les ca-lendes. Nulle part. A cause de la cigogne. Comme des colonnes. Le jour d'après. Au-devant de la génisse. De la concorde, *gén.* A la connais-sance. Des coquilles, *abl.* Au-devant de la couleuvre. De la cruche, *abl.* Trop de culture. Assez de débats. Un peu d'eau. Du crâne, *gén.* A la déesse. Aux crêtes. Trop de cuisson. Voici la cruche. Comme une flèche.

A cause des flammes. A l'école. La finesse, *acc.* O folie. Comme une forêt. Au-devant de la fourmi. Assez de gloire. Trop de grenouilles. Un peu d'herbe. De la lutte, *gén.* A l'ignorance. L'imprimerie, *acc.* Voici le javelot. Assez de joie. Au-devant de la jument. Assez de labour. Assez de langage. Comme une lampe. A la libéralité. Au-devant du pilote. Des pieux, *abl.* Au pigeon. De la pique. Trop de plaies. Assez de plaintes. Un peu de pluie. Voici la plume. Trop de pompes. Trop de précaution. A cause de la poule. Au-devant de la princesse. Assez de sentinelles. Trop de serviettes. Peu de sobriété. Un peu d'argent. Comme une statue. Au-devant de la sœur. Voici le souper. Un peu de bouillon. Trop de subsistance. Des tables, *abl.* A cause du transfuge. A la trêve. De la tristesse, *abl.* Des trompettes, *gén.* Au trouble. De la tulippe, *gén.* Les urnes, *acc.* L'union, *acc.* Les vacances.

Décliner sur **Rosa** les noms suivants.

Acta, æ. Rivage.	Ærumna, æ. Malheur.	Cunæ, arum. Berceau.	Nuptiæ, arum. Noces.	Pudicitia, æ. Chasteté.
Administra, æ. Servante. Gouver-	Caudinæ, arum. Caudines.	Dictatura, æ. Dictature.	Nymphæ, arum. Nymphes.	Repetundæ, arum. Concussion.
nante.	1. Censura, æ. Censure.	Diva, æ. Déesse.	Oda, æ. Ode (petit poëme ly-	Péculat.
Advena, æ, *m.* Etranger. Etran-	Centuria, æ. Centurie.	2. Exuviæ, arum. Dépouilles.	rique).	Resina, æ. Résine.
gère.	Clausula, æ. Conclusion.	Hydra, æ. Hydre.	3. Orgiæ, arum. Orgies.	Reverentia , æ. Respect. Pudeur.
Adultera, æ. Adultère.	Clienta, æ. Cliente.	Impudicitia, æ. Impureté.	Pestilentia, æ. Peste. Pestilence.	Modestie.
Alea, æ. Dé. Jeu de hasard. Sort.	Concha, æ. Conque. Coquille.	Læva, æ. Main gauche.	Petra, æ. Rocher. Roche.	4. Rima, æ. Fente.
Danger.	Controversia, æ. Controverse. Dif-	Latebra, æ. Retraite (lieu caché).	Phoca, æ. Veau marin.	Sanctimonia, æ. Bonhomie.
Arcula, æ. Cassette. Petite boîte.	férend. Démêlé.	Noverca, æ. Belle-mère.	Pinna, æ. Créneau.	Semi-fera, æ. Demi-bête.
Argilla, æ. Argille.	Culcita, æ. Lit. Matelas. Coussin.	Nuntia, æ. Messagère.	Protervia, æ. Insolence.	Seta, æ. Soie. Poil.

---

(1) Voir Lhomond au Supplément des Déclinaisons et faire remarquer à l'élève les noms qui font exception sur *Rosa.*

(2) On n'emploie ici les adverbes de quantité que pour les faire mieux retenir à l'é-lève par un usage plus fréquent. (Voir Lhomond, pages 80 et 81.)

Imp. E. Dézairs, à Blois.

ENSEIGNEMENT MUTUEL.

MÉTHODE LATINE.

PREMIÈRE ESPÈCE DE MOTS. — *LE NOM.* (Voir Lhomond.)

Décliner sur Rosa *les noms suivants.*

Solea, æ. Chaussure.	Spuma, æ. Écume.	Structura , æ. Structure , Construction.	Tragœdia, æ. Tragédie.	Venefica, æ. Empoisonneuse. Sorcière.
Specula, æ. Guérite.			Verecundia, æ. Pudeur. Respect.	
Spongia, æ. Eponge.	Stola, æ. Robe.	5. Tæda , æ. Torche. Flambeau.	Modestie.	Zona, æ. Zône.

EXERCICES SUR LES NOMS.

Acta. Administræ, *gén.* Alens. Ærumnæ, *nom.* Advenis. Parùm argillæ. Multùm arcularum. Satis censuræ. Nimis centuriarum. Obviàm clientæ. En concham. Nimis culcitarum. Cunarum instar. Novercæ ergò. Ecce hydra. Parùm controversiæ. Lævis, *dat.* Dictaturam. O diva. Lanistâ. Latebrarum. Reverentia. Rimas. Sanctimoniæ, *gén.* Semi-ferâ. Solearum. Satis, *abl.* Speculam. Satis spongiarum. Nimis spumæ. Stolæ instar. Structuris, *dat.* Satis tædarum. Ecce tragœdiam. Verecundiæ ergò. Obviàm Veneficæ. Zona.

Décliner les noms suivants sur Dominus.

A.

Accusé, *m.* Coupable, *m.* Reus, i.
Agneau, *m.* Agnus, i.
Aïeul, *m.* Avus, i.
Affranchi, *m.* Libertus, i.
Aiguillon, *m.* Aculeus, i. Stimulus, i.
Amandier, *m.* Amygdalus, i, *f.*
Ambassadeur, *m.* Legatus, i.
Ane, *f.* (Courage). Animus, i.
An, *m.* Année, *f.* Annus, i.
1. Ane, *m.* Asinus, i.
Ami, *m.* Partisan, *m.* Amicus, i.
Ange, *m.* Angelus, i.
Août, *m.* Mensis Augustus, is, i.
Arbousier, *m.* Arbutus, i.
Architecte, *m.* Architectus, i.
Arrosoir, *m.* Alveolus, i.
Artifice, *m.* Ruse, *f.* Dolus, i.
Asperge, *f.* Aspergus, i.
Assiette, *f.* Cibarius Orbis, i, is.
2. Associé, *m.* Compagnon, *m.* Socius, i.
Astronome, *m.* Astronomus, i.
Atre, *m.* Focus, i.
Asyle, *m.* Refuge, *m.* Asylus, i.
Augo, *f.* Alveus, i.
Automne, *m.* Autumnus, i.
Autruche, *f.* Struthiocamelus, i.
Avocat, *m.* Patronus, i.

B.

Badinage, *m.* Jeu, *m.* Jocus, i.
Ballon, *m.* Folliculus, i.
3. Bari, *m.* Bari (indécl.).
Baril, *m.* Cadus, i.
Barreau, *m.* Clathrus, i.
Bassin, *m.* (d'un pont). Alveus, i.
Bâton, *m.* Canne, *f.* Baculus, i.
Baudet, *m.* Ane, *m.* Asellus , i.
Beau-père, *m.* Socerus, i.
Baudrier, *m.* Balteus, i.
Bienfaiteur, *m.* Benemeritus, i.
Bois sacré, *m.* Lucus, i.
4. Boisseau, *m.* Modius, i.
Botaniste, *m.* Herbarius, i.
Bouc, *m.* Hircus, i.

Boucher, *m.* Lanius, i.
Bouclier, *m.* Clypeus, i.
Bouclier (petit). Clypeolus, i.
Bourg, *m.* Pagus, i. Vicus, i.
Bouton, *m.* Folliculus, i.
Branche, *f.* Ramus, i.
Branche (de vigne). Racemus, i.
5. Brasseur, *m.* Subiarius, i.
Bûcher, *m.* Rogus, i.
Buisson, *m.* Dumus, i. Rubus, i.
Buis, *m.* Buxus, i.
Buffet, *m.* Abacus, i.

C.

Caducée, *m.* Caduceus, i.
Camarade, *m.* Compagnon. Socius, i.
Campagnard, *m.* Paysan. Rusticus. i.
Canton, *m.* Pagus, i.
Carpe, *f.* Cyprinus, i.
6. Cercle, *m.* Collier. Bracelet. Circulus, i.
Cerisier, *m.* Cerasus, i, *f.*
Cerf, *m.* Cervus, i.
Chameau, *m.* Camelus, i.
Champ, *m.* (petit) Agellus, i.
Champ de bataille. Pugnæ campus, i.
Champignon, *m.* Fungus, i.
Chapeau, *m.* Petasus, i.
Charbonnier, *m.* Carbonarius, i.
Chardon, *m.* Carduus, i.
7. Chaton, *m.* (petit Chat). Felis Catulus, i.
Chausse, *f.* Saccus turbinatus, i.
Cheval, *m.* Equus, i.
Cheveu, *m.* Capillus, i.
Chevreau, *m.* Hœdus, i.
Chien, *m.* (petit) Catulus, i.
Chiffon, *m.* Panniculus, i.
Chirurgien, *m.* Chirurgus, i.
Chœur, *m.* Chorus, i.
Chrétien, *m.* Christianus, i.
8. Citronnier, *m.* Citrus, i, *f.*
Clou, *m.* Gouvernail. Clavus, i.
Coin, *m.* Angulus, i.
Colon, *m.* Colonus, i.

Colosse, *m.* Colossus, i.
Comédien, *m.* Mimus, i.
Commandant, *m.* Præfectus, i.
Compagnon, *m.* Socius, i.
Confident, *m.* Intime. Intimus, i.
Condisciple, *m.* Condiscipulus, i.
9. Coq, *m.* Gallus, i.
Coque, *f.* Folliculus, i.
Corbeau, *m.* Harpon. Grapin. Corvus, i.
Corde, *f.* Ficelle, *f.* Funiculus, i.
Correcteur, *m.* Plagosus, i.
Coude, *m.* Coudée, *f.* Cubitus, i.
Courage, *m.* Animus, i.
Courrier, *m.* Messager. Nuntius, i.
Coursier, *m.* Cheval. Equus, i.
Courtisan, *m.* Aulicus, i.
10. Croc, *m.* Pique. Harpon. Corvus, i.
Cousin, *m.* Consobrinus, i.
Cuisinier, *m.* Coquus, i.
Cygne, *m.* Cycnus, i.
Cyprès, *m.* Cyparissus, i, *f.*

D.

Dard, *m.* Aiguillon, *m.* Aculeus, i.
Défenseur, *m.* Patron. Patronus, i.
Député, *m.* Ambassadeur. Legatus, i.
Diable, *m.* Diabolus, i.
Diamètre, *m.* Diametrus, i.
11. Dieu, *m.* Deus, i.
Disciple, *m.* Discipulus, i.
Disque, *m.* Discus, i.
Dogue, *m.* (gros Chien). Molossus, i.
Doigt, *m.* Digitus, i.
Domestique, *m.* Serviteur. Famulus, i.
Drap, *m.* (Etoffe). Pannus, i.

E.

Ecolier, *m.* Disciple. Discipulus, i.
Ecrevisse, *f.* Astacus, i.
Ecu, *m.* Nummus, i.
12. Ecureuil, *m.* Sciurus, i.
Elève, *m.* Alumnus, i.

Emplacement, *m.* Endroit. Lieu. Locus, i.
Enfant, *m.* (petit). Parvulus, i.
Enfants (les). Liberi, orum, *m. p.*
Eléphant, *m.* Elephantus, i.
Ennemi, *m.* (particulier). Inimicus, i.
Ennemi, *m.* (Adversaire). Adversarius, i.
Epaule, *f.* Humerus, i.
Epée, *f.* Gladius, i.
13. Epicier, *m.* Aromatorius, i.
Epoux, *m.* Sponsus, i.
Equipage, *m.* (Gensd'un vaisseau). Classiarii, orum, *m. pl.*
Esclave, *m.* Servus, i.
Espiègle, *m.* Improbulus, i.
Estomac, *m.* Stomachus, i.
Etoffe, *f.* Pannus, i.
Evèque, *m.* Episcopus, i.

F.

Façon, *f.* Manière. Modus, i.
Fanfare, *m.* Fanfare (indécl.).
14. Fastes, *m. pl.* Fasti, orum, *m. pl.*
Faubourg, *m.* Suburbanus Locus, i
Fermier, *m.* Villicus, i.
Fils, *m.* Filius, i.
Fleuve, *m.* Fluvius, i.
Fonds, *m.* (de terre). Fundus, i.
Fou, *m.* Stultus, i.
Four, *m.* Clibanus, i.
Fourberie, *f.* Ruse, *f.* Dolus, i.
Frange, *f.* Limbus, i.
15. Frein, *m.* mors, m. Frenus, i.
Frélon, *m.* Fucus, i.
Fromage, *m.* Caseus, i.
Foyer, *m.* Réchaud, *m.* Focus, i.
Fumée, *f.* Fumus, i.

G.

Garçon, *m.* (jeune). Adolescentulus, i.
Garçon, *m.* (de cuisine). Coquinarius, i.
Garde, *f.* (d'une épée). Capulus, i.

Geai, *m.* Graculus, i.
Gerbe, *f.* Manipulus, i.
Glaive, *m.* Gladius, i.
Globe, *m.* Globus, i.
Gobelet, *m.* Cyathus, i.
Gorge, *f.* Jugulus, i.
Gouverneur, *m.* Lieutenant. Commandant. Præfectus, i.
Grappe, *f.* Racemus, i.
Grenadier, *m.* (Arbre). Malus grenata, i, æ, *f.*
Grille, *f.* Barreau, *m.* Clathrus, i.
Grive, *f.* Esturgeon, *m.* Turdus, i.
Groupe, *m.* Globe. Globus, i.

H.

17. Hameau, *m.* Village. Pagus, i.
Hameçon, *m.* Hamus, i.
Hanneton. Scarabæus stridulus, i.
Hérault, *m.* Courrier, *m.* Tabellarius, i.
Hêtre, *m.* Fagus, i, *f.*
Homard, *m.* Astacus, i.
Hymne, *f.* Hymnus, i.
Hysope, *f.* Hyssopus, i, *f.*

I.

Ingénieur, *m.* Machinationis peritus, i.

J.

Jardin, *m.* Hortus, i.
18. Jardinier, *m.* Hortulanus, i.
Jésus-Christ, *m.* Jesus-Christus, Jesu-Christi.
Jeu, *m.* Récréation, *f.* Ludus, i.
Jonc, *m.* Juncus, i.
Juin, *m.* Junius mensis, i, is.

L.

Laquais, *m.* Valet, *m.* Servus, i.
Laurier, *m.* Laurus, i, *f.*
Léopard, *m.* Pardus, i.
Léthargie, *f.* Lethargus, i.
Lévrier, *m.* Vertagus, i.
19. Lien, *m.* Lacet, m. Laqueus, i.

Dites les terminaisons des six cas sur *Dominus.*
Quels sont les noms féminins sur *Dominus?* Nommez-les.

Voir Lhomond au supplément des déclinaisons et faire remarquer les noms, sur la deuxième déclinaison, qui font exception.

Imp. E. Dézairs, à Blois.

ENSEIGNEMENT MUTUEL.

MÉTHODE LATINE.

PREMIÈRE ESPÈCE DE MOTS. — *LE NOM*. (Voir Lhomond.)

Décliner les noms suivants sur **Dominus.**

Lieu, *m.* Locus, i. Loca, orum, *n. pl.*
Lit, *m.* (d'une rivière). Alveus, i.
Lit, *m.* Lectus, i.
Lit (petit). Lectulus, i.
Ligueur, *m.* Factieux, *m.* Factiosus, i.
Loup, *m.* Lupus, i.
Lycée, *m.* Lycœus, i.

M.

Mage, *m.* Magus, i.
Mai, *m.* Mensis Maius, is, i.
20. Maladie, *f.* Morbus, i.
Manière, *f.* Modus, i.
Maréchal, *m.* (Dignité). Marescallus, i.
Marbrier, *m.* Marmorarius, i.
Mari, *m.* Époux, *m.* Maritus, i. Sponsus, i.
Marmiton, *m.* Mediastinus, i.
Marteau, *m.* Malleus, i.
Mât, *m.* Malus, i.
Matelots, *m. pl.* (Soldats de mer). Classiarii, orum, *m. pl.*
24. Méthode, *f.* Methodus, i. *f.*
Mets, *m.* Cibus, i.
Messager, *m.* Envoyé. Internuntius, i.
Meunier, *m.* Pistrinarius, i.
Mode, *f.* Manière, *f.* Modus, i.
Monde, *m.* Mundus, i.
Monsieur, *m.* Maître. Dominus, i.
Morceau de bois. Ligneolus, i.
Mortier, *m.* Pilus, i.

Moule, *m.* Typus, i.
22. Mousquet. Sclopetus, i.
Mulet, *m.* Mulus, i.
Mur, *m.* Muraille, *f.* Murus, i.
Mûrier, *m.* Morus, i, *f.*
Musicien, *m.* Musicus, i.
Myrte, *m.* Myrtus, i, *f.*

N.

Navet, *m.* Napus, i.
Nerfs, *m. pl.* Nervi, orum.
Neveux, *m. pl.* Posteri, orum.
Nez, *m.* Nasus, i.
23. Nid, *m.* Nidus, i.
Nœud, *m.* Difficulté, *f.* Nodus, i.
Nœud (de Sarment). Articulus, i.
Nombre, *m.* Numerus, i.
Nourriture, *f.* Mets, *m.* Cibus, i.
Nouvelle année, *f.* Annus rediens, i, euntis.
Nouvelle, *f.* Nuntius, i.

O.

Océan, *m.* Oceanus, i.
Œil, *m.* Oculus, i.
Œillet, *m.* Ocellus, i.
24. Officier, *m.* Militum Præfectus, i.
Oncle, *m.* Avunculus, i.
Oncle (paternel). Patruus, i.
Ostracisme, *m.* Ostracismus, i.
Ours, *m.* Ursus, i.
Ouvrier, *m.* Gagne-denier. Operarius, i.

P.

Païen, *m.* Paganus, i.

Panier, *m.* Corbeille. Cophinus, i. Calathus, i.
Pâtissier, *m.* Cupedinarius, i.
Paysan, *m.* Rusticus, i.
25. Perroquet, *m.* Psittacus, i.
Peuple, *m.* Populus, i. Vulgus, i.
Phare, *m.* Pharus, i.
Philosophe, *m.* Philosophus, i.
Piége, *m.* Laqueus, i.
Pigeonneau, *m.* Columbæ Pullus, i.
Pieu, *m.* Poteau. Palus, i.
Pin, *m.* Pinus, i, *f.*
Plaine, *f.* Campus, i.
Pistolet. Sclopetus, i.
26. Plaisanterie, *f.* Jocus, i.
Poil, *m.* Villus, i.
Poirier, *m.* Pirus, i, *f.*
Pommier, *m.* Malus, i, *f.*
Porc, *m.* Porcus, i.
Porte-faix. Bajulus, i.
Portier, *m.* Ostiarius, i.
Poisson, *m.* (petit). Pisciculus, i.
Poteau, *m.* Palus, i.
Poulain (jeune Cheval). Equilus, i.
27. Poulet, *m.* Pullus gallinaceus, i.
Poupon, *m.* Puppus, i.
Public, *m.* (le). Peuple. Populus, i.

R.

Rame, *f.* Remus, i.
Rayon, *m.* Radius, i.
Rayon (Sillon). Sulculus, i.
Réchaud, *m.* Foculus, i.
Régime, *m.* (Nourriture). Cibus, i.
Rein, *m.* Lombe. Lumbus, i.

Rejeton. Surculus, i.
28. Répugnance, *f.* Aversus animus, i.
Rival, *m.* Æmulus, i.
Roche, *f.* Rocher, *m.* Scopulus, i.
Roseau, *m.* Calamus, i.
Rouleau, *m.* Radius, i.
Ruisseau, *m.* Rivus, i.
Ruisseau (petit). Rivulus, i.
Ruse, *f.* Stratagème. Intrigue. Perfidie. Dolus, i.
Rustre, *m.* Rusticus, i.

S.

Sabre, *m.* Gladius, i.
29. Sac, *m.* Saccus, i.
Sac (petit). Sacculus, i.
Safran, *m.* Crocus, i.
Seigneur, *m.* Monsieur. Dominus, i.
Serviteur, *m.* Servus, i. Famulus, i.
Singe, *m.* Simius, i.
Sommeil, *m.* Somnus, i.
Son, *m.* Sonus, i.
Sorte, *f.* Modus, i.
Sujet, *m.* Subjectus, i.

T.

30. Tailleur, *m.* Vestiarius, i.
Talon, *m.* Talus, i.
Tas, *m.* Cumulus, i. Acervus, i.
Taureau, *m.* Juvencus, i.
Te Deum. Te Deum (indécl.)
Tendron, *m.* (de la vigne). Claviculus, i.

Terme, *m.* Terminus, i.
Terre, *f.* Humus, i.
Tillac, *m.* Fori, orum, *m. pl.*
Titre, *m.* Inscription, *m.* Titulus, i.
31. Tombe, *f.* Tombeau, *m.* Tumulus, i.
Tonnelier, *m.* Dolarius, i.
Toquet (Bonnet). Pileolus, i.
Trésor, *m.* Thesaurus, i.
Tribun, *m.* Tribunus, i.
Triomphe, *m.* Triumphus, i.
Tronc, *m.* Truncus, i.
Trou, *m.* Cavus, i.
Turbot, *m.* Rhombus, i.
Tyran, *m.* Tyrannus, i.

V.

32. Valet, *m.* Servus, i. Famulus, i.
Valet (de pied). Pedissequus, i.
Vent, *m.* Ventus, i.
Ventre, *m.* Intestins. Alvus, i.
Vermine, *f.* Pedicali, orum.
Vétéran, *m.* Veteranus, i.
Village, *m.* Vicus, i. Pagus, i.
Villageois, *m.* Paysan. Rusticus, i.
Villageois (petit). Rusticulus, i.
Vivres, *m. pl.* (Nourriture). Cibus, i.
33. Voisin, *m.* Proximus, i. Vicinus, i.

Z.

Zéphir, *m.* Zephyrus, i.

Prépositions. (Voir Lhomond.)

Ad. Auprès. Chez. Pour.
Adversùm. Adversùs. Contre. Vis-à-vis.
Antè. Devant. Avant.
Apud. Auprès. Chez.
Circà. Auprès. Environ.
Circiter. Environ. A peu près.

Circùm. Autour. A l'entour.
Cis. Citrà. Deçà. En-deçà.
Contrà. Contre. Vis-à-vis. A l'opposite.
1. Ergà. Envers. A l'égard de.
Extrà. Outre. Hors. A l'égard de.
Infrà. Sous. Au-dessous.

Inter. Entre. Parmi.
Intrà. Dans. Au-dedans. Dans l'espace de.
Juxtà. Auprès. Proche.
Ob. Pour. Devant. A cause de.
Propè. Proche. Près de. Auprès.
Penès. En la puissance de.

Per. Par. Durant. Au travers de. Pendant.
2. Ponè. Après. Derrière. Par derrière.
Post. Après. Depuis.
Præter. Excepté. Hormis. Outre.
Propter. Pour. A cause de.

Secundùm. Selon. Suivant. Auprès de. Le long de.
Secùs. Auprès de. Le long de.
Suprà. Sur. Au-dessus de.
Trans. Au-delà. Par-delà.
Ultrà. Au-delà. Par-delà.
3. Usquè. Jusqu'à.

EXERCICES SUR LES NOMS.

L'agneau. Des anges. A l'âne. Du mois d'août, *abl.* Devant l'arbousier. Chez l'architecte. Auprès de l'arrosoir. Derrière l'associé. Aux asperges. Des assiettes, *abl.* En la puissance de l'astronome. Après l'autruche. Près de l'avocat. A cause du badinage. Sous le ballon. Derrière les barreaux. Selon le beau-père. Excepté le botaniste. Des branches de vigne, *gén.* A l'égard du brasseur. Auprès du bûcher. Autour du petit champ. Du chapeau. Les charbonniers, *acc.* Aux champignons. Des chardons, *abl.* Le chevreau. Des chevaux, *gén.* Au cheveu. Le petit chien. Auprès du chrétien. Près du citronnier. Envers le condisciple. Des coqs. Le harpon. Du courrier, *gén.* Aux coursiers. Contre le diable. Outre les doigts. Contre l'élève. Au-delà du fleuve. De l'étoffe. Jusqu'à la grille. De la grappe, *abl.* Aux grives. Les historiens, *acc.*

L'hysope, *acc.* Les ingénieurs, *gén.* Du jonc, *abl.* Au mois de juin. Les laquais. Des lauriers, *gén.* Les léopards. Contre le loup. Des mages, *abl.* A la maladie. A cause du marbrier. Le long du mur. Au-delà du bourg. Des mets, *abl.* Au marteau. Des mâts, *gén.* En-deçà du village. Auprès du mûrier. Au mulet. Chez l'oncle. Jusqu'à la plaine. Du portefaix. Des portiers, *abl.* Des poulets, *gén.* Le public. Du peuple, *gén.* Contre le rival. Sous le rocher. Au-delà du petit ruisseau. Les sabres. Des sacs, *abl.* Le style, *acc.* Du singe. Le sommeil. Au tailleur. Les talons. Des taureaux. Le Te Deum. Des tendrons de la vigne. Aux termes. A la terre. Du tillac, *abl.* A la tombe. Des trésors, *gén.* Du tronc, *abl.* Les tyrans, *acc.* Des valets, *gén.* Du vent, *gén.* Des villageois, *gén.* Aux vivres.

Imp. E. Dézairs, à Blois.

Nº 7.
ENSEIGNEMENT MUTUEL.

MÉTHODE LATINE.

PREMIÈRE ESPÈCE DE MOTS. — *LE NOM.* (Voir Lhomond,)

Décliner sur **Dominus** *les noms suivants.*

Acervus, i. Monceau. Tas.
Acinus, i. Pepin.
Adversarius, i. Adversaire.
Amiculus, i. Petit ami.
Annulus, i. Anneau.
Argentarius, i. Banquier.
Apostolus, i. Apôtre.
Avarus, i. Avare.
Barbari, orum. Les barbares.
1. Cachinnus, i. Eclat de rire.
Catulus, i. Petit chien.
Campus, i. Champ.
Chorus, i. Chœur de danse.
Commentarius , i. Commentaire. Mémoire.
Clivus, i. Pente. Coteau.

Compendiarius, i. Abrégé.
Consiliarius, i. Conseiller.
Contus, i. Croc.
Coriarius, i. Corroyeur.
2. Culeus, i. Sac de cuir.
Cuniculus, i. Conduit souterrain. Canal.
Curvus, i. Courbe, f.
Deus, i. Dieu. Dei, eorum. Dieux (chez les paiens).
Delphinus, i. Dauphin.
Denarius, i. Denier.
Domus, i. f. Maison, f.
Ephobus, i. Qui entre dans l'âge de puberté.
Fimus, i. Fumier.

Filiolus, i. Fils.
3. Globus, i. Globe. Groupe.
Labyrinthus, i. Labyrinthe.
Lapillus, i. Caillou.
Lardus, i. Lard.
Lectulus, i. Lit. Matelas.
Librarius, i. Copiste. Secrétaire.
Limus, i. Limon. Terre.
Lituus, i. Clairon.
Lupinus, i. Lupin.
Modulus, i. Petite mesure.
4. Musculus, i. Rat. Petit rat.
Nidulus, i. Petit nid.
Obeliscus, i. Obélisque.
Palmus, i. Palmier.
Papyrus, i. Papier.

Paralyticus, i. Paralytique.
Pelagus, i. Mer.
Platanus, f. Platane.
Peradolescentulus , i. Petit Enfant.
Pontus, i. Mer.
5. Populus, i, f. Peuplier.
Puerulus, i. Petit Enfant.
Prætorius, i. Qui a été préteur.
Privignus, i. Beau-fils.
Pugnus, i. Coup de poing.
Pulvinus, i. Coussin.
Puteus, i. Puits.
Rogus, i. Bûcher.
Sagus, i. Casaque.

Satyrus, i. Satyre.
6. Spirus, i. Orbe. Rond. Spirale.
Succus, i. Suc. Sève.
Sulcus, i. Sillon.
Surculus, i. Echarde. Rejeton.
Taurus, i. Taureau.
Tribulus, i. Canal.
Trochilus, i. Roitelet.
Torus, i. Lit.
Ulnus, i. Orme. Ormeau.
Uterus, i. Ventre. Sein. Flanc.
7. Vallus, i. Caisse.
Vitulus, i. Veau.
Vulgus, i. Peuple. Populace. Le public. Le vulgaire.

EXERCICE SUR LES NOMS.

Ad acervum. Acinorum. Penès adversarium. Ob amiculum. Adversùs argentarios. Secundùm apostolos. Inter avaros. Catulis , *abl.* Trans campum. Commentario. Chori, *gen.* Clivo , *abl.* Post consiliarium. Circùm coriarios. Culeorum. Cuniculis, *abl.* Curvorum. O Deus. O Dii. Deorum. Diis. Deo, *dat.* Ergà delphinum. Infrà dominum. Juxtà domum. Fimo, *abl.* Versùs labyrinthum.

O lapille. Apud librarium. Lardo. Præter lituum. Circiter nidulum. Propè palmum. Ponè paralyticum. Infrà pelagum. Ultrà pontum. Circùm platanos. Post peradolescentulum. Inter populos. Propter puerulum. Pugnis. Circà puteum. Sago, *abl.* Penès satyros. Sulcorum. Adversùs tauros. Propè ulmos. Utero. Vitulis. Vulgus.

Décliner les noms suivants sur **Templum.**

A.

Action, f. Fait, m. Actum, i. Factum, i.
Agrément, m. Amusement. Oblectamentum, i.
Aliment, m. Alimentum, i.
Amande, f. Amygdalum, i.
Amiens (ville). Ambianum, i.
An, m. (deux). Biennium, i.
Angers (ville). Andegavum, i.
Arbuste, m. Arbustum, i.
Ardeur, f. (Zèle). Studium, i.
1. Argent (Métal). Argentum, i.
Argent (vif). Vivum Argentum, i.
Armes, f. pl. Arma, orum.
Arras (ville). Atrebatum, i.
Arsenic, m. Arsenicum, i.
Assaisonnement , m. Condimentum, i.
Assistance, f. Secours. Aide. Subsidium, i.
Asyle, m. Asylum, i.
Avantage. Commodum, i.
Avis, m. Conseil. Consilium, i.
2. Augure, m. Augurium, i.
Avénement (au trône). Initium principatûs, i.

B.

Bain, m. Balneum, i.

Baiser, m. Basium, i.
Banc, m. Scamnum, i.
Bannissement, m. Exilium, i.
Bâtiment, m. Edifice. Ædificium, i.
Baume, m. Balsamum, i.
Beauvais (ville). Bellovacum, i.
Bien, m. (le). Bonum, i.
3. Bec, m. Rostrum, i.
Bienfait, m. Beneficium, i.
Blé, m. Frumentum, i. Triticum, i.
Bluteau, m. Incerniculum, i.
Bois, m. Lignum, i.
Beurre, m. Butyrum, i.
Boisseau, m. Modium, i.
Bouclier, m. Scutum, i.
Bouquet, m. Guirlande, f. Sertum, i.
Bras, m. Brachium, i.
4. Brest (ville). Brestum, i.
Bride, f. Frein, m. Frenum, i.
Briquet, m. Ignitaculum, i.
But, m. Dessein. Propositum, i.

C.

Cachet, m. Sigillum, i.
Caducée, m. Caduceum, i.
Calais (ville). Caletium, i.
Cale, f. (fond de cale). Infimum tabulatum, i.
Cambrai (ville). Cameracum, i.

Camp, m. Castra, orum, *n. pl.*
5, Capitole, m. Capitolium, i.
Caractère, m. Ingenium, i.
Carrière , f. (de la vie). Spatium vitæ, i.
Carrière, f. (lieu de course). Curriculum, i.
Caverne, f. Antre. Antrum, i.
Cerise, f. Cerasum, i.
Cerveau, m. Cervelle, f. Cerebrum, i.
Châlons (ville). Catalaunum, i.
Chambre, f. Cubiculum, i.
Chapelle, f. Sacellum, i.
6. Charrue, f. Aratrum, i.
Châssis, m. Replum, i.
Château, Castellum, i.
Cherbourg (ville). Cæsaroburgum, i.
Chiffon, m. Panniculum, i.
Chocolat, m. Chocolatum, i.
Ciel, m. Cœlum, i. Cœli, orum. *m. pl.*
Clos, m. Septum, i.
Clusium (ville). Clusium, i.
Cognac, m. Connacum, i.
7. Col, m. Cou, m. Gosier. Collum, i.
Collége, m. Collegium, i.
Combat, m. Prælium, i.
Commandement, m. Mandatum, i. Imperium, i.
Commencement, m. Initium, i.

Commerce, m. Commercium, i.
Commission , f. Affaire. Negotium, i.
Communion, f. Sacrum Epulum, i.
Conduite, f. (Gouvernement). Imperium, i.
Conseil, m. Avis. Consilium, i.
8. Consolation, f. Solatium, i.
Confiture, f. Poma saccharo condita, orum.
Corbeille, f. Clathrum, i. Canistrum, i.
Corps, m. (petit). Corpusculum, i.
Coupe, f. Poculum, i.
Couronne, f. (Royaume). Regnum, i.
Cours. Studium, i.
Couvert, m. (Abri). Tectum, i.
Couverture, f. Tegumentum, i.
Cuir, m. Corium, i.
9. Cuivre, m. Cuprum, i.

D.

Danger, m. Periculum, i.
Décret, m. Decretum, i.
Défaut, m. Vice. Vitium, i.
Défense, f. (de ne pas faire). Interdit. Interdictum, i.
Dégoût, m. Fastidium, i.
Déjeuner, m. Jentaculum, i.
Déluge, m. Diluvium, i.

Démarche, f. (Action). Factum, i.
Dentelle, f. Denticulatum textum, i.
10. Dépôt, m. Dépositum, i.
Désert, m. Désertum, i.
Dessein, m. Avis. Conseil. Consilium, i.
Destinée, f. Destin, m. Fatum, i.
Destruction, f. Exitium, i.
Devoir, m. Officium, i.
Dîner, m. Prandium, i.
Discours, m. (Parole). Verbum, i.
Discours, m. (Entretien). Alloquium, i.
Discrétion, f. Arbitrium, i.
11. Distance, f. Intervalle, m. Intervallum, i.
Docilité, f. Soumission. Obsequium, i.
Domination, f. (Empire). Imperium, i.
Dommage, m. Damnum, i.
Don, m. Donum, i.
Dos, m. Dorsum, i.
Douceurs , f. pl. (les). Oblectamenta, orum.
Doute, m. Dubium, i.
Drapeau, m. Etendard. Vexillum, i. Signum, i.

Dites les terminaisons des six cas sur *Templum.*
A quelle déclinaison appartient *Templum* ? Pourquoi ?

Faire remarquer aux élèves que tous les noms neutres ont les nominatifs, accusatifs, vocatifs semblables, tant du singulier que du pluriel, et que ces cas au pluriel sont toujours en *a.*

IMP. E. DÉZAIRS, A BLOIS.

ENSEIGNEMENT MUTUEL.

MÉTHODE LATINE.

PREMIÈRE ESPÈCE DE MOTS. — *LE NOM.* (Voir Lhomond.)

Décliner les noms suivants sur **Templum.**

E.

Eau-de-vie, f. Stillatum vinum, i.
12. Ecrit, m. Scriptum, i.
Ecurie, f. Etable. Stabulum, i.
Edifice, m. Ædificium, i.
Edit, m. Edictum, i.
Elément, m. Elementum, i.
Embarras, m. Impedimentum, i.
Empire, m. Imperium, i.
Emploi, m. Office, Officium, i.
Empressement, m. Studium, i.
Enclos, m. Septum, i.
13. Encre, f. Atramentum, i.
Engagement, m. Pretium, i.
Egourdissement, m. Veternum, i.
Ennui, m. Tædium, i.
Entonnoir, m. Infundibulum, i.
Entreprise, f. Cœptum, i. Incœptum, i.
Entretien, m. Entrevue, f. Colloquium, i.
Enveloppe, f. Integumentum, i.
Envie, f. Désir, m. Studium, i.
Epreuve, f. (Danger). Periculum, i.
14. Espace, m. Spatium, i.
Esprit, m. Ingenium, i.
Essai, m. Expérience, f. Experimentum, i.
Etablissement, m. Institutum, i.
Etain, m. Stannum, i.
Etang, m. Stagnum, i.
Etude, f. Studium, i.
Evanouissement. Studium, i.
Exécution, f. Supplice. Supplicium, i.
Exemple, m. Exemplum, i.
15. Exil, m. Exilium, i.

F.

Fait, m. Factum, i.
Faute, f. Délit, m. Delictum, i.
Faveur, f. Beneficium, i.
Fer, m. Ferrum, i.
Fers, m. (Liens). Vincula, orum.
Festin, m. Repas. Convivium, i.
Fête, f. Festum, i.
Feuille, f. Folium, i.
Fil, m. Filum, i.
16. Filasse, f. Linum depexum, i.
Foin, m. Fœnum, i.
Fonds, m. (de terre). Prædium, i.
Fondement, m. Fundamentum, i.
Fortification, f. Munimentum, i.
Fourgon, m. Rutabulum, i.
Fraise, f. Fragum, i.
Frein, m. Frenum, i.
Friandises, f. pl. Bellaria, orum.
Fusil, m. Ignitabulum, i.

G.

17. Gain, m. Lucrum, i.
Garnison, f. Præsidium, i.

Gibet, m. Patibulum, i.
Gibraltar (ville, détroit de). Gaditanum Fretum, i.
Gîte, m. Diversorium, i.
Glace, f. (Miroir). Speculum, i.
Goût, m. (Désir). Studium, i.
Gouvernail, m. Gubernaculum, i.
Gouvernement, m. Imperium, i.
Grâce, f. Faveur, f. Beneficium, i.
18. Grain, m. Granum, i.
Grange, f. Grenier. Horreum, i.
Gré, m. Volonté, f. Arbitrium, i.
Guerre, f. Bellum, i.
Guirlande, f. Sertum, i.

H.

Haine, f. Odium, i.
Hardes, f. pl. Vestimentum, i.
Héritage, m. (petit). Hæredium, i.
Hôpital, m. Hospice. Hospitium, i.
Hôtellerie, f. Diversorium, i.
19. Houlette, f. Pedum, i.
Huile, f. Oleum, i.
Humeur, f. (Caractère). Ingenium, i.
Hysope, f. Hyssopum, i.

I.

Importance, f. Momentum, i.
Impôt, m. Tribut. Tributum, i.
Inconvénient, m. Incommodum, i.
Incendie, m. Incendium, i.
Infortune, f. Infortunium, i.
Ingratitude, f. Ingrati animi vitium, i.
20. Insecte, m. Insectum, i.
Instrument, m. Instrumentum, i.
Intérêt, m. (Avantage). Commodum, i.
Intervalle, m. Intervallum, i.
Ivraie, f. Lolium, i.

J.

Javelot, m. Spiculum, i.
Joie, f. Gaudium, i.
Jouet, m. (d'enfant). Crepundia, orum.
Jouet (Risée). Ludibrium, i.
Joug. m. Jugum, i.
21. Jugement, m. Justice, f. Judicium, i.
Jugement (Suffrage). Suffragium, i.

L.

Lâcheté, f. (Infamie). Flagitium, i.
Leçon, f. (qu'on apprend). Ediscenda, orum.
Leçon (Précepte). Præceptum, i.
Levain, m. Fermentum, i.
Lice, f. Stadium, i.
Lin, m. Linum, i.

Linge, m. Linteum, i.
Logement, m. Tectum, i. Hospitium, i.
22. Loisir, m. Otium, i.
Londres (ville). Londium, i.
Lunette, f. Conspicillum, i.
Lyon (ville). Lugdunum, i.

M.

Mal, m. Malum, i.
Manteau, m. Pallium, i.
Mariage, m. Matrimonium, i.
Marque, f. Indice. Indicium, i.
Marque (Preuve). Argumentum, i.
Maxime (Précepte). Præceptum, i.
23. Médicament, m. Remède. Medicamentum, i. Remedium, i.
Membre, m. Membrum, i.
Mémoire, m. (un). Commentarium, i.
Mensonge, m. Mendacium, i.
Merci (Arbitrage). Arbitrium, i.
Mercure, m. (vif argent). Hydrargyrum, i.
Merveille, f. Miracle. Miraculum, i.
Métal, m. Metallum, i.
Miracle, m. Miraculum, i. Portentum, i.
Miroir, m. (Glace). Speculum, i.
24. Modèle, m. (Exemple). Exemplum, i.
Moment, m. Momentum, i.
Monarchie, f. Royaume. Regnum, i.
Monstre, m. Monstrum, i.
Monument, m. Monumentum, i.
Morceau, m. Fragment. Fragmentum, i.
Morceau (de viande). Frustum, i.
Mort, f. Lethum, i. Exitium, i.
Mortier, m. Mortarium, i.
Mot, m. Parole. Verbum, i.
25. Moulin, m. Pistrinum, i.

N.

Naufrage, m. Naufragium, i.
Négoce, m. Commerce. Negotium, i.
Nîmes (ville). Nemausum, i.
Note, f. Commentum, i.
Nourriture, f. Aliment. Alimentum, i.
Noyon, (ville). Noviodunum, i.

O.

Objet, m. (ce que l'on se propose). Propositum, i.
Obligation, f. Devoir. Officium, i.
Obstacle, m. (Empêchement). Impedimentum, i.
26. Œuf, m. Ovum, i.
Office, m. Officium, i.
Oisiveté, f. Repos. Otium, i.

Ombrage, m. Umbraculum, i.
Or, m. (métal). Aurum, i.
Oranger, m. Malum aureum, i.
Ordre, m. Jussum, i.
Organe, m. Oganum, i.
Orge, f. Hordeum, i.
Ornement, m. Ornamentum, i.

P.

27. Palais, m. Palatium, i.
Panier, m. Corbeille. Canistrum, i.
Parfum, m. Unguentum, i.
Parfum délicat. Unguentum subtile, i, is.
Parjure, m. Perjurium, i.
Parole, f. Mot. Verbum, i.
Patricide, m. Parricidium, i.
Passion (ardente. Zèle). Studium, i.
Paruro, f. Ornement. Ornamentum, i.
Pâture, f. Pabulum, i.
28. Pavé, m. Pavimentum, i.
Pêche, f. (fruit). Malum persicum, i.
Péché, m. Peccatum, i.
Pension, f. Annuum Stipendium, i.
Péril, m. Danger. Periculum, i.
Perte, f. (Mort). Exitium, i.
Plaine, f. Champ. Arvum, i.
Place, f. (publique). Forum, i.
Place (forte). Oppidum, i.
Plaisir, m. Joie. Gaudium, i.
29. Plomb, m. Plumbum, i.
Point. Punctum, i.
Poire, f. Pirum, i.
Poison, m. Venenum, i.
Poitiers (ville). Pictavium, i.
Pomme, f. Malum, i.
Prairie, f. Pré. Pratum, i.
Précepte, m. Præceptum, i.
Présent, m. Don. Donum, i.
Preuve, f. Argumentum, i.
30. Principe, m. Principium, i.
Prison, f. Ergastulum, i.
Profit, m. Gain. Lucrum, i.
Prodige, m. Prodigium, i.
Projet, m. Dessein. Consilium, i.
Promesse, f. Promissum, i.
Proposition, f. Propositum, i.
Protection, f. Patronage. Patrocinium, i.
Protection, f. Secours. Aide. Præsidium, i.
Proverbe, m. Proverbium, i.
31. Provisions de bouche. Cibaria, orum.
Pruneau, m. Prunum, i. Passum, i.

Q.

Querelle, f. Jurgium, i.

R.

Raison, f. Justice. Æquum, i.

Ragoût, m. Pulmentum, i.
Rançon, f. Redemptionis Pretium, i.
Rebuffade, f. Superbum Fastidium, i.
Récompense, f. Præmium, i.
Récréation, f. Amusement. Oblectamentum, i.
32. Réglement, m. Institutum, i.
Règne, m. Regnum, i.
Regret, m. Desiderium, i.
Remède, m. Remedium, i.
Rempart, m. Vallum, i.
Répartie (Réponse). Responsum, i.
Réponse, f. Responsum, i.
Repos, m. Otium, i.
Reproche, m. Probrum, i.
Résolution, f. Décision. Consilium, i.
33. Respect, m. Soumission. Obsequium, i.
Ressource, f. Subsidium, i.
Reste, m. Reliquum, i.
Richesses, f. pl. (Biens). Bona, orum.
Rideau, m. Siparium, i.
Risque, m. Periculum, i.
Rochefort (ville). Rupifortium, i.
Rosier, m. Rosarium, i.
Rôt, m. Assum, i.
Roue, f. (de carrière). Petrochium, i.
34. Royaume, m. Regnum, i.
Ruine, f. Excidium, i.

S.

Sabbat, m. Sabbatum, i.
Sacrement, m. Sacramentum, i.
Sacrifice, m. Sacrificium, i.
Saint-Omer (ville). Divi Omeri Fanum, i.
Saint-Quentin (ville). Divi Quintini Fanum, i.
Saint-Valéry (ville). Divi Valerii Fanum, i.
Salière, f. Salinum, i.
Sanctuaire, m. Sactuarium, i.
35. Sarment, m. Sarmentum, i.
Satisfaction, f. (Joie). Gaudium, i.
Scène, f. (Spectacle). Spectaculum, i.
Sceptre, m. Sceptrum, i.
Schall, m. Maximum Strophium, i.
Secours, m. Auxilium, i.
Service, m. Officium, i.
Siècle, m. Seculum, i.
Signal, m. Signe. Signum, i.
36. Silence, m. Silentium, i.
Songe, m. Somnium, i.
Soupe, f. Ragoût. Pulmentum, i.
Soupir, m. Suspirium, i.

ENSEIGNEMENT MUTUEL.

MÉTHODE LATINE.

PREMIÈRE ESPÈCE DE MOTS. — *LE NOM.* (Voir Lhomond.)

Décliner les noms suivants sur Templum.

Soutien, *m.* Secours. Aide. Præsidium, i.

Spectacle, *m.* Spectaculum, i.

Spectre, *m.* Spectrum, i.

Soir, *m.* Vesperum, i.

Sucre, *m.* Saccharum, i.

Suffrage, *m.* Suffragium, i.

37. Supplice, *m.* Supplicium, i.

T.

Tâche, *f.* (Travail. Besogne). Pensum, i.

Talent, *m.* (Esprit). Ingenium.

Tambour, *m.* Tympanum, i.

Tamis, *m.* Crible. Cribrum, i.

Tampon, *m.* Obturamentum, i.

Tasse, *f.* Gobelet. Coupe. Poculum, i.

Témoignage, *m.* Testimonium, i.

Temple, *m.* Templum, i.

Tente, *f.* Tabernacle. Tabernaculum, i.

38. Terre, *f.* (Bien). Prædium, i.

Théâtre, *m.* Theatrum, i.

Toit, *m.* Tectum, i.

Tort, *m.* (Dommage). Damnum, i.

Trace, *f.* (Vestige). Vestigium, i.

Trait, *m.* (Arme). Telum, i.

Trame criminelle. Perfidum Consilium, i.

Trait, *m.* (Action). Factum, i.

Trémie, *f.* Infundibulum, i.

Tribut, *m.* Tributum, i.

39. Trône, *m.* Solium, i.

Troupeau, *m.* (gros Bétail). Armentum, i.

U.

Utilité, *f.* (Avantage). Commodum, i.

V.

Venin, *m.* Poison, *m.* Venenum, i.

Verger, *m.* Pomarium, i.

Vérité, *f.* (le vrai). Verum, i.

Verre, *m.* Vitre, Vitrum, i.

Verre (à boire). Poculum, i.

Vestige. Vestigium, i.

40. Ville fortifiée. Oppidum, i.

Vin, *m.* Vinum, i.

Vin doux. Mustum, i.

Vivres, *m. pl.* Cibaria, orum.

Vœu, *m.* Votum, i.

Voile, *m.* (un). Velum, i.

Voile, *f.* (de vaisseau). Velum, i.

Voiture, *f.* Vehiculum, i. Plaustrum, i.

Vol, *m.* Larcin. Furtum, i.

Z.

Zèle, *m.* Zelum, i.

EXERCICE SUR LES NOMS.

L'action. De l'arbuste. L'ardeur, *acc.* Des armes. De l'assaisonnement, *abl.* A l'asile. Aux avantages. De l'avis, *abl.* De l'avénement. Au trône. Des bancs. Les bâtiments, *acc.* Des biens, *abl.* Les blés. Aux bois. Des boisseaux. Trop de boucliers. Assez de bouquets. Comme le frein. Voici le frein. Devant Calais. Auprès de Cambrai. Autour du camp. Près du Capitole. La carrière de la vie. Des cerises, *abl.* Voilà le château. Du commerce, *abl.* Le commencement. Après le danger. Avant le déluge. Du dégoût. Au-delà du désert. De l'eau-de-vie. A l'écurie. Des édifices, *abl.* Les édits, *acc.* Les éléments. A l'empire. De l'encre, *abl.* L'ennui. De l'empressement. Des entonnoirs. De l'essai Au supplice. A l'exil. Des faits, *abl.* Les délits. A la faveur. Du fer, *abl.* Au festin. A la fête. Des feuilles. Aux fils. A la filasse. Du fonds de terre, *abl.* De la fortification, *abl.* Des fraises, *abl.* Aux friandises. Du gain. Les garnisons, *acc.*

Du gibet, *abl.* Auprès du gîte. A la glace. De la faveur. Comme une guirlande. Vers la grange. Trop de haine. Un peu d'héritage. Hors de l'hôpital. Excepté la houlette. Selon l'importance. Trop d'impôts. Assez d'une fortune. Peu d'intérêts. Assez de jouets. En la puissance du gouvernement. Autour du logement. Jusqu'à Lyon. Du côté de Noyon. Derrière l'oranger. Devant le palais. Trop de paroles. Assez de parure. Voici la place publique. Du plaisir. Le plomb. Du point, *abl.* Assez de poires. Aux environs de Poitiers. Parmi les pommes. Des provisions, *abl.* Les querelles, *acc.* Des ragoûts. Au secours. Au spectacle. Comme un spectre. Des supplices. La tâche. Des gobelets, *abl.* En-deçà du temple. Auprès du théâtre. Derrière le gros bétail. Du venin. A cause du poison. Voici le verger. A la vérité. Aux villes fortifiées. A la voile. De la voiture, *abl.*

Noms à décliner sur Templum.

Ærarium, i. Trésor public.

Æquinoctium, i. Équinoxe (égalité des jours et des nuits).

Ævum, i. Temps. Siècle. Vie.

Auspicium, i. Auspice.

Biduum, i. Espace de deux jours.

Castellum, i. Château. Forteresse.

Cæmentum, i. Pierre. Moellon. Ciment.

Coriandrum, i. Coriandre.

Crastinum, i. Lendemain.

1. Crustulum, i. Gâteau. Friandise.

Cubitum, i. Coudée.

Detrimentum, i. Détriment. Perte.

Delubrum, i. Temple.

Dictum, i. Mot. Parole. Discours. Ordre.

Dimidium, i. Moitié.

Dium, i. L'air. (Sub dio. A l'air. A la belle étoile).

Domicilium, i. Domicile. Établissement.

Dominium, i. Domaine.

Epinicium, i. Chant de victoire.

2. Epistylum, i. Architrave.

Expensum, i. Dépense.

Excrementa, orum. Immondices. Malédiction.

Firmamentum, i. Firmament.

Gallinarium, i. Poulailler.

Genium, i. Génie. Caprice.

Impendium, i. Dépense.

Incommodum, i. Dommage. Désavantage.

Interlunium, i. Nouvelle lune.

Intermedium, i. Articulation.

3. Intestinum, i. Intestin.

Inventum, i. Invention.

Irritamentum, i. Aiguillon. Stimulant.

Jugerum, i. Arpent.

Jumentum, i. Cavale. Bête de somme.

Jusjurandum, i. Serment.

Labrum, i. Lèvre.

Lorum, i. Frein. Rênes. Guide.

Lutum, i. Boue.

Maledictum, i. Injure. Outrage. Malédiction.

4. Mandatum, i. Instruction. Commandement.

Medicamentum, i. Médicament.

Membrum, i. Membre.

Metallum, i. Métal. Mine.

Meritum, i. Mérite.

Monitum, i. Avertissement.

Municipium, i. Ville municipale.

Muscipulum, i. Souricière.

Mysterium, i. Mystère.

Nuntium, i. Nouvelle.

5. Navigium, i. Vaisseau. Navire.

Obsonium, i. Provision de mets. Table.

Occultum, i. Secret.

Opprobrium, i. Opprobre. Déshonneur. Reproche.

Oraculum, i. Oracle.

Ostrum, i. Pourpre.

Patrimonium, i. Patrimoine.

Patrocinium, i. Appui. Soutien. Patronage.

Præscriptum, i. Débat. Écrit.

Pretium, i. Prix.

6. Pulmentarium, i. Ragoût. Potage.

Rectum, i. Bien.

Sacrarium, i. Sanctuaire.

Sacrilegium, i. Sacrilège.

Salum, i. Haute-mer.

Satum, i. Moisson.

Saxum, i. Pierre. Rocher.

Scortum, i. Courtisane. Femme débauchée.

Scriptum, i. Écrit.

Senatús-consultum, i. Senatús-consulte. (Décret du Sénat).

7. Senium, i. Vieillesse.

Sepulcrum, i. Sépulcre. Tombeau.

Solum, i. Sol.

Spartum, i. Le Sparte (plante).

Stratum, i. Lit.

Suburbanum, i. Maison de campagne.

Sudarium, i. Suaire.

Stranstrum, i. Banc de rameurs.

Talentum, i. Talent (monnaie).

Tergum, i. Dos.

8. Triduum, i. Espace de trois jours.

Triennium, i. Espace de trois ans.

Tropœum, i. Trophée.

Vendimonium, i. Obligation de paraître en justice.

Vestimentum, i. Habit. Vêtement.

Vallum, i. Vallon.

Vocabulum, i. Mot.

EXERCICE SUR LES NOMS.

Ærarium. Circà æquinoctium. Opprobrio, *abl.* Oracula. Contrà auspicia. Propè castellum. Circiter biduum. Cæmentorum, *acc.* Crustulis, *abl.* Detrimento, *dat.* Dimidium. Sub dio. Trans dominium. Expensi ergò. Ecce firmamentum. Antè gallinarium. Incommodis, *abl.* Opprobriis, *dat.*

Multùm oraculorum. Parùm ostri. Satis patrimonii. Pretio, *abl.* Rectum. Sacrarii. O sacrilegium. Pridiè sati. Sepulcro, *abl.* Salum. Antè suburbanum. Multùm talentorum. Vestimentis, *abl.*

IMP. E. DÉZAIRS, A BLOIS.

ENSEIGNEMENT MUTUEL.

METHODE LATINE.

PREMIÈRE ESPÈCE DE MOTS. — *LE NOM*. (Voir Lhomond.)

Décliner les noms suivants sur Puer.

Arbitre, *m.* Arbiter, ri.	Être, *m.* (l') Suprême. Supremus rerum Arbiter, ri.	Gens, *m. pl.* (honnêtes). Viri probi, orum.	Livre, *m.* Liber, ri.
Champ, *m.* Ager, ri.			Maître. Magister, ri.
Couteau, *m.* Culter, ri.	Fait (Homme). Perfectæ ætatis Vir, i.	Guerre (homme de). Vir Militaris, ri, is.	Menuisier (ouvrier). Faber, ri.
Epervier, *m.* Accipiter, ri.			Militaire, *m.* Vir Militaris, ri, is.
Enfant, *m.* Puer, ri.	Forgeron, *m.* Valet. Faber, ri.	Homme (de cœur). Vir, ri.	Ministre, *m.* Minister, ri.
Enfants (les). Liberi, orum.	1. Gendre, *m.* Gener, ri.	Laquais, *m.* Puer, ri.	
			2. Personnage, *m.* (grand). Vir, ri.
			Robin *m.* (Mouton). Laniger, ri.
			Sanglier. Aper, ri.
			Terrain, *m.* Territoire. Ager, ri.
			Volume, *m.* (Livre). Liber, ri.

Prépositions qui gouvernent l'Ablatif. (Voir Lhomond.)

A. Ab. Abs. De. Du. Depuis. Par.	Cum. Avec.	Præ. Devant. En comparaison de.	Subter. Sous. Au-dessous de.
Absque. Sine. Sans.	De. De. Sur. Touchant.	Au-dessus de.	Super. Sur. Au-dessus de.
Clàm. A l'insu de.	È. Ex. De. Par.	Pro. Pour. Au lieu de. Selon. De-	vant.	Versùs. Vers.
Coràm. Devant. En présence de.	Palàm. Devant. En présence de.	In. En. Dans. Sur.	Tenùs. Jusqu'à.	

EXERCICES SUR LES NOMS.

Par l'arbitre. Dans le champ. Avec le couteau. Pour l'épervier. En présence de l'enfant. Avec l'Être Suprême. Touchant le forgeron et le gendre. Du militaire, *gén.* A l'homme. Aux laquais. Des livres, *gén.* A l'insu du maître. Devant le ministre. Sans le grand personnage. Par le sanglier. Du terrain, *gén.*

De libro. Cum apro. Clàm ministris. A militaribus viris. Palàm viris probis. Sine puero et fabris. Pro genero. Cum cultro. Absque accipitris. Coràm liberis. Ministrorum. Agris, *dat.* Fabri. O arbiter rerum supreme. Lanigeri, *nom.*

Décliner les noms suivants sur Soror.

A.

Abîme, *m.* Gurges, itis, *m.* Vorago, inis.	Ambition, *f.* Ambitio, nis.	Attachement, *m.* Dilectio, nis. Devotio, nis.	Beauté, f. Venustas, tis. Pulchritudo, inis.
	Amertume. Chagrin. Acerbitas, tis.	Attente, *f.* Expectatio, nis.	
Accomplissement, *m.* Executio, nis.	Amitié, *f.* Caritas, tis.	Attention, *f.* Attentio, nis.	Berger, *m.* Pastor, is.
	Amour, *m.* Amor, is. Pietas, tis.	Audience, *f.* Auditio, nis.	Besoin, *m.* (Indigence). Egestas, tis.
Accroissement, *m.* Auctio, nis.	Ancêtres (les). Majores, um.	Aubergiste, Cabaretier, *m.* Caupo, nis, *m.*	Biens (Richesses). Opes, um, *f. pl.*
Accueil, *m.* Acceptio, nis.	Anéantissement, *m.* Objectio, nis.		Blancheur, *f.* Candor, is.
Accusation, *f.* Accusatio, nis.	Antiquité, *f.* Antiquas, tis.	Austérité, *f.* Austeritas, tis.	Blé, *m.* (Moisson). Seges, tis, *f.*
Achat, *m.* Emptio, nis.	Appel, *m.* Provocatio, nis.	Autorité, *f.* Auctoritas, tis. Potestas, tis.	Bœuf, *m.* Bos, vis, *m.*
Acier, *m.* Chalybs, is, *m.*	3. Applaudissement, *m.* Admurmuratio, nis.	5. Auteur, *m.* Auctor, is.	Bocage (pays). Regio Nemorensis, cis, *f.*
Activité, *f.* Alacritas, tis.	Application, *f.* Applicatio, nis.	Avantage, *m.* Utilitas, tis.	Boisson, *f.* Potio, nis.
Acteur, *m.* Actor, is.	Approche, *f.* Appropinquatio, nis.	7. Boîte, *f.* Pixis, dis, *f.*	
1. Administration, *f.* Administratio.	Aquilon, *m.* Aquilo, nis.	Avignon (ville). Avenio, nis.	Bonheur, *m.* Felicitas, tis.
Admiration, *f.* Admiratio, nis.	Arabe. Arabs, is, *m.*		Bouillon, *m.* Sorbitio, nis.
Adresse, *f.* Dexteritas, tis.	Arbre, *m.* Arbor, is, *f.*	**B.**	Bord, *m.* (d'un chapeau). Margo, inis.
Affliction, *f.* Chagrin. Mœror, is. Calamitas, tis.	Ardeur, *f.* Ardor, is.	Babil, *m.* Loquacitas, tis.	Bourreau, *m.* Carnifex, icis, *m.*
	Artisan, *m.* Ouvrier. Opifex, icis, *m.*	Babylone (ville). Babylon, is.	Branche *f.* (Race). Stirps, is, *f.*
Age, *m.* Ætas, tis.		Bailli, *m.* (fonctionnaire). Præses, idis, *m.*	Braves Gens. Boni Homines, *m.*
Age (jeune). Ætas juvenilis, tis.	Assaut, *m.* Attaque, *f.* Oppugnatio, nis.	Bandit, *m.* Grassator, is.	Breuvage, *m.* Boisson. Potio, nis.
Agilité, *f.* Celeritas, tis.	Assemblée, *f.* Concio, nis.	Barbarie, *f.* Feritas, tis.	Broussailles, *f. pl.* Frutices, um, *m. pl.*
Aide, *m.* Adjutor, is.	4. Assiduité, *f.* Assiduitas, tis.	Basse-cour, *f.* Chors, tis. Cohors, tis.	Brigand, *m.* Prædo, nis, *m.*
Aîné, *m.* Natu major, is.	Assiégeant, *m.* Obsessor, is.	Bassesse, *f.* Humilitas, tis.	8. Brouillard, *m.* Caligo, inis.
Air, *m.* Aer, is, *m.*	Assistance, *f.* Ops, pis, *f.*	6. Basset, *m.* Vestigarius canis, i, is.	Bruit, *m.* Rumeur, *f.* Renommée.
2. Alarme, *f.* Terror, is.			

Rumor, is.
Bûcheron, *m.* Ligator, is.
C.
Câble, *m.* Rudens, tis, *m.*
Cachot, *m.* Prison. Carcer, ris, *m.*
Calamité, *f.* Malheur. Calamitas, tis.
Calme, *m.* Tranquillité. Paix. Pax, cis, *f.* Quies, tis, *f.*
Campagne (Moisson). Seges, tis.
Canard, *m.* Anas, tis, *f.*
Candeur, *f.* Ingénuité. Ingenuitas, tis.
9. Canne, *f.* Roseau, *m.* Arundo, inis.
Capitaine. *m.* Général. Dux, cis, *m.*
Capitale, *f.* Urbs primaria, is, æ.
Caprice, *m.* Libido, inis.
Captivité, *f.* Captivitas, tis.
Caquet, *m.* Garrulitas, tis.
Caractère, *m.* Indoles, is, *f.*
Carthage (ville). Carthago, inis.
Casaque, *f.* Chlamys, ydis, *f.*

Dites les terminaisons des six cas sur *Puer*.

A quelle déclinaison appartient *Puer* ? Pourquoi ?

Faire remarquer aux élèves que le nominatif et vocatif singulier, le nominatif et vocatif pluriel, le datif et ablatif pluriel, sont semblables.

Tous les noms sur *Puer* sont masculins.

Quel est le génitif singulier et le génitif pluriel de la troisième déclinaison ?

Dites les terminaisons des six cas sur *Soror*.

Remarquez que le nominatif et vocatif singulier, le nominatif et le vocatif pluriel, le datif et l'ablatif pluriel sont semblables.

Voir Lhomond au supplément des déclinaisons, et faire remarquer les noms qui font exception à la troisième déclinaison.

1° Tous les noms sur *Soror*, qui ont le nominatif singulier en *io*, sont féminins, excepté : Pusio, marmot. Septentrio, septentrion. Papilio, papillon. Scipio, Scipion. Apollo,

Apollon. Cupido, Cupidon. Hiero, Hiéron. Præco, crieur public. Macedo, Macédonien. Juno, Junon. Jaso, Jason.

2° Tous les noms en *as* sont féminins, excepté : Adamas, diamant. Elephas, éléphant. Gigas, géant.

3° Tous les noms en *o* sont féminins, excepté : Blatero, causeur. Capo, chapon. Carbo, Charbon. Cicero, Cicéron. Belatro, coquin. Bufo, crapaud. Dæmo, démon. Sermo, discours. Draco, dragon. Nebulo, drôle. Equiso, écuyer. Cento, haillon. Bubo, bihou. Hugo, Hugues. Stellio, lézard. Ordo, ordre. Caupo, limonadier. Leo, lion. Latro, voleur. Pepo, melon. Nero, Néron. Ligo, outil. Agaso, palefrenier. Pavo, paon. Homo, homme. Pharao, Pharaon. Plato, Platon. Pugio, poignard. Turbo, sabot. Verbero, vaurien.

4° Tous les noms en *or* sont masculins, excepté : Arbor, arbre. Soror, sœur. Uxor, épouse.

Imp. E. Dézairs, à Blois.

ENSEIGNEMENT MUTUEL.

MÉTHODE LATINE.

PREMIÈRE ESPÈCE DE MOTS. — *LE NOM.* (Voir Lhomond.)

Décliner les noms suivants sur Soror.

Canton, m. Regio, nis.
10. Causeur, m. Blatero, nis.
Caution, f. Garant. Sponsor, is.
Cavalier, m. Eques, itis, m.
Célébrant, m. Præsul, is, m.
Célébrité, f. Celebritas, tis.
Célibataire, m. Cœlebs, ibis, m.
Cendre, f. Cinis, eris, f.
Censeur, m. Censor, is.
César, m. Cæsar, is.
Chagrin, m. Tristesse f. Mœror, is.
11. Chair, f. Caro, nis.
Chaleur, f. Calor, is.
Changement, m. Vicissitude. Mutatio, nis. Vicissitudo, inis.
Chapon, m. Capo, nis, m.
Charbon, m. Carbo, nis, m.
Charité, f. Caritas, tis.
Chasse, f. Venatio, nis.
Chasseur, m. Venator, is.
Chaud (le). Calor, is.
Chef, m. Dux, cis, m.
12. Cherté, f. Caritas, tis.
Chevalier, m. Eques, itis, m.
Chien, m. Canis, is, m. f.
Choix, m. Optio, nis.
Chrysalide, f. Chrysalis, dis, f.
Cicatrice, f. Cicatrix, cis, f.
Cicéron, m. Cicero, nis, m.
Cidre, m. E malis liquor expressus, i, is.
Cité, f. Ville. Civitas, tis.
Circonférence, f. Orbis, is, m.
13. Clarté, f. Splendor, is.
Climat, m. Pays. Région. Regio, nis.
Collier, m. Torques, is, m.
Commandant, m. Imperator, is.
Compagnie, f. Société. Societas, tis.
Compagnon, m. Compagne, f. Comes, itis, m.
Compagnon de voyage. Comes, itis, m.
Comparaison, f. Collatio, nis.
Compliment, m. Gratulatio, nis.
Composition, f. (Confection). Confectio, nis.
14. Compte, m. Ratio, nis.
Condamnation, f. Damnatio, nis.
Condition, f. État, m. Sors, tis, f. Conditio, nis.
Conducteur, m. Conductrice, f. Conductor, is, m. f.
Conduite, f. Agendi ratio, nis.
Confesseur, m. Confessor, is.
Confession, f. Aveu. Confessio, nis.
Connaissance, f. (Notion). Notio, nis.
Conquérant, m. Gentium domitor, is.
Conservation, f. Salut. Santé. Salus, tis, f.

15. Construction, f. Constructio, nis.
Consul, m. Consul, is, m.
Contrée, f. Région. Canton. Regio, nis.
Conversation, f. Sermon. Discours. Sermo, nis, m.
Cordonnier, m. Sutor, is.
Coquin, m. Balatro, nis, m.
Corneille, f. Cornix, cis, f.
Correspondant, m. Procurator, is.
Cosroès, m. Cosroes, is. m.
Côté, m. (Part). Pars, tis, f.
16. Cou, m. Cervix, cis, f.
Couleur, m. Color, is.
Coupe, f. Gobelet. Crater, ris, m.
Courage, m. Fortitudo, inis.
Coureur, m. Cursor, is.
Coutume, f. Mos, ris, m.
Crainte, f. Timor, is.
Crapaud, m. Bufo, nis, m.
Créateur, m. Creator, is.
Création, f. Creatio, nis.
17. Cri, m. Clamor, is.
Cruauté, f. Crudelitas, tis. Feritas, tis.
Cuirasse, f. Thorax, cis, f.
Cultivateur, m. Cultor, is.
Curiosité, f. Curiositas, tis.
Cyclope, m. Cyclops, is, m.

D.

David, m. David, is, m.
Danse, f. Saltatio, nis.
Débat, m. Contentio, nis.
Débauche, f. Commessatio, nis.
18. Défense, f. Defensio, nis.
Délassement, m. Récréation. Relaxatio, nis.
Délicatesse, f. (Mauvaise Santé). Infirma valetudo, nis.
Délicatesse, f. (Intégrité). Integritas, tis.
Délivrance, f. Salut. Liberatio, nis. Salus, tis, f.
Demande, f. Postulatio, nis.
Démon, m. Dæmo, nis, m.
Démosthènes, m. Demosthenes, is, m.
Départ, m. Profectio, nis.
Désastre, m. Calamitas, tis.
19. Déserteur, m. Desertor, is.
Description, f. Descriptio, nis.
Désir, m. Cupiditas, tis.
Dessin, m. (Portrait). Imago, inis.
Destinée, f. Sors, tis, f.
Devin, m. Vates, is, m. Auspex, icis.
Dévotion, f. Pietas, tis.
Dextérité, f. Dexteritas, tis.
Diamant, m. Adamas, antis, m.
Difficulté, f. Difficultas, tis.
20. Difformité, f. Deformitas, tis.

Dignité, f. Dignitas, tis.
Dijon (ville). Divio, nis.
Diogène, m. Diogenes, is. m.
Disgrâce, f. (Offense). Offensio, nis.
Disposition, f. (Caractère). Indoles. is, f.
Disposition (Aptitude). Habilitas, tis.
Discours m. (Sermon). Sermo, nis, m. Oratio, nis.
Discours, m. (Conversation). Sermo, nis, m.
Dissertation, f. Dissertatio, nis.
21. Dissimulation, f. Fraude, f. Dissimulatio, nis. Fraus, dis, f.
Dissipation, f. Divertissement, m. Oblectatio, nis.
Distinction, f. (Honneur). Præcipuus honor, i, is.
Distribution, f. (Division). Partitio, nis.
Diversité, f. Variété, f. Varietas, tis.
Docilité, f. Docilitas, tis.
Douceur, f. Mansuetudo, inis. Lonitas, tis.
Douleur, f. Chagrin, m. Mœror, is. Dolor, is.
Dragon, m. Draco, nis, m.
Droiture, f. Integritas, tis.
22. Drôle, m. Nebulo, nis, m.
Duc, m. Dux, cis, m.
Dureté, f. Soliditas, tis. Rigor, is.

E.

Echange, f. Permutatio, nis.
Eclat, m. Splendor, is.
Ecorce, f. Cortex, icis, f.
Ecrivain, m. Scriptor, is.
Ecuyer, m. Equiso, nis, m.
Education, f. Educatio, nis.
Effroi, m. Terreur. Trepidatio, nis. Terror, is.
23. Egalité, f. Æqualitas, tis.
Egard, m. Ratio, nis.
Egarement, m. Erreur. Error, is.
Electeur, m. Elector, is.
Eléphant, m. Elephas, antis, m.
Elévation, f. (Hauteur). Altitudo, inis.
Elévation, f. (Honneur). Honor, is.
Eloge, m. Louange. Laus, dis, f.
Empereur, m. Imperator, is.
Empreinte, f. Impressio, nis.
24. Engagement, m. Incitatio, nis.
Enjouement, m. Hilaritas, tis.
Énormité, f. (Grandeur). Immensitas, tis.
Énormité, f. Atrocitas, tis.
Envie, f. (Désir). Prurigo, inis.

Épouse, f. Uxor, is, f.
Époux, m. Épouse, f. Conjux, gis, m. f.
Équateur, m. Æquator, is.
Erreur, f. Error, is.
Érudition, f. Eruditio, nis.
25. Eschine, m. Eschines, is, m.
Esclavage, m. Servitude. Servitus, tis, f.
Esquisse, f. (Description). Descriptio, nis.
Estampe, f. Graphis, dis, f.
Esther, f. Esther, is, f.
Estime, f. Existimatio, nis.
Établissement, m. (Institution). Institutio, nis.
Étendue, f. Immensitas, tis. Latitudo, inis.
Etonnement, m. Stupor, is.
26. Etourderie, f. (Témérité). Temeritas, tis.
Examen, m. Inquisitio, nis. Interrogatio, nis.
Exception, f. Exceptio, nis.
Excès, m. Immoderatio, nis.
Excuse, f. Excusatio, nis.
Exécution, f. Executio, nis.
Exercice, m. Exercitatio, nis.
Exhalaison, f. Exhalatio, nis.
Exhortation, f. Adhortatio, nis.
27. Extinction (de voix). Extincta vox, æ, cis, f.

F.

Fabricant, m. Fabricans, tis, m. Artifex, icis, m.
Fabrique, f. Fabricatio, nis.
Facilité, f. Facilitas, tis. Habilitas, tis.
Faculté, f. (Qualité). Dos, tis, f.
Faculté, f. (Pouvoir). Potestas, tis.
Faiblesse, f. Imbecillitas, tis.
Faiblesse de caractère. Nimia facilitas, æ, tis.
Faim, f. Fames, is, f.
Familiarité, f. Familiaritas, tis, f.
28. Famine. f. Famos, is.
Famille (père de). Pater-familias, tris, f.
Famille (mère de). Mater-familias, tris, f.
Fatigue, f. Defatigatio, nis.
Fantaisie, f. Libido, inis.
Fatigue, f. Travail. Labor, is. Fatigatio, nis.
Fécondité, f. Fecunditas, tis.
Félicité, f. Félicitas, tis.
Femme, f. Mulier, is, f.
Femme, f. (Epouse). Uxor, is, f.
29. Fénélon, m. Fenelo, nis, m.
Férocité, f. Ferocitas, tis.

Fertilité, f. Fertilitas, tis.
Feuillage, m. Feuille. Frons, dis, f.
Fidélité, f. Fidelitas, tis.
Fille, f. (jeune). Virgo, inis.
Fils, m. (petit). Nepos, tis, m.
Finesse, f. (de l'odorat). Subtilitas, tis.
Flatterie, f. Adulatio, nis.
Flatteur, m. Adulator, is.
30. Fleur, f. Flos, ris, m.
Flexibilité, f. Flexibilitas, tis.
Fondateur, m. Fundator, is.
Fortune, f. (Richesses). Opes, um, f. pl.
Fourberie, f. Fraude. Fraus, dis, f.
Fourrage, m. Pabulatio, nis.
Fracas, m. Bruit. Fragor, is.
Franchise, f. Sincérité. Sinceritas, tis.
Frayeur, f. Terror, is.
Frère, m. Frater, ris, m.
31. Fripon, m. Nebulo, nis, m.
Frénésie, f. Fureur. Furor, is.
Fruit, m. (Utilité). Utilitas, tis.
Fruit (arbre à). Pomifera arbor, æ, is, f.
Fureur, f. Furor, is.
Fureur (grand désir). Prurigo, inis.

G.

Gage, m. Salaire. Merces, dis, f.
Gaieté, f. Hilaritas, tis.
Garde, m. Gardien. Satelles, itis, m. Custos, dis, m.
Garnement, m. Nebulo, nis, m.
32. Garnison, f. Custodes, um, m. pl.
Général, m. Dux, cis, m.
Génération, f. Generatio, nis.
Générosité, f. Generositas, tis.
Gens (des Hommes). Homines, um, m. pl.
Geôlier, m. Carceris custos, is, dis, m.
Gloire, f. (Louange). Laus, dis, f.
Gobelet, m. Coupe. Calix, cis, m.
Gouffre, m. Abîme. Gurges, itis, m.
Grâce, f. (Beauté. Élégance). Venustas, tis.
33. Graisse, f. Pinguedo, inis.
Grands, m. pl. (les). Majores, um, m. pl.
Grandeur, f. (Hauteur). Altitudo. inis.
Grandeur (Dignité). Dignitas, tis.
Gravité, f. Gravitas, tis.
Grêle, f. Grando, inis.
Grosseur, f. Amplitudo, inis.
Grue, f. Grus, is, f.
Guerrier, m. Bellator, is.
Guide, m. Chef. Dux, cis, m.
34. Guillot, m. (Berger). Pastor, is.

ENSEIGNEMENT MUTUEL.

MÉTHODE LATINE.

PREMIÈRE ESPÈCE DE MOTS. — *LE NOM.* (Voir Lhomond.)

Décliner les noms suivants sur **Soror.**

H.

Habileté, ƒ. Adresse. Dexteritas, tis.
Habitudes, ƒ. pl. (Mœurs). Mores, um, m. pl.
Haillon, m. Cento, nis. m.
Harangue, ƒ. Oratio, nis, ƒ.
Hauteur, ƒ. Élévation. Altitudo, inis.
Hébron (ville). Hebron, nis, m.
Hercule, m. Hercules, is, m.
Héritage, m. Hæreditas, tis.
Héros, m. Heros, is, m.
35. Héroïsme, m. Vertu. Courage. Virtus, tis, ƒ.
Hibou, m. Bubo, nis, m.
Hirondelle, ƒ. Hirundo, inis.
Hiver, m. Hiems, mis, ƒ.
Holopherne, m. Holophernes, is, m.
Hommage, m. Veneratio, nis.
Homme, m. Homo, inis, m.
Honneur, m. Honor, is.
Honneur du triomphe. Laus, dis, ƒ.
Honte, ƒ. Pudor, is.
36. Horreur, ƒ. Horror, is.
Hostilité, ƒ. Hostilitas, tis.
Hôte, m. Hospes, itis, m.
Hugues (Capet). Hugo, nis, m.
Humains (les). Homines, um, m. p.
Humanité, ƒ. Humanitas, tis.
Humanité. ƒ. (peu d'). Inhumanitas, tis.
Humeur, ƒ. (belle). Hilaritas, tis.
Humeur (mauvaise). Morositas, tis.
Humidité, ƒ. Humor, is.

I.

37. Idée. Apparence. Image, ƒ. Imago, nis.
Idolâtre, m. Idolorum Cultor, is.
Image, ƒ. Imago, nis.
Imitation, ƒ. Imitatio, nis.
Impiété, ƒ. Impietas, tis.
Imposteur, m. Deceptor, is.
Imposture, ƒ. Fraus, dis, ƒ.
Imprudence, ƒ. Témérité. Temeritas, tis.
Impuissance, ƒ. Faiblesse. Imbecillitas, tis.
Incertitude, ƒ. Doutance. Dubitatio, nis.
38. Inclination, ƒ. Propension. Propensio, nis.
Inconstance, ƒ. Mobilité. Mobilitas, tis.
Indignation, ƒ. Dépit. Indignatio, nis.
Indocilité, ƒ. Indocilitas, tis.
Inhumanité, ƒ. Feritas, tis. Inhumanitas, tis.

Inimitié, ƒ. Simultas, tis.
Iniquité, ƒ. Iniquitas, tis.
Intérêt, m. (Utilité). Utilitas, tis.
Instituteur, m. Institutor, is.
Inventeur, m. Inventor, is.
39. Invention, ƒ. Inventio, nis.
Ivresse, ƒ. Ebrietas, tis.

J.

Jeunesse, ƒ. Juventus, tis, ƒ.
Joailler, m. Gemmati operis Artifex, icis, m.
Jouissance, ƒ. Possession. Possessio, nis.
Jour, m. (de travail). Diurnus Labor, i, is.
Juge, m. Judex, icis, m.
Jupiter, m. Jupiter, Jovis, m.
Justice, ƒ. Équité. Æquitas, tis.

L.

Labour, m. Aratio, nis.
40. Laboureur, m. Arator, is.
Lacédémone (ville). Lacedæmon, nis, m.
Lacédémonien, m. Lacedæmonis, m.
Laie, m. Porc, m. Sus, is, m.
Langage, m. Discours. Sermon. Sermo, nis.
Langueur, ƒ. Languor, is.
Lapidaire, m. Sculpteur. Sculptor, is.
Largesse, ƒ. Largitio, nis.
Lecteur, m. Lector, is.
Lecture, ƒ. Lectio, nis.
41. Légèreté (de caractère). Levitas, tis.
Légèreté (Souplesse). Agilitas, tis.
Légion, ƒ. Legio, nis.
Lézard, m. Stellio, nis, m.
Liaison, ƒ. Familiarité. Familiaritas, tis.
Libérateur, m. Liberator, is.
Libératrice, ƒ. Liberatrix, cis, ƒ.
Liberté, ƒ. Libertas, tis.
Liberté (Pouvoir). Facultas, tis.
Lièvre, m. Lepus, oris, m.
42. Ligne, ƒ. (Rang). Ordo, inis, m.
Limaçon, m. Limax, cis. m.
Limonadier, m. Caupo, nis, m.
Lion, m. Leo, nis, m.
Liqueur, ƒ. Liquor, is.
Loi, ƒ. Lex, Legis, ƒ.
Louange, ƒ. Eloge. Laus, dis, ƒ.
Lumière, ƒ. Lux, cis, ƒ.
Lutin, m. Nebulo, nis, m.
Lyre, ƒ. Testudo, inis.

M.

43. Maçon, m. Structor, is.
Maître (qui enseigne). Præceptor, is.

Majesté, ƒ. Majestas, tis.
Malheur, m. Calamité. Calamitas, tis.
Malhonnêteté, ƒ. (Impolitesse). Inurbanitas, tis.
Maman, ƒ. Mater, tris, ƒ.
Manières, ƒ. pl. Mores, um, m. p.
Manteau, m. Chlamys, ydis, ƒ.
Maraut, m. Balatro, nis, m.
Marchand, m. Mercator, is.
44. Mari, m. Époux. Conjux, gis, m.
Marmot, m. Pusio, nis, m.
Mâtin, m. (Chien). Villaticus Canis, i, is, m.
Méchanceté, ƒ. Improbitas, tis.
Médiocrité, ƒ. Mediocritas, tis.
Mélange, m. Mixtio, nis.
Melon, m. Pepo, nis, m.
Mendicité, ƒ. Mendicitas, tis.
Mentor, m. Mentor, is.
Mépris, ƒ. Erreur. Error, is.
45. Mère, ƒ. Maman. Mater, tris, ƒ.
Mérite, m. Virtus, tis, ƒ.
Mérovingiens, m. pl. Merovigas, um, m. pl.
Métamorphose, ƒ. Immutatio, nis.
Métier, m. Art. Ars, tis, ƒ.
Minuit, ƒ. Media Nox, æ, ctis, ƒ.
Mission, ƒ. Missio, nis.
Mobilité, ƒ. Mobilitas, tis.
Modération, ƒ. Moderatio, nis.
Mœurs, m. pl. Habitudes. Mores, um.
46. Moineau, m. Passer, ris, m.
Moïse, m. Moses, is, m.
Moisson, ƒ. Seges, tis, ƒ.
Môle, m. Moles, is, ƒ.
Monarque, m. Rex, gis, m. Princeps, ipis, m.
Monde, m. (Globe). Orbis, is, m.
Morceau, m. (Partie). Pars, tis, ƒ.
Morgue, ƒ. Morositas, tis.
Mort, ƒ. Mors, tis, ƒ.
Mortification, ƒ. Objurgatio, nis.
47. Moucheron, m. Culex, icis, m.
Mouton, m. Vervex, icis, m.
Moyen, m. Ratio, nis.
Moyen (Faculté). Facultas, tis.
Multitude, ƒ. Multitudo, inis.
Mur, m. Muraille, ƒ. Paries, tis, ƒ.

N.

Nabuchodonosor, m. Nabuchodonosor, is, m.
Naïveté, ƒ. Simplicité. Simplicitas, tis.
Nantes (ville). Nanntes, um, ƒ. p.
Narbonne (ville). Narbo, nis, ƒ.
48. Naturaliste, m. Rerum naturalium Investigator, is, m.
Naturel, m. (le). Indoles, is, ƒ.
Navigation, ƒ. Navigatio, nis.

Nécessité, ƒ. Necessitas, tis.
Négociant, m. Negociator, is.
Negociation, ƒ. Legatio, nis.
Néron, m. Nero, nis, m.
Neveu, m. Descendant. Nepos, tis, m
Noblesse, ƒ. Nobilitas, tis.
Noix, ƒ. Noyer, m. Nux, cis, ƒ.
49. Nord, m. Septentrion. Septentrio, nis, m.
Notion, ƒ. Notio, nis.
Nourrice, ƒ. Nutrix, cis, ƒ.

O.

Obscurité, ƒ. Caligo, inis. Obscuritas, tis.
Observation, ƒ. Observatio, nis.
Observateur, m. Speculator, is. Observator, is.
Occasion, ƒ. Occasio, nis.
Occupation, ƒ. Occupatio, nis.
Odeur, ƒ. Odor, is.
Offense, ƒ. Offensio, nis.
50. Offre, ƒ. Conditio, nis.
Oie, ƒ. Anser, ris, m.
Opération, ƒ. Action. Operatio, nis. Actio, nis.
Opinion, ƒ. Opinio, nis.
Orateur, m. Orator, is.
Ordre, m. Ordo, inis, m.
Origine, ƒ. Origo, inis.
Oubli, m. Oblivio, nis.
Outil, m. Ligo, nis, m.
Ouvrier, m. Opifex, icis.

P.

51. Pain, m. Panis, is, m.
Paix, ƒ. Pax, cis, ƒ.
Palefrenier, m. Agaso, nis, m.
Pâleur, ƒ. Pallor, is.
Paon, m. Pavo, nis, m.
Papa, m. Père. Pater, ris.
Papillon, m. Papilio, nis, m.
Parole, ƒ. Voix. Vox, cis, ƒ.
Partage, m. Divisio, nis.
Passereau, m. Moineau. Passer, is. m.
52. Passion, ƒ. Cupido, inis. Libido, inis.
Passion (Désir). Cupiditas, tis.
Pâté, m. Artocreas, tis. m.
Patte, ƒ. Pes, dis, m.
Pauvre, m. Pauper, is, m.
Pauvreté, ƒ. Paupertas, tis.
Pavement, m. Solutio, nis.
Pays, m. Regio, nis.
Pécheur, m. Peccator, is.
Pêcheur, m. Piscator, is.
53. Pêche, ƒ. Piscatio, nis.
Peine, ƒ. Travail. Fatigue. Labor. is.
Peine, ƒ. (Douleur). Dolor, is.
Peintre, m. Pictor, is.

Penchant, m. Proclivitas, tis,
Pensée, ƒ. Cogitatio, nis.
Pente, ƒ. Proclivitas, tis. Propensio, nis.
Perdition, ƒ. Perditio, nis.
Perdrix, ƒ. Perdix, cis, ƒ.
Père, m. Pater, ris, m. Genitor, is.
54. Périgord, m. Petrocricensis Regio, is.
Perse, ƒ. Persis, dis, ƒ.
Persécution, ƒ. Vexatio, nis.
Personne, ƒ. (sans négation), Homo, inis, m.
Personne, (avec négation). Nemo, inis, m.
Peuple, m. (Populace). Plebs, bis, ƒ.
Peur, ƒ. Crainte. Pavor, is, Timor, is.
Pharaon, m. Pharao, nis, m.
Pièce, ƒ. (Partie). Pars, tis, ƒ.
Pied, m. Patte. Pes, dis, m.
55. Pierre, ƒ. Lapis, dis, m.
Pillage, m. Direptio, nis.
Piété, ƒ. Pietas, tis.
Plaisir, m. Voluptas, tis.
Place, ƒ. Sedes, is, ƒ.
Platon, m. Plato, nis, m.
Poète, m. Vates, is, m.
Poignard, m. Pugio, nis, m.
Pointe, ƒ. Mucro, nis, m.
Pointe (Sommet). Vertex, icis, m.
56. Politesse, ƒ. Urbanitas, tis.
Ponce, ƒ. (Pierre). Pumex, icis, m.
Porc, m. Sus, is.
Portier, m. Janitor, is.
Poste, ƒ. Statio, nis.
Portion, ƒ. Portio, nis.
Possession, ƒ. Possessio, nis.
Possession (d'une ville). Expugnatio, nis.
Potion, ƒ. Potio, nis.
Poudre ƒ. (à canon). Sulphuricus Pulvis, i, is, m.
57. Poudre (Poussière). Pulvis , eris, m.
Pouvoir, m. (le). Potestas, tis.
Pratique, ƒ. Exercitatio, nis.
Pratique, ƒ. (Coutume). Mos, ris. m.
Précaution, ƒ. Cautio, nis.
Précepteur, m. Præceptor, is.
Prédécesseur, m. Antecessor, is.
Prédiction, ƒ. Prædictio, nis.
Prédication , ƒ. Prædicatio , nis.
Prières, ƒ. pl. Preces, um, ƒ. pl.
58. Prince, m. Princeps, ipis, m.
Prison, ƒ. Carcer, is, m.
Probité, ƒ. Intégrité. Probitas, tis. Integritas, tis.
Profondeur, ƒ. Altitudo, inis.
Promenade, ƒ. Ambulatio, nis.
Professeur, m. Professor, is.
Profession, ƒ. Professio, nis.

ENSEIGNEMENT MUTUEL.

MÉTHODE LATINE.

PREMIÈRE ESPÈCE DE MOTS. — *LE NOM.* (Voir Lhomond.)

Décliner les noms suivants sur Soror.

Promptitude, *f.* Velocitas, tis.

Propos, *m.* (Discours). Sermo , nis.

Prospérité, *f.* Prosperitas, tis.

59. Protecteur, *m.* Défenseur. Defensor, is.

Puissance, *f.* Pouvoir. Potestas, tis.

Puissance (en la). Ditio, nis.

Pureté, *f.* (de mœurs). Castitas, tis.

Pureté, *f.* (Intégrité). Integritas, is.

Q.

Question, *f.* Quæstio, nis.

Question (Interrogation). Interrogatio, nis.

Questionneur, *m.* Percontator, is.

R.

Race, *f.* Stirps, is, *f.*

Racine, *f.* Radix, cis, *f.*

60. Rachel, *f.* Rachel, is, *f.*

Raillerie, *f.* Cavillatio, nis.

Raison, *f.* Ratio, nis.

Raisonnement , *m.* Ratiocinatio, nis.

Rang, *m.* Ordo, inis, *m.*

Rapidité, *f.* Velocitas, tis.

Rapport, *m.* Narratio, nis.

Ravage, *m.* Vastatio, nis.

Réalité, *f.* (Vérité). Veritas, tis.

Recherche, *f.* (Choix). Exquisitio, nis.

61. Recherche (Perquisition). Investigatio, nis.

Récit, *m.* Narratio, nis.

Récolte, *f.* Seges, tis. Frugum Perceptio, nis.

Récompense, *f.* Merces, dis. Remuneratio, nis.

Récréation, *f.* Oblectatio, nis.

Redevable, *m.* (Débiteur). Debitor, is.

Réduction. *f.* (Diminution). Imminutio, nis.

Réflexion, *f.* Cogitatio, nis. Meditatio, nis, *f.*

Régiment, *m.* (Cohorte). Cohors, tis, *f.*

Repos, *m.* Quies, tis, *f.*

62. Résistance , *f.* (vigoureuse). Fortis Defensio, nis.

Roi, *m.* Rex, gis, *m.*

Rosée, *f.* Ros, ris, *m.*

Rosière, *f.* Virgo coronis coronanda, inis, æ.

Royauté, *f.* Regia Potestas, æ, tis.

Ruine, *f.* (Renversement). Eversio, nis.

Rusticité, *f.* Rusticitas, tis.

S.

Sabot, *m.* Turbo, inis, *m.*

Sagacité, *f.* Perspicacitas, tis.

Saison, *f.* Tempestas, tis.

63. Salaire, *m.* Merces, dis, *f.*

Salut, *m.* (Salutation). Salus, tis, *f.*

Samson, *m.* Samson, is, *m.*

Samuel, *m.* Samuel, is, *m.*

Sang, *m.* Cruor, is. Sanguis, is, *m.*

Santé, *f.* Valetudo , inis. Salus, tis, *f.*

Sapin, *m.* Abies, tis, *f.*

Saül, *m.* Saul, is, *m.*

Sauveur, *f.* Salvator, is.

Saveur, *f.* Sapor, is.

64. Scélératesse, *f.* Improbitas, tis.

Scipion, *m.* Scipio, nis, *m.*

Sculpteur, *m.* Sculptor, is.

Sécheresse, *f.* Siccitas, tis.

Sécurité, *f.* Securitas, tis.

Séducteur, *m.* Corruptor, is.

Séjour, *m.* (Demeure). Commoratio, nis. Sedes, is.

Semaine, *f.* Hebdomas, dis.

Sénateur, *m.* Senator, is.

Sensibilité, *f.* Caritas, tis. Pietas, tis.

65. Sentier, *m.* Trames, itis. *m.* Limes, itis, *m.*

Sentinelle, *f.* Custos, dis. *m.* Speculator, is.

Séparation, *f.* Disjunctio, nis.

Serin (Oiseau). Acanthis, dis. *f.*

Servitude *f.* Servitus, tis. Servitudo, inis.

Sévérité, *f.* Severitas, tis.

Siége, *m.* (d'une ville). Obsidio, nis.

Siméon, *m.* Simeon, nis, *m.*

Simplicité, *f.* (Ingénuité). Ingenuitas, tis.

Sincérité, *f.* Sinceritas, tis.

66. Singularité, *f.* Singularis Ratio, nis.

Sire, *m.* (nom de dignité). Rex, gis, *m.*

Sobriété, *f.* Sobrietas, tis.

Société, *f.* Societas, tis.

Socrate, *m.* Socrates, is, *m.*

Sœur, *f.* Soror, is, *f.*

Soie, *f.* Bombyx, cis.

Soir, *m.* Vesper, is, *m.*

Soissons (ville). Suessones, um, *m. pl.*

Soldat, *m.* Miles, itis, *m.*

67. Soleil, *m.* Sol, is. *m.*

Solitude, *f.* Solitudo, inis.

Sollicitude, *f.* Sollicitudo inis, *f.*

Sollicitation, *f.* Instigatio, nis.

Sommet, *m.* Apex , icis. Vertex, icis, *m.*

Sommet (de la tête). Cervix, cis, *f.*

Sort, *m.* Sors, tis, *f.*

Sortie, *f.* Egressio, nis.

Sortie (Éruption). Eruptio, nis.

Soupçon, *m.* Suspicio, nis.

68. Souplesse, *f.* Flexibilitas, tis.

Source, *f.* (Origine). Origo, inis.

Souris, *f.* Sorex, icis, *m.*

Souverain, *m.* Princeps, ipis. Rex, gis, *m.*

Spectateur, *m.* Spectator, is.

Splendeur, *f.* Splendor, is.

Succession, *f.* (Héritage). Hæreditas, tis.

Successeur, *m.* Successor, is.

Sœur, *f.* Sudor, is.

Surcroît, *m.* Accessio, nis.

69. Sûreté, *f.* Securitas, tis. Salus, tis.

Surprise (Étonnement). Stupor, is.

Surprise (Tumulte). Perturbatio, nis.

Surprise (Erreur). Error, is.

T.

Tapissier, *m.* Tapetum Textor, is.

Témérité, *f.* Temeritas, tis.

Tempête, *f.* Tempestas, tis.

Tendresse, *f.* Caritas, tis. Pietas, tis.

Ténèbres, *f. pl.* (Brouillard). Caligo, inis.

Terre, *f.* Tellus, ris, *f.*

70. Terreur, *f.* Terror, is.

Timidité, *f.* Timiditas, tis.

Tisserand, *m.* Textor, is.

Ton, *m.* (Voix). Vox, cis, *f.*

Tortue, *f.* Testudo, inis.

Tour, *m.* (Rang). Ordo, inis, *m.*

Tour, *m.* (Adresse). Ars, tis, *f.*

Tourbillon, *m.* Turbo, inis, *m.*

Tours (ville). Turones, um, *f. pl.*

Tourterelle, *f.* Turtur is, *m.*

71. Trahison, *f.* Proditio, nis.

Traitement, *m.* Mulctatio, nis.

Traiteur, *m.* Obsonator, is.

Traître, *m.* Proditor, is.

Tranquillité, *f.* Tranquillitas, tis.

Transport, *m.* Evectio, nis.

Travail, *m.* Labor, is.

Trésorier, *m.* Quæstor, is.

Trompette, *m.* Buccinator, is.

Tronc, *m.* Caudex, icis, *m.*

72. Tumulte, *m.* Perturbatio, nis.

Trouble, *m.* (Sédition). Seditio, nis.

Tuile, *f.* Later, is, *m.*

Tuteur, *m.* Tutor, is.

Tyrannie, *f.* Tyrannis, dis, *f.*

U.

Univers, *m.* Orbis, is, *m.*

Université, *f.* Universitas, 'tis.

Urbanité, *f.* Urbanitas, tis.

Urne, *f.* Crater, is, *m.*

Usage, *m.* (Coutume). Mos, ris, *m.*

73. Usurpateur, *m.* Boni alieni Ereptor, is.

V.

Vainqueur, *m.* Victor, is.

Vanité, *f.* Vanitas, tis.

Vaurien, *m.* Verbero, nis, *m.*

Vendangeur, *m.* Vindemiator, is.

Vengeance, *f.* Ultio, nis.

Vengeur, *m.* Ultor, is.

Ventre, *m.* Venter, ris, *m.*

Vérité, *f.* Veritas, tis.

Ver, *m.* (à soie). Bombyx, cis, *m.*

74. Vertu, *f.* Virtus, tis, *f.*

Viande, *f.* (Chair). Caro, nis, *f.*

Vigneron, *m.* Vinitor, is.

Visite, *f.* Salutatio, nis.

Vocation, *f.* Vocatio, nis.

Voix, *f.* Vox, cis, *f.*

Voleur, *m.* Latro, nis, *m.*

Volonté, *f.* Voluntas, tis.

Volupté, *f.* Voluptas, tis.

Voyageur, *m.* Viator, is.

Z.

75. Zèle, *m.* (Ardeur). Ardor, is.

EXERCICES SUR LES NOMS (¹).

De l'accusation. Assez d'adresse. Peu d'agilité. A l'aide. Des aînés, *abl.* Trop d'amertume. Beaucoup d'ancêtres. L'appel, *acc.* De l'anéantissement, *abl.* Contre les Arabes. Trop d'ardeur. Des artisans. A l'assaut. Devant les assiégeants. Voici l'aubergiste. De l'attachement, *abl.* Au-devant du berger. Du besoin, *abl.*

Dans la basse-cour. Derrière le bœuf. Des caquets, *abl.* Proche de Carthage. A l'insu du cavalier. Avec le causeur. En présence du célébrant. Pour le célibataire. En présence de César. A cause de la chaleur. Comme un chapon. Voilà du charbon. Avec charité. Dans la cité. Contre le chevalier. Envers Cicéron. Sans le chien. Comme une chrysalide. Au-delà de la contrée. Du collier, *abl.* Assez de compagnons. O clarté. Chez le commandant. Sans la comparaison. A cause de la cicatrice. Trop de condamnations. Derrière le conducteur. En présence du confesseur. En la puissance du conquérant. Au-devant du consul. Comme un cordonnier. Voici la corneille. Auprès de Cosroës. Jusqu'au cou. Sans la couleur. Avec le gobelet. Trop de courage. Peu de coureurs. Un peu de crainte. Des crapauds, *abl.* A la création. Des cris, *gén.* De la curiosité. O cruauté. Beaucoup de cultivateurs. Comme un cyclope. En présence de David. Au-devant de Démosthènes. Sans délicatesse. Voici la danse des démons. Au départ. Avec les déserteurs. Contre le devin. Sans dévotion. Aux discours. Aux environs de Dijon. Auprès de Diogène. Un peu de docilité. Contre le drôle. Avec douceur. Sans dureté. Beaucoup d'éclat. Sans les écrivains. Au-devant de l'écuyer. Sans l'éducation. Avec égalité. Pour l'électeur. Sur l'éléphant. Assez d'éloges. Beaucoup d'enjouement. A cause de l'époux. Dans

l'esclavage. Comme une estampe. En été. Trop d'étourderie. Parmi les établissements. Dans les fabriques. A la facilité. A cause de la famine. Chez le père de famille. En présence de la mère de famille. Trop de fatigues. O félicité. Devant la jeune fille. Sans flatterie. Avec des fleurs. Trop de fourrage. De la frayeur, *abl.* Des fripons, *gén.* Avec récompense. Au-devant du général. Assez de gloire. Un peu de graisse. Trop de hauteur. Parmi les guerriers. Pour l'honneur. Des impiétés, *abl.* A l'imposture. Des iniquités, *gén.* Dans l'ivresse. Avec les joailliers. Devant Jupiter. Avec justice. Du laboureur, *abl.* Contre les Lacédémoniens. Voilà la laie. Comme un lapidaire.

De la largesse, *gén.* Beaucoup de lézards. Derrière le lièvre. Trop de limaçons. Un peu de liqueur. Sans lois. Sans lumière. Avec la lyre. Voici le maçon. O maman. Parmi les marchands. A la méchanceté. De la médiocrité. Des melons, *abl.* A la mépris. Avec mérite. Des mœurs. Des moissons, *abl.* Du morceau, *abl.* A la mort. Du moyen, *gén.* De la multitude, *gén.* Au-devant de Nabuchodonosor. Au-delà de Nantes. Beaucoup de noix. Sans la nourrice. Dans l'obscurité. De l'occupation, *abl.* Avec les orateurs. Sans outils. Sans pain. Avec le palefrenier. Beaucoup de papillons. Assez de paroles. Sans partage. Des pâtés, *abl.* Du payement. O pêcheur. Parmi les peintres. De la pensée. Jusqu'au Périgord. Depuis la pointe. Au poste. Pour le précepteur. Dans l'obscurité. Sans prospérité. Avec la puissance. Sans racines. En la puissance du roi. Au-devant du régiment. A cause de la royauté. Des saisons. Au sang. Des sauveurs, *gén.* Le séjour. Du sentier. Des gardiens. Aux vignerons.

(¹) Revoir les Adverbes de quantité et les Prépositions.

IMP. E. DÉZAIRS, A BLOIS.

ENSEIGNEMENT MUTUEL.

MÉTHODE LATINE.

PREMIÈRE ESPÈCE DE MOTS. — *LE NOM.* (Voir Lhomond.)

Noms à décliner sur Soror.

A.

Accusator, is. Accusateur.
Acheron, tis, *m.* (fleuve). Achéron.
Acerbitas, tis. Dureté.
Actio, nis. Action.
Adoptio, nis. Adoption.
Æmulatio, nis. Émulation.
Ædificatio, nis. Construction d'un bâtiment.
Ægritudo, inis. Peine. Chagrin. Maladie.
Æstimatio, nis. Estime. Appréciation.
1. Agnitio, nis. Reconnaissance.
Affabilitas, tis. Affabilité.
Amator, is. Amateur. Partisan.
Aleator, is. Joueur.
Ales, itis. *m.* Oiseau.
Altrix, icis, *f.* Nourrice.
Ambages, um. *f. pl.* Détours. Embarras.
Amaritudo, inis. Amertume.
Amœnitas, tis. Douceur.
Apollo, nis, *m.* Apollon.
2. Apparitor, is. Appariteur. Huissier. Sergent.
Aruspex, icis, *m.* Aruspice.
Asperitas, tis. Apreté. Sévérité. Grossièreté.
Appendix, icis, *m.* Abrégé.
Assuetudo, inis. Habitude. Accoutumance.
Augur, is, *m.* Augure.
Auctio, nis. Crue. Accroissement.
Aviditas, tis. Avidité.

B.

Benignitas, tis. Bienveillance.
Bellatrix, icis, *f.* Guerrière.
3. Bonitas, tis. Bonté. Bienfaisance.
Brevitas, tis. Brièveté. Précision.

C.

Calliditas, tis. Ruse. Pénétration.
Ceres, ris, *f.* Cérès.
Cespes, itis, *m.* Gazon.
Claritas, tis. Distinction.
Cicatrix, icis, *f.* Cicatrice.
Cohortatio, nis. Harangue militaire.
Comitas, tis. Affabilité.
Compages, um. Liens. Embarras.
4. Commutatio, nis. Changement.
Conciliator, is. Conciliateur. Médiateur.
Concio, nis. Assemblée. Discours. Harangue.

Conditor, is. Fondateur.
Conjuratio, nis. Conjuration.
Consuetudo, inis. Coutume.
Contentio, nis. Dispute. Contention.
Consultor, is. Plaideur.
Cupido, inis. Cupidon.
Cunctatio, inis. Délai. Lenteur. Hésitation.
5. Curatio, nis. Guérison.

D.

Dapes, um. Mets. Viandes.
Debitor, is. Débiteur.
Demigratio, nis. Départ. Emigration.
Deucalion, nis, *m.* Deucalion.
Devotio, nis. Imprécation. Malédiction.
Desperatio, nis. Désespoir.
Dissimulatio, nis. Dissemblance.
Dictator, is. Dictateur.
Diuturnitas, tis. Longueur du temps.
6. Docilitas, tis. Docilité.
Doctor, is. Docteur. Maître.
Dominatio, nis. Domination.

E.

Educator, is, Educateur. Nourricier.
Emax, cis, *m.* Grand acheteur.
Emptor, is. Acheteur.
Emptio, nis. Achat.
Eruptio, nis. Eruption.
Exactor, ris. Exacteur. Receveur des impôts.
Excursio, ris. Excursion. Course.
7. Expulsor, is. Qui chasse. Qui met dehors.
Explorator, is. Espion.
Expositio, nis. Récit. Détail.
Exul, is, *m.* Banni. Exilé.
Exustio, nis. Embrasement.

F.

Fabricator, is. Ouvrier. Forgeron.
Factio, nis. Faction.
Favor, is. Faveur. Prétention.
Fors, tis, *f.* Hasard.
Fragor, is. Bruit. Eclat.
8. Fricatio, nis. Friction.
Frutex, icis, *m.* Arbrisseau.
Fur, is, *m.* Voleur.

G.

Gigas, antis, *m.* Géant.
Genitor, is. Père.
Genitrix, icis, *f.* Mère.

Gestatio, nis. Transport.
Grassator, is. Brigand.
Gubernator, is. Gouverneur. Pilote.

H.

Hiero, nis, *m.* Hiéron.
9. Habitatio, nis. Habitation. Demeure. Séjour.
Hæsitatio, nis. Doute. Incertitude. Hésitation.
Hercules, is, *m.* Hercule.
Honestas, tis. Honnêteté.

I.

Imitator, is. Imitateur.
Incolumitas, tis. Bon état.
Indignitas, tis. Indignité.
Insidiator, is. Qui dresse des pièges.
Interfector, is. Meurtrier. Assassin.
Internecio, nis. Carnage. Massacre.
10. Interpres, tis, *m. f.* Interprète.
Irrigatio, nis. Irrigation. Arrosement.
Irrisio, nis. Dérision. Moquerie. Raillerie.

J.

Jactatio, nis. Mouvement. Agitation.
Jaso, nis, *m.* Jason.
Juno, nis, *f.* Junon.
Juventus, tis, *f.* Jeunesse.

L.

Lampas, dis. Lampe.
Largitio, nis. Largesse.
Laudatio, nis. Eloge. Louange.
11. Laxitas, tis. Etendue. Largeur.
Legatio, nis. Ambassade.
Lepor, is. Grâce. Beauté. Agrément.
Lictor, is. Licteur.
Litigator, is. Plaideur. Qui aime les procès.
Longitudo, inis. Longueur. Longitudo.
Luctatio, nis. Lutte.

M.

Macedo, nis, *m.* Macédonien.
Magnitudo, inis. Grandeur.
Maledictio, nis. Malédiction.
12. Mars, tis, *m.* Mars (dieu de la guerre).
Mutatio, nis. Changement. Révolution.

Mentio, nis. Mention.
Munitio, nis. Fortification.

N.

Natio, nis. Nation.
Nitor, is. Eclat. Brillant.
Numitor, is. Numitor.

O.

Obses, idis, *m.* Otage.
Obstestatio, nis. Instance. Prière instante.
Ostentatio, nis. Ostentation. Parade. Jactance.

P.

13. Pactio, nis. Accord. Convention. Traité.
Palus, dis, *f.* Marais.
Paries, tis, *f.* Muraille.
Patres, um. *m. pl.* Sénateurs.
Pedes, itis, *m.* Piéton. Fantassin.
Pecus, dis, *f.* Troupeau de bêtes. Sot. Stupide.
Percussor, is. Assassin. Meurtrier.
Pernicitas, tis. Vitesse. Promptitude.
Petitio, nis. Demande. Pétition. Brigue.
Phaeton, is, *m.* Phaéton.
14. Piso, nis, *m.* Pison.
Pollio, nis. Pollion.
Pollex, icis, *m.* Pouce.
Pondo (indécl.) Poids d'une livre romaine.
Præco, nis. *m.* Crieur public.
Prædator, is. Prædo, nis, *m.* Voleur. Pirate. Pillard.
Prætor, is. Préteur.
Proboscis. idis, *f.* Trompe d'éléphant.
Progenitor, is. Aïeul.
Propago, nis. Race. Descendance.
15. Provocatio, nis. Provocation. Défi.
Primores, um. Les premiers. Les principaux.
Proconsul, is. Proconsul.
Pyramis, dis, *m.* Pyramide.

Q.

Quæstor, is. Questeur.

R.

Recognitio, nis. Reconnaissance.
Rector, is. Recteur. Pilote. Régulateur.
Religio, nis. Religion. Dévotion.
Redux, cis. *m.* De retour. Qui revient.
Remex, igis, *m.* Rameur.
16. Rhetor, is. Rhéteur.

Rubigo, inis. Rouille.
Rubor, is. Rougeur. Honte.
Rumor, is. Rumeur. Bruit.

S.

Sacerdos, tis. *m. f.* Prêtre. Prêtresse.
Salinator, is. Salinateur.
Salutatio, nis. Salutation. Salut.
Salutator, is. Qui salue. Complimenteur.
Sanctitas, tis. Sainteté. Intégrité.
Scipio, nis. *m.* Bâton.
17. Sessor, is. Qui est assis.
Similitudo, inis. Similitude. Ressemblance.
Simultatio, nis. Feinte. Déguisement.
Sponsio, nis. Promesse. Engagement de parole.
Strages, is, *f.* Carnage. Massacre.
Stridor, is. Bruit aigre.
Substructio, nis. Fondation.
Supellex, llectilis, *f.* Meubles. Hardes.

T.

Tabes, is, *f.* Langueur.
Tarditudo, inis. Lenteur. Retard.
18. Testudo, inis. Tortue.
Textrix, icis, *f.* Fileuse.
Tibicen, inis, *m.* Joueur de flûte.
Trepidatio, nis. Tremblement. Effroi. Crainte. Alarme.
Tripus, odis, *m.* Trépied.
Turpitudo, inis. Turpitude.

U.

Ulysses, is, *m.* Ulysse.

V.

Valetudo, inis. Santé.
Vapor, is. Vapeur.
Varietas, tis. Variété.
19. Varix, icis, *f.* Varice.
Varro, nis. Varron.
Venditio, nis. Vente.
Venditor, is. Vendeur.
Veneratio, nis. Vénération. Respect.
Vicissitudo, inis. Vicissitude.
Vicis, *gen.* Vici, *dat.* Vicem, *acc.* Alternative. Destinée.
Vigor, is. Vigueur.
Vindex, icis, *m.* Vengeur.
Vortex, icis, *m.* Gouffre.
20. Vomer, is, *m.* Soc de charrue.
Vultur, is, *m.* Vautour.

EXERCICES SUR *Soror* (¹).

Adversùs accusatorem. Trans Acherontem. Nimis acerbitatis. Parùm actionis. Satis æmulationis. Affatim ægritudinis. Clàm aleatore. Præter alitem. Antè altricem. In ambagibus. Paululùm amœnitatis. Apud Apollonem. Penès apparitorem. Coràm aruspice. De assuetudinibus. Palàm auguribus. Cum auctione. Nimis aviditatis. Obviàm bellatricibus. Sinc calliditate. En Cererem. In cespite. Cicatricis ergò. Cum comitate. Satis cohortationis. Nimis compagum. Ergà consultorem. Cupidinis instar. Nimis cunctationis. Multùm Dapum. Apud debitorem. Propè Deucalionem. In desesperatione. Coràm dictatore. Docilitatis ergò. Dominationi. Ecce doctorem. Propè sessorem. Adversùs salutatorem. Pro Salinatore. Stridoris ergò. Inter tibicines. Clàm exploratoribus. Pro

exule. Absque exustione. Obviàm fabricatoribus. Sine fragore. Propè furem. Fruticis instar. Ecce gigas. Genitrici. Genitoribus, *abl.* Gubernatorum. Apud Herculem. Coràm interfectoribus. In internecione. Sine derisione. Clàm Junone. Multùm lactis. Nimis lampadum. Circà. Circiter. Contrà. Propter. Juxtà. Secundùm. Secùs. Versùs. Ultrà. Infrà. Secundum consulem. Propter rectorem. Sine obsidibus. In palude. Juxtà parietem. O patres. Cum pedibus. En pecudem. Pyramidis instar. Cum pollicibus. Præter rhetores. Sine rubore. Rumoris ergò. Coràm sacerdotibus. Apud Ulyssem. Cum valetudine. In vortice. Sine veneratione. Ad. Antè. Extrà. Circiter. Ab. Post. Trans. Vomeris instar. Paululùm vigoris.

(¹) Revoir dans Lhomond les Adverbes de quantité et les Prépositions.

IMP. E. DÉZAIRS, A BLOIS.

ENSEIGNEMENT MUTUEL.

METHODE LATINE.

PREMIÈRE ESPÈCE DE MOTS. — *LE NOM.* (Voir Lhomond.)

Décliner les noms suivants sur **Corpus (1).**

A.

Accusation, *f.* (Crime).' Crimen, inis.
Action, *f.* Facinus, oris.
Action (belle). Præclarum facinus, i, oris.
Action (honteuse). Turpe facinus, is, oris.
Aînesse, *f.* Primogeniti Jus, i, ris.
Airain, *m.* Monnaie. Argent. Æs, æris.
Alliance, *f.* Fœdus, eris.
Arpent, *m.* Juger, is.
Astre, *m.* Sidus, oris.

B.

1. Besoin, *m.* Besogne, *f.* Opus, eris.
Bitume, *m.* Bitumen, inis.
Blessure, *f.* Vulnus, eris.
Bois, *m.* (Bocage. Forêt). Nemus, oris.
Bord, *m.* Rivage. Littus, oris.
Bouche, *f.* Ouverture. Bec d'oiseau. Os, ris.
Bouillon, *m.* (Jus). Jus, ris.
Bronze, *m.* Airain. Æs, ris.

C.

Cadavre, *m.* Cadaver, is.
Campagne, *f.* Champs, *m. pl.* Rus, ris.
2. Capitale, *f.* (Ville principale). Caput, itis.
Charge, *f.* Emploi. Onus, eris.
Chef-lieu, *m.* Caput, itis.
Chemin, *m.* Iter, ineris.
Cœur, *m.* Poitrine. Cor, cordis. Pectus, oris.
Colle, *f.* Gluten, inis.
Combat, *m.* Certamen, inis.

Contraste, *m.* Différence. Discrimen, inis.
Conscription, *f.* Nomen Militiæ datum, is, i.
Contre-poids, *m.* Pondus, eris.
3. Corps, *m.* Corpus, oris.
Côte; *f.* Rivage. Bord. Littus, oris.
Côté, *m.* Latus, eris.
Coups, *m. pl.* Verbera, um.
Cours, *m.* (Ouvrage). Opus, eris.
Crème, *f.* Pinguius lac, oris, tis.
Crime, *m.* Scélératesse. Crimen, inis. Scelus, eris.
Crise, *f.* Discrimen, inis.
Cuisse, *f.* Femur, oris.

D.

Danger, *m.* Péril. Discrimen, inis.
4. Déshonneur, *m.* Dedecus, oris.
Dette, *f.* Æs alienum, ris, i.
Diadème. *m.* Diadema, tis.
Différence, *f.* Contraste. Discrimen, inis.
Distinction, *f.* (Différence). Discrimen, inis.
Divinité, *f.* Numen, inis.
Dogme, *m.* Dogma, tis (2).
Drogue, *f.* Aromate. Aromata, um, *n. pl.*
Droit, *m.* Jus, ris.

E.

Echantillon, *m.* Specimen, inis.
5. Eclair, *m.* Fulgur, uris.
Ecrit, *m.* (Ouvrage). Opus, eris.
Emploi, *m.* (Charge). Présent. Munus, eris.
Enigme, *f.* Enigma, tis.
Entrailles, *f. pl.* Cor, dis. Pectus, oris.
Epoque, *f.* Temps. Tempus, oris.

Erable, *m.* Acer, eris.
Espèce, *f.* Genre. Genus, eris.
Exploit, *m.* (vaillante Action). Pulchrum Facinus, i, oris.

F.

Faïence, *f.* Vas fictile, is.
6. Fardeau, *m.* Charge. Onus, eris.
Farine, *f.* (fleur de). Pollen, inis.
Fleuve, *m.* Flumen, inis.
Fonction, *f.* Charge. Emploi. Munus, eris.
Force, *f.* (du corps). Robur, oris.
Forêt, *f.* (Bocage). Nemus, oris.
Foudre, *f.* Fulmen, inis.
Fraicheur, *f.* Froid. Frigus, oris.
Fumier, *m.* Fiente. Stercus, oris.

G.

Gage, *m.* Pignus, oris.
7. Gazon, *m.* Gramen, inis.
Genre, *m.* Famille. Espèce. Genus, eris.
Gosier, *m.* Guttur, ris.
Graine, *f.* Semen, inis.
Gueule, *f.* Bouche. Os, ris.

H.

Herbe, *f.* Gazon. Gramen, inis.

I.

Intérêt, *m.* (d'argent). Usure. Fœnus, oris.
Ivoire, *m.* Ebur, oris.

J.

Jambe, *f.* Crus, ris.
Jambes (de devant). Priora Crura, um, *n. pl.*

8. Jambes (de derrière). Posteriora crura, um.
Justice, *f.* (Droit). Jus, ris.

L.

Lait, *m.* Lac, tis.
Laps, *m.* (de temps). Elapsum tempus, i, oris.
Légume, *m.* Olus, eris.
Livre, *m.* (Volume). Volumen, inis.
Lumière, *f.* Lumen. inis.

M.

Mamelles, *f. pl.* Ubera, um.
Marbre, *m.* Marmor, is.
Marque, *f.* (Gage). Pignus, oris.
9. Ministère, *m.* Emploi. Charge. Munus, eris.

N.

Nature, *f.* (Genre). Genus, eris.
Nom, *m.* Nomen, inis.

O.

Œuvre, *f.* (Ouvrage). Opus, eris.
Office, *m.* Charge. Munus, eris.
Origine, *f.* Race. Genus, eris.
Ouverture, *f.* Entrée. Os, ris.
Ouvrage, *m.* Œuvre. Opus, eris.

P.

Parfum, *m.* Aromate. Aroma, tis.
Passage, *m.* Chemin. Iter, ineris.
10. Patte, *f.* Jambe. Crus, ris.
Pavot, *m.* Papaver, is.
Pécore, *f.* Pecus, oris.
Plaie, *f.* Blessure. Vulnus, eris.
Poème, *m.* Poema, tis.

Poids, *m.* Pondus, eris.
Poids (Fardeau). Onus, eris.
Poitrine, *f.* Ventre. Pectus, oris.
Poivre, *m.* Piper, eris.

R.

Rivage, *m.* (Côte). Littus, oris.
11. Rivière, *f.* Fleuve. Flumen, inis.
Route, *f.* Chemin. Iter, ineris.

S.

Sauce, *f.* Embamma, tis.
Semence, *f.* Semen, inis.
Soirée, *f.* Vespertinum Tempus, i, oris.
Son, *m.* (de farine). Furfur, is.
Soulagement, *m.* Levamen, inis.
Surnom, *m.* Cognomen, inis.
Système, *m.* Systema, tis.

T.

Témoignage, *m.* (Preuve. Gage). Pignus, oris.
12. Temps, *m.* Tempus, oris.
Tête, *f.* Caput, itis.
Toison, *f.* Vellus, eris.
Troupeau, *m.* Pecus, oris.

U.

Ustensile, *m.* Vas, is.

V.

Verdure, *f.* (Graminée. Gazon). Gramen, inis.
Vigueur, *f.* Force. Robur, oris.
Volatile, *m.* Volatile pecus, is, oris.
Voyage, *m.* Iter, ineris.

EXERCICES SUR LES NOMS.

L'accusation. Beaucoup d'airain. Peu d'arpents. Le jour de devant l'alliance. Comme un astre. Auprès du bois. Près du rivage. Voici le bouillon. Devant le cadavre. A travers la campagne. Dans la capitale. En comparaison de sa charge. Au-delà du chemin. Du cœur, *abl.* Comme de la colle. A la conscription. Des corps, *abl.* Le long de la côte. Un peu de contre-poids. Trop de crème. Sous la cuisse. Du déshonneur, *gén.* De la différence, *abl.* Des dogmes, *gén.* Aux drogues. Les droits. Dans l'écrit. Auprès de l'érable. De l'emploi, *abl.* A la charge. Des espèces, *gén.* Sous le fardeau. A la fraicheur. Sur le fumier. Le gage. Du témoignage, *abl.* Dans le gosier. De la gueule, *gén.* Un peu de gazon. Sans intérêt. Dans le droit. Comme du lait. Voilà les légumes. Dans le volume. Sans lumière. A la mamelle. Du marbre, *abl.* Avec le ministère. Pour le nom. Dans l'origine. A l'ouverture. Des ouvrages, *gén.* Aux parfums. Dans le passage. Les pavots, *acc.* De la pécore. A la plaie. Du poivre, *abl.* Sur la route. A la soirée. Dans le son. Du système. A la tête. Aux troupeaux. De l'ustensile, *abl.* Comme de la verdure. Voici le volatile.

Multùm æris. Siderum instar. Ad littora. In nemoribus. Per rura. In capite. Coràm cadavere. Propè iter. Gluten. Nimis certaminis. Nomini militiæ dato. Pro corpore. Paululùm discriminis. Satis pinguioris lactis. Coràm numini. Sine aromatibus. Cum jure. Pro specimine. Operum. Pectoribus. Ad acer. Cum onere. Inter numera. A fulgure. Fulminis instar. Nimis frigoris. In stercore. Gutture tenùs. Seminibus. In gramine. Cum fœnore.

---

(1) Tous les noms sur *Corpus* sont neutres ; ils ont les *nominatifs, accusatifs* et *vocatifs* semblables, tant du singulier que du pluriel, et ces trois derniers cas sont toujours en *a*.

(2) Voir les exceptions des noms neutres de la troisième déclinaison terminés en *ma*.

ENSEIGNEMENT MUTUEL.

MÉTHODE LATINE.

PREMIÈRE ESPÈCE DE MOTS. — *LE NOM.* (Voir Lhomond.)

Noms à décliner sur Avis.

A.

Abeille, *f.* Apis, is. *f.*
Air, *m.* (de visage). Frons, tis, *m.*
Alpes, *f. pl.* Alpes, ium, *f. pl.*
Animal, *m.* Animal, is, *n.* (1).
Annibal, *m.* Annibal, is, *m.*
Appartement, *m.* Conclave, is, *n.*
Appétit, *m.* Faim. Fames, is. *f.*
Art, *m.* Ars, tis, *f.*
Athénien, *m.* Atheniensis, is, *m.*
1. Auditeur, *m.* Audiens, tis. *m.*
Autel, *m.* Altare, is, *n.*

B.

Baleine, *f.* Ceto, is, *n.*
Banc, *m.* Sedile, is, *n.*
Barre, *f.* Barreau. Vectis, is, *m.*
Bas, *m.* (Chaussure). Tibiale, is. *n.*
Bassin, *m.* Lanx, cis, *m.*
Bâtiment, *m.* (Maison). Ædes, is, *f.*
Bâtiment, *m.* (Vaisseau). Navis, is, *f.*
Bâton, *m.* Fustis, is, *m.*
2. Bœuf, *m.* Bos, bovis, *m.*
Bétis, *m.* Bœtis, is, *m.*
Bord, *m.* (Vaisseau). Navis, is, *f.*
Botanique, *f.* Ars herbaria, is, æ, *f.*
Boulangerie, *f.* Ars pistrinaria, tis, æ, *f.*
Bourgeois, *m.* Citoyen. Civis, is, *m.*
Bout, *m.* (Fin). Finis, is, *m.*
Branche, *f.* (Race). Stirps, pis, *f.*
Brebis, *f.* Ovis, is, *f.*
Buisson, *m.* Vepres, ium, *f. pl.*

C.

3. Canal, *m.* Canalis, is, *m.*
Cabinet, *m.* Chambre. Conclave, is, *n.*
Camarade, *m.* Sodalis, is, *m.*
Carnage, *m.* Cædes, is, *f.*
Carthaginois, *m.* Carthaginiensis, is *m.*
Caustique, *m.* Mordax, cis, *m.* Edax, cis.
Chandelle, *f.* Flambeau. Torche. Fax, cis, *f.*
Chanvre, *m.* Cannabis, is, *f.*
Charleville (ville). Carolopolis, is, *f.*

Chat, *m.* Feles, is, *f.*
4. Cheveu, *m.* Crin. Crinière. Crinis, is, *m.*
Chinois, *m.* Sinensis, is, *m.*
Citadelle, *f.* Arx, cis, *f.*
Citoyen, *m.* Civis, is, *m.*
Claie, *f.* Crates, is. *f.*
Clef, *f.* Clavis, is, *f.*
Colline, *f.* Collis, is, *f.*
Compatriote, *m.* Popularis, is, *m.*
Concitoyen. Civis, is. Concivis, is.
Corde, *f.* Funis, is, *f.*
5. Côte, *f.* Coteau. Collis, is, *m.*
Couverture, *f.* Toral, is, *n.*
Crinière, *f.* Crines, ium, *f. pl.*
Créature, *f.* Animans, tis, *n.*
Croix, *f.* Crux, cis, *f.*
Cuiller, *f.* Cochlear, is, *n.*
Cuir, *m.* Peau. Cutis, is, *f.*

D.

Défaite, *f.* Clades, is, *f.*
Dent, *f.* Dens, tis, *f.*
Dents (défenses de sanglier). Dentes, ium, *f. pl.*

E.

6. Éclipse, *f.* Eclipsis, is, *f.* (2).
Écurie, *f.* Equile, is, *n.*
Édifice, *m.* Temple. Ædes, is, *f.*
Épée, *f.* Ensis, is, *m.*
Esprit, *m.* Mens, tis, *f.*
Etre, *m.* (un). Animal, is, *n.*

F.

Faim, *f.* Famine. Fames, is, *f.*
Feu, *m.* Ignis, is, *m.*
Fièvre, *f.* Febris, is, *f.*
Filet, *m.* Rete, is, *n.*
7. Fin, *f.* (la). Finis, is, *f.*
Fléau, *m.* Peste. Pestis, is, *f.* Tabes, is, *f.*
Fleuve, *m.* Amnis, is, *m.*
Flotte, *f.* Classis, is, *f.*
Fontaine, *f.* Source. Fons, tis, *m.*
Force, *f.* Vis, vis, *f.* Vires, ium, *f. pl.*
Forteresse, *f.* Citadelle. Arx, cis, *f.*
Fortification, *f.* Mœnia, ium, *n. pl.*
Fourmilière, *f.* Formicarum cubile, is, *n.*

Front, *m.* Frons, tis, *f.*

G.

8. Gens, *m. pl.* (jeunes). Adolescentes, ium, *m. pl.*
Gland, *m.* Glans, dis, *f.*
Grenoble (ville). Gratianopolis, is, *f.*
Griffe, *f.* Ongle. Unguis, is, *m.*

H.

Habit, *m.* Vestis, is, *f.*
Habitant, *m.* Incolens, tis, *m.*
Habitation, *f.* Demeure. Sedes, is, *f.*
Hache, *f.* Securis, is, *f.*
Haie, *f.* Sepes, is, *f.*
Hardes, *f. pl.* Vestis, is, *f.*
9. Hasard (le), *m.* Sors, tis, *f.*
Héritier, *m.* Heres, dis, *m.*
Hérode, *m.* Herodis, is, *m.*
Homme (jeune). Adolescens, tis, *m.*

I.

Impôt, *m.* Vectigal, is, *n.*
Indignation (avec). Indignans, tis, *m.*
Industrie, *f.* Art. Ars, tis, *f.*

J.

Juin, *m.* Junius mensis, i, is.

L.

Lambris, *m.* Laquear, is, *n.*
Levant, *m.* Oriens, tis, *m.*
10. Liége, *m.* (Ecorce). Suber, is, *n.*
Limites, *f. pl.* Confins. Fines, ium, *f. pl.*
Lit, *m.* Cubile, is, *n.*
Loire (fleuve). Ligeris, is, *m.*
Lorient (ville). Oriens, tis, *m.*
Lumière, *f.* Lux, cis, *f.*

M.

Mâle, *m.* Mas, ris, *m.*
Marchandise, *f.* Merx, cis, *f.*
Mars, *m.* Mars, tis, *m.*
Masse, *f.* (Môle). Moles, is, *f.*
11. Mathématiques, *f. pl.* Mathesis, is, *f.*
Menteur, *m.* Mendax, cis, *m.*
Mer, *f.* Mare, is, *n.*
Métempsycose, *f.* Metempsycosis, is, *f.*

Métier, *m.* Ars, tis, *f.*
Meuble, *m.* Supellex, ctilis, *f.*
Meurtre, *m.* Cædes, is, *f.*
Miel, *m.* Mel, Mellis, *n.*
Mois, *m.* Mensis, is, *m.*
Moisson, *f.* Messis, is, *f.*
12. Mont, *m.* Montagne. Mons, tis, *m.*
Montpellier (ville). Mons Pessulanus, is, i.
Moyens (ses). Vires, ium, *f. pl.*

N.

Naples (ville). Napolis, is, *f.*
Nappe, *f.* Mantile, is, *n.*
Nation, *f.* Gens, tis, *f.*
Navire, *m.* (Vaisseau). Navis, is, *f.*
Neige, *f.* Nix, vis, *f.*
Ninive (ville). Ninive, es, *f.*
Nuit, *f.* Nox, ctis, *f.*

O.

13. Occident, *m.* Occidens, tis, *m.*
Occupation, *f.* (Métier). Ars, tis, *f.*
Odorat, *m.* Nares, ium, *f. pl.*
Oiseau, *m.* Volucris, is, *m.* Avis, is, *f.*
Oreille, *f.* Auris, is, *f.*
Os, *m.* Os. Ossis, *n.*

P.

Parent, *m.* Parens, tis, *m.*
Parti (le). Pars, tis, *f.*
Patte, *f.* Onglo. Ergot. Griffe. Unguis, is, *m.*
14. Peau, *f.* Pellis, is. Cutis, is, *f.*
Penchant, *m.* (d'une colline). Proclivis collis, is, *m.*
Périclès, *m.* Pericles, is.
Peste, *f.* Pestis, is. Tabes, is, *f.*
Pigeon, *m.* Palumbes, is, *m.*
Plat, *m.* Lanx, cis, *m.*
Pluie, *f.* Imber, ris, *m.*
Poil, *m.* Crinis, is, *m.*
Poisson, *m.* Piscis, is, *m.*
Poix, *f.* Pix, cis, *f.*
15. Politique, *f.* Ars politica, tis, æ, *f.*
Pont, *m.* Pons, tis, *m.*
Porte, *f.* Fores, ium, *f. pl.*

Q.

Qualité, *f.* Dos, tis, *f.*

R.

Race, *f.* Stirps, pis, *f.*
Rat, *m.* Mus, ris, *m.*
Rachel, *f.* Rachel, is, *f.*
Railleur, *m.* Dicax, cis, *m.*
Renard, *m.* Vulpes, is, *f.*
Rivière, *f.* Amnis, is, *m.*
16. Roche, *f.* Rupes, is, *f.*
Ruse, *f.* Adresse. Art. Ars, tis, *f.*

S.

Sabre, *m.* Epée. Ensis, is, *m.*
Saladier, *m.* Plat. Lanx, cis, *m.*
Sel, *m.* Sal, is, *n.*
Serpent, *m.* Serpens, tis. *m.*
Serviette, *f.* Nappe. Mantile, is, *n.*
Soif, *f.* Sitis, is, *f.*
Sort, *m.* Sors, tis, *f.*
Sou, *m.* (Monnaie). As, ssis, *m.*
17. Source, *f.* Fontaine. Fons, tis, *m.*
Souris, *f.* Mus, ris, *m.*
Syntaxe, *f.* Syntaxis, is, *f.*

T.

Talent, *m.* Faculté. Dos, tis, *f.*
Témoin, *m.* Testis, is, *m.*
Tiers, *m.* Tertia Pars, æ, tis, *f.*
Tige, *f.* Stirps, pis, *f.*
Tigre, *m.* (Fleuve). Tigris, is, ou Tigridis, *m.*
Torrent, *m.* Torrens, tis, *m.*
Tribut, *m.* Impôt. Vectigal, is, *n.*
18. Tour, *f.* Turris, is, *f.*
Trompeur, *m.* Fallax, cis, *m.*
Trou, *m.* Gîte. Lit. Cubile, is, *n.*
Troupeau, *m.* Grex, gis, *m.*

V.

Vaisseau, *m.* Navis, is, *f.*
Ver, *m.* Vermis, is, *m.*
Vêtement, *m.* Habit. Vestis, is, *f.*
Vieillard, *m.* Senex, nis, *m.*
Vigne, *f.* Vitis, is, *f.*
Ville, *f.* Urbs, bis, *f.*
19. Violence, *f.* Vis, vis, *f.*
Violon, *m.* Fides, ium, *f. pl.*
Voleur, *m.* Fur, ris, *m.*

EXERCICE SUR CES NOMS.

Des abeilles, *abl.* Au-delà des Alpes. Contre l'animal. Dans les appartements. Avec appétit. Sans art. Au-devant de l'Athénien. Des auditeurs, *gén.* Près de l'autel. Sur les bancs. Comme une barre. Dans le bassin. Voici le bœuf. De la botanique, *abl.* Chez le bourgeois. Autour de la boulangerie. Beaucoup de brebis. Auprès des canaux. Au carnage. Aux Carthaginois. Peu de chanvre. Avec les cheveux. Sur la claie. Jusqu'à la colline. Les compatriotes. A la cuiller. Avec défaite. La veille de l'éclipse. Dans l'écurie. Voilà l'épée. A l'être. Sans feu. Sur le fleuve. Avec la flotte. Hors de la citadelle. Excepté les fortifications. Assez de fourmilière. Beaucoup de jeunes gens. Peu de glands. Des griffes, *gén.* Aux habits. Chez les habitants. Sous la hache. Par-delà la haie. En présence d'Hérode. Le jour de devant le mois de juin. Sous les lambris. Au levant. Dans le lit. Vers l'orient. Sans lumière. Avec des marchandises. Sous la masse. Contre le menteur. Auprès de la mer. A l'opposite de Naples. Sur le navire. Comme de la neige. Sans occupation. Beaucoup d'oiseaux. Jusqu'aux oreilles. Des ongles, griffes, ergots, *abl.* Au-devant de Périclès. Des Poissons, *gén.* De la poix. Au-delà du pont. Aux portes. Beaucoup de rats. Des railleurs, *gén.* De la ruse. Auprès du Tigre. Dans les tours. Au-devant du troupeau. Beaucoup de vers. En présence du vieillard.

Supra altare. Ecce ceta. In sedilibus. Cum tibiale. In lance. Ad ædes. Cum fuste. Trans Bœtum. In arte pistrinariâ. Apud cives. Ad finem. Stirpis instar. Obviàm ovibus. Bobus. Inter vepres. Ad canales. Coràm sodalibus. Multùm Carthaginiensium. Inter cannabem. In Carolopoli. Crinibus. Propè arcem Super colles. Clàm popularibus. Sub toralibus. In cruce. Cum cochleare. Cladium. Dentibus. Post eclipsim In equilibus. Ensis instar. Satis tabis. Inter classes. Ad fontem. Ponè mœnia. Coràm adolescentibus. Inter ungues. Apud incolentes. Sub securi. Trans sepem. Sorti. Clàm heredibus. Coràm Herode. Nimis vectigalium. Ad orientem. Sub laquearibus. Suberis instar. Maris instar. Multùm mercium. Coràm mendacibus. Trans mare. In navibus. Ad occidentem. Pontium. Foribus. Murium. Dicaces. In rupibus. Nimis. Satis.

(1) Les noms en *al*, en *e* et en *ar*, sur *Avis*, sont neutres, excepté Annibal qui est du genre masculin.

(2) Voir au supplément de la troisième déclinaison pour les exceptions ; les faire remarquer aux élèves sur ce tableau.

IMP. E. DÉZAIRS, A BLOIS.

ENSEIGNEMENT MUTUEL.

MÉTHODE LATINE.

PREMIÈRE ESPÈCE DE MOTS. — *LE NOM.* (Voir Lhomond.)

Noms à décliner sur Avis.

A.

Abeille, *f.* Apis, is. *f.*
Air, *m.* (de visage). Frons, tis, *m.*
Alpes, *f. pl.* Alpes, ium, *f. pl.*
Animal, *m.* Animal, is, *n.* (1).
Annibal, *m.* Annibal, is, *m.*
Appartement, *m.* Conclave, is, *n.*
Appétit, *m.* Faim. Fames, is. *f.*
Art, *m.* Ars, tis, *f.*
Athénien, *m.* Atheniensis, is, *m.*
1. Auditeur, *m.* Audiens, tis. *m.*
Autel, *m.* Altare, is, *n.*

B.

Baleine, *f.* Cete, is, *n.*
Banc, *m.* Sedile, is, *n.*
Barre, *f.* Barreau. Vectis, is, *m.*
Bas, *m.* (Chaussure). Tibiale, is. *n.*
Bassin, *m.* Lanx, cis, *m.*
Bâtiment, *m.* (Maison). Ædes, is, *f.*
Bâtiment, *m.* (Vaisseau). Navis, is, *f.*
Bâton, *m.* Fustis, is, *m.*
2. Bœuf, *m.* Bos, bovis, *m.*
Bétis, *m.* Bœtis, is, *m.*
Bord, *m.* (Vaisseau). Navis, is, *f.*
Botanique, *f.* Ars herbaria, is, æ, *f.*
Boulangerie, *f.* Ars pistrinaria, is, æ, *f.*
Bourgeois, *m.* Citoyen. Civis. is, *m.*
Bout, *m.* (Fin). Finis, is, *m.*
Branche, *f.* (Race). Stirps, pis, *f.*
Brebis, *f.* Ovis, is, *f.*
Buisson, *m.* Vepres, ium, *f. pl.*

C.

3. Canal, *m.* Canalis, is, *m.*
Cabinet, *m.* Chambre. Conclave, is, *n.*
Camarade, *m.* Sodalis, is, *m.*
Carnage, *m.* Cædes, is, *f.*
Carthaginois, *m.* Carthaginiensis, is, *m.*
Caustique, *m.* Mordax, cis, *m.* Edax, cis.
Chandelle, *f.* Flambeau. Torche. Fax, cis, *f.*
Chanvre, *m.* Cannabis, is, *f.*
Charleville (ville). Carolopolis, is, *f.*

Chat, *m.* Felcs, is, *f.*
4. Cheveu, *m.* Crin. Crinière. Crinis, is, *m.*
Chinois, *m.* Sinensis, is, *m.*
Citadelle, *f.* Arx, cis, *f.*
Citoyen, *m.* Civis, is, *m.*
Claie, *f.* Crates, is, *f.*
Clef, *f.* Clavis, is, *f.*
Colline, *f.* Collis, is, *f.*
Compatriote, *m.* Popularis, is, *m.*
Concitoyen. Civis, is. Concivis, is.
5. Côte, *f.* Coteau. Collis, is, *m.*
Couverture, *f.* Toral, is, *n.*
Crinière, *f.* Crines, ium, *f. pl.*
Créature, *f.* Animans, tis, *n.*
Croix, *f.* Crux, cis, *f.*
Cuiller, *f.* Cochlear, is, *n.*
Cuir, *m.* Peau. Cutis, is, *f.*

D.

Défaite, *f.* Clades, is, *f.*
Dent, *f.* Dens, tis, *f.*
Dents (défenses de sanglier). Dentes, ium, *f. pl.*

E.

6. Eclipse, *f.* Eclipsis, is, *f.* (2).
Ecurie, *f.* Equile, is, *n.*
Edifice, *m.* Temple. Ædes, is, *f.*
Epée, *f.* Ensis, is, *m.*
Esprit, *m.* Mens, tis, *f.*
Etre, *m.* (un). Animal, is, *n.*

F.

Faim, *f.* Famine. Fames, is, *f.*
Feu, *m.* Ignis, is, *m.*
Fièvre, *f.* Febris, is, *f.*
Filet, *m.* Rete, is, *n.*
7. Fin, *f.* (la). Finis, is, *f.*
Fléau, *m.* Peste. Pestis, is, *f.* Tabes, is, *f.*
Fleuve, *m.* Amnis, is, *m.*
Flotte, *f.* Classis, is, *f.*
Fontaine, *f.* Source. Fons, tis, *m.*
Force, *f.* Vis, vis, *f.* Vires, ium, *f. pl.*
Forteresse, *f.* Citadelle. Arx, cis, *f.*
Fortification, *f.* Mœnia, *n. pl.*
Fourmilière, *f.* Formicarum cubile, is, *n.*

Front, *m.* Frons, tis, *f.*

G.

8. Gens, *m. pl.* (jeunes). Adolescentes, ium, *m. pl.*
Gland, *m.* Glans, dis, *f.*
Grenoble (ville). Gratianopolis, is, *f.*
Griffe, *f.* Ongle. Unguis, is, *m.*

H.

Habit, *m.* Vestis, is, *f.*
Habitant, *m.* Incolens, tis, *m.*
Habitation, *f.* Demeure. Sedes, is, *f.*
Hache, *f.* Securis, is, *f.*
Haie, *f.* Sepes, is, *f.*
9. Hasard (le), *m.* Sors, tis, *f.*
Héritier, *m.* Heres, dis, *m.*
Hérode, *m.* Herodis, is, *m.*
Homme (jeune). Adolescens, tis, *m.*

I.

Impôt, *m.* Vectigal, is, *n.*
Indignation (avec). Indignans, tis, *m.*
Industrie, *f.* Art. Ars, tis, *f.*

J.

Juin, *m.* Junius mensis, i, is.

L.

Lambris, *m.* Laquear, is, *n.*
Levant, *m.* Oriens, tis, *m.*
10. Liége, *m.* (Ecorce). Suber, is, *m.*
Limites, *f. pl.* Confins. Fines, ium, *f. pl.*
Lit, *m.* Cubile, is, *n.*
Loire (fleuve). Ligeris, is, *m.*
Lorient (ville). Oriens, tis, *m.*
Lumière, *f.* Lux, cis, *f.*

M.

Mâle, *m.* Mas, ris, *m.*
Marchandise, *f.* Merx, cis, *f.*
Mars, *m.* Mars, tis, *m.*
Masse, *f.* (Môle). Moles, is, *f.*
11. Mathématiques, *f. pl.* Mathesis, is, *f.*
Monteur, *m.* Mendax, cis, *m.*
Mer, *f.* Mare, is, *n.*
Métempsycose, *f.* Metempsycosis, is, *f.*

Métier, *m.* Ars, tis, *f.*
Meuble, *m.* Supellex, ctilis, *f.*
Meurtre, *m.* Cædes, is, *f.*
Miel, *m.* Mel, Mellis, *n.*
Mois, *m.* Mensis, is, *m.*
Moisson, *f.* Messis, is, *f.*
12. Mont, *m.* Montagne. Mons, tis, *m.*
Montpellier (ville). Mons Pessulanus, is, i.
Moyens (ses). Vires, ium, *f. pl.*

N.

Naples (ville). Napolis, is, *f.*
Nappe, *f.* Mantile, is, *n.*
Nation, *f.* Gens, tis, *f.*
Navire, *m.* (Vaisseau). Navis, is, *f.*
Neige, *f.* Nix, vis, *f.*
Ninive (ville). Ninive, es, *f.*
Nuit, *f.* Nox, ctis, *f.*

O.

13. Occident, *m.* Occidens, tis, *m.*
Occupation, *f.* (Métier). Ars, tis, *f.*
Odorat, *m.* Nares, ium, *f. pl.*
Oiseau, *m.* Volucris, is, *m.* Avis, is, *f.*
Oreille, *f.* Auris, is, *f.*
Os, *m.* Os. Ossis, *n.*

P.

Parent, *m.* Parens, tis, *m.*
Parti (le). Pars, tis, *f.*
Partie, *f.* Pars, tis, *f.*
Patte, *f.* Ongle. Ergot. Griffe. Unguis, is, *m.*
14. Peau, *f.* Pellis, is. Cutis, is, *f.*
Penchant, *m.* (d'une colline). Proclivis collis, is, *m.*
Périclès, *m.* Pericles, is.
Peste, *f.* Pestis, is. Tabes, is, *f.*
Pigeon, *m.* Palumbes, is, *m.*
Plat, *m.* Lanx, cis, *m.*
Pluie, *f.* Imber, ris, *m.*
Poil, *m.* Crinis, is, *m.*
Poisson, *m.* Piscis, is. *m.*
Poix, *f.* Pix, cis, *f.*
15. Politique, *f.* Ars politica, tis, æ, *f.*
Pont, *m.* Pons, tis, *m.*
Porte, *f.* Fores, ium, *f. pl.*

Q.

Qualité, *f.* Dos, tis, *f.*

R.

Race, *f.* Stirps, pis, *f.*
Rat, *m.* Mus, ris, *m.*
Rachel, *f.* Rachel, is, *f.*
Railleur, *m.* Dicax, cis, *m.*
Renard, *m.* Vulpes, is, *f.*
Rivière, *f.* Amnis, is, *m.*
16. Roche, *f.* Rupes, is, *f.*
Ruse, *f.* Adresse. Art. Ars, tis, *f.*

S.

Sabre, *m.* Epée. Ensis, is, *m.*
Saladier, *m.* Plat. Lanx, cis, *m.*
Sel, *m.* Sal, is, *n.*
Serpent, *m.* Serpens, tis. *m.*
Serviette, *f.* Nappe. Mantile, is, *n.*
Soif, *f.* Sitis, is, *f.*
Sort, *m.* Sors, tis, *f.*
Sou, *m.* (Monnaie). As, ssis, *m.*
17. Source, *f.* Fontaine. Fons, tis, *m.*
Souris, *f.* Mus, ris, *m.*
Syntaxe, *f.* Syntaxis, is, *f.*

T.

Talent, *m.* Faculté. Dos, tis, *f.*
Témoin, *m.* Testis, is, *m.*
Tiers, *m.* Tertia Pars, æ, tis, *f.*
Tige, *f.* Stirps, pis, *f.*
Tigre, *m.* (Fleuve). Tigris, is, ou Tigridis, *m.*
Torrent, *m.* Torrens, tis, *m.*
Tribut, *m.* Impôt. Vectigal, is, *n.*
18. Tour, *f.* Turris, is, *f.*
Trompeur, *m.* Fallax, cis, *m.*
Trou, *m.* Gîte. Lit. Cubile, is, *n.*
Troupeau, *m.* Grex, gis, *m.*

V.

Vaisseau, *m.* Navis, is, *f.*
Ver, *m.* Vermis, is, *m.*
Vêtement, *m.* Habit. Vestis, is, *f.*
Vieillard, *m.* Senex, nis, *m.*
Vigne, *f.* Vitis, is, *f.*
Ville, *f.* Urbs, bis, *f.*
19. Violence, *f.* Vis, vis, *f.*
Violon, *m.* Fides, ium, *f. pl.*
Voleur, *m.* Fur, ris, *m.*

EXERCICE SUR CES NOMS.

Des abeilles, *abl.* Au-delà des Alpes. Contre l'animal. Dans les appartements. Avec appétit. Sans art. Au-devant de l'Athénien. Des auditeurs, *gén.* Près de l'autel. Sur les bancs. Comme une barre. Dans le bassin. Voici le bœuf. De la botanique, *abl.* Chez les bourgeois. Autour de la boulangerie. Beaucoup de brebis. Auprès des canaux. Au carnage. Aux Carthaginois. Peu de chanvre. Avec les cheveux. Sur la claie. Jusqu'à la colline. Les compatriotes. A la cuiller. Avec défaite. La veille de l'éclipse. Dans l'écurie. Voilà l'épée. A l'être. Sans feu. Sur le fleuve. Avec la flotte. Hors de la citadelle. Excepté les fortifications. Assez de fourmilière. Beaucoup de jeunes gens. Peu de glands. Des griffes, *gén.* Aux habits. Chez les habitants. Sous la hache. Par-delà la haie. En présence d'Hérode. Le jour de devant le mois de juin. Sous les lambris. Au levant. Dans le lit. Vers l'orient. Sans lumière. Avec des marchandises. Sous la masse. Contre le menteur. Auprès de la mer. A l'opposite de Naples. Sur le navire. Comme de la neige. Sans occupation. Beaucoup d'oiseaux. Jusqu'aux oreilles. Des ongles, griffes, ergots, *abl.* Au-devant de Périclès. Des Poissons, *gén.* De la poix. Au-delà du pont. Aux portes. Beaucoup de rats. Des railleurs, *gén.* Trop de remords. Avec ruse. Sans sel. A la serviette. Des sources. Sans talents. Auprès du Tigre. Dans les tours. Au-devant du troupeau. Beaucoup de vers. En présence du vieillard.

Supra altare. Ecce cetia. In sedilibus. Cum tibiale. In lance. Ad ædes. Cum faste. Trans Bœtcom. In arte pistrinariâ. Apud cives. Ad finem. Stirpis instar. Obviàm ovibus. Bobus. Inter vepres. Ad canales. Coràm sodalibus. Multùm Carthaginiensium. Inter cannabem. In Carolopoli. Crinibus. Propè arcem Super colles. Clàm popularibus. Sub toralibus. In cruce. Cum cochleare. Cladium. Dentibus. Post eclipsim In equilibus. Ensis instar. Satis tabis. Inter classes. Ad fontem. Mœnia. Coràm adolescentibus. Inter ungues. Apud incolentes. Sub securi. Trans sepem. Sorti. Clàm heredibus. Coràm Herodo. Nimis vectigalium. Ad orientem. Sub laquearibus. Suberis instar. Maris instar. Multùm mercium. Coràm mendacibus. Trans mare. In navibus. Ad occidentem. Pontium. Foribus. Murium. Dicaces. In rupibus. Nimis. Satis.

(1) Les noms en *al*, en *e* et en *ar*, sur *Avis*, sont neutres, excepté Annibal qui est du genre masculin.

(2) Voir au supplément de la troisième déclinaison pour les exceptions ; les faire remarquer aux élèves sur le tableau.

IMP. E. DÉZAIRS, A BLOIS.

ENSEIGNEMENT MUTUEL.

MÉTHODE LATINE.

PREMIÈRE ESPÈCE DE MOTS. — *LE NOM.* (Voir Lhomond.)

Noms à décliner sur **Manus (1).**

A.

Aboiement, *m.* Latratus, ûs.
Accident, *m.* Casus, ûs.
Activité, *f.* (des opérations de l'esprit). Vividi mentis Impetus, orum, uum.
Air, *m.* (extérieur). Habitus, ûs.
Allure, *f.* Ingressus, ûs.
Appareil, *m.* Apparatus, ûs.
Applaudissement, *m.* Plausus, ûs.
Apprêt, *m.* Appareil. Apparatus, ûs.
Approche, *f.* Arrivée. Adventus, ûs.
1. Aqueduc, *m.* Aquarum Ductus, ûs.
Arc, *m.* Arcus, ûs.
Ardeur, *f.* (du soleil). Solis Æstus, ûs.
Armée, *f.* Exercitus, ûs.
Aspect, *m.* Aspectus, ûs.
Attaque, *f.* Occursus, ûs.
Aventure. Hasard. Casus, ûs.

B.

Battement, *m.* (des mains). Plausus, ûs.
Bruit, *m.* Tumulte. Strepitus, ûs.

C.

Cas, *m.* Hasard. Casus, ûs.
2. Cérémonie, *f.* Rit. Ritus, ûs.
Geste, *m.* Cestus, ûs.
Chaleur, *f.* Chaud (le). Æstus, ûs.
Chant, *m.* Cantus, ûs.
Char, *m.* Currus, ûs.
Chêne, *m.* Quercus, ûs, *f.* (2).
Choc, *m.* Impetus, ûs.
Choix, *m.* Delectus, ûs.
Chute, *f.* Casus, ûs.
Circonstance, *f.* Casus, ûs.
3. Cliquetis, *m.* Strepitus, ûs.

Compagnie, *f.* Cœtus, ûs.
Concert, *m.* Concentus, ûs.
Concours, *m.* Concursus, ûs.
Conduite, *f.* (des troupeaux). Pastus, ûs.
Contenance, *f.* (Extérieur). Habitus, ûs.
Coup, *m.* Ictus, ûs.
Course, *f.* Cursus, ûs.
Coutume, *f.* Usage. Usus, ûs.
Crainte, *f.* Metus, ûs.
4. Croassement, *m.* Crocitus, ûs.
Culte, *m.* Cultus, ûs.

D.

Dauphiné, *m.* (province). Delphinatus, ûs.
Démarche, *f.* Allure. Incessus, ûs.
Départ, *m.* Discessus, ûs.
Désolation. *f.* Deuil. Luctus, ûs.
Désordre, *m.* Tumulte. Tumultus, ûs.
Deuil, *m.* Luctus, ûs.

E.

Effet, *m.* Effectus, ûs.
Effort, *m.* Conatus, ûs.
5. Emploi, *m.* (Usage). Usus, ûs.
Entrée, *f.* Aditus, ûs.
Entrevue, *f.* Congressus, ûs.
Escalier, *m.* Marche. Degré. Gradus, ûs.
Etat, *m.* Status, ûs.
Evénement, *m.* Casus, ûs. Eventus, ûs.
Excès, *m.* Impetus, ûs.
Expérience, *f.* Usage. Usus, ûs.
Extérieur, *m.* Habitus, ûs.

F.

Faste, *m.* Luxe. Luxus, ûs.
6. Femme, *f.* (vieille). Anus, ûs, *f.*

Figue, *f.* Ficus, ûs, *f.*
Figure, *f.* Visage. Vultus, ûs.
Fin, *f.* (la). Mort. Exitus, ûs.
Flot, *m.* Fluctus, ûs.
Fougue, *f.* Ardeur. Impetus, ûs. Æstus, ûs.
Fruit, *m.* Fructus, ûs.

G.

Gain, *m.* Quæstus, ûs.
Galerie, *f.* Portique. Porticus, ûs.
Gémissement, *m.* Gemitus, ûs.
7. Geste, *m.* Gestus, ûs.
Gîte, *m.* Retraite. Recessus, ûs.

H.

Habillement, *m.* Vestitus, ûs.
Haleine, *f.* Halitus, ûs.
Harmonie, *f.* Concert. Concentus, ûs.
Havre (le), (ville). Gratiæ Portus, ûs.
Hurlement, *m.* Ululatus, ûs.

I.

Impétuosité, *f.* Choc. Impetus, ûs.
Incident, *m.* Casus, ûs.
Indifférence, *f.* Négligence. Neglectus, ûs.
8. Issue, *f.* Sortie. Exitus, ûs.

L.

Lac, *m.* Lacus, ûs.
Logis, *m.* Maison. Domus, ûs, *f.*
Luxe, *m.* Luxus, ûs.

M.

Magistrat, *m.* Magistratus, ûs.
Main, *f.* Petite troupe. Manus, ûs.
Maintien, *m.* Habitus, ûs.
Maison, *f.* Domus, ûs, *f.*

Membre, *m.* Artus, ûs.
Mépris, *m.* Contemptus, ûs.
9. Mine, *f.* Maintien. Habitus, ûs.
Mort, *f.* Exitus, ûs.
Mouvement, *m.* Motus, ûs.

N.

Naissance, *f.* Ortus, ûs.

O.

Odorat, *m.* Odoratus, ûs.
Ordre, *m.* Commandement. Jussus, ûs.
Origine, *f.* (Naissance). Ortus, ûs.
Ouverture, *f.* Hiatus, ûs.

P.

Pas, *m.* Gressus, ûs.
Passage, *m.* Transitus, ûs.
10. Pâture, *f.* Pastus, ûs.
Perte, *f.* (Mort). Interitus, ûs.
Peur, *f.* Crainte. Metus, ûs.
Plainte, *f.* Questus, ûs.
Pleurs (Gémissement). Fletus, ûs.
Pli, *m.* Sinus, ûs.
Port, *m.* Portus, ûs.
Poste, *f.* Publicus Currus, i, ûs.
Présence. Conspectus, ûs.
Profusion, *f.* Sumptus, ûs.
11. Progrès, *m.* Progressus, ûs.

R.

Ramage, *m.* Chant. Cantus, ûs.
Regard, *m.* Conspectus, ûs. Intuitus, ûs.
Respiration, *f.* Spiritus, ûs. Halitus, ûs.
Retour, *m.* Reditus, ûs.
Retraite, *f.* Secessus, ûs.
Réunion, *f.* (Rassemblement). Congressus, ûs.

Réverbération, *f.* Repercussus, ûs.
Ris, *m.* Rire. Risus, ûs.
Rugissement, Rugitus, ûs.
12. Ruse, *f.* Astus, ûs.

S.

Sein, *m.* Sinus, ûs.
Sénat, *m.* Senatus, ûs.
Sens, *m.* Sentiment. Opinion. Sensus, ûs.
Séparation, *f.* Discessus, ûs.
Situation, *f.* Site. Situs, ûs.
Société, *f.* Compagnie. Cœtus, ûs.
Son, *m.* Sonitus, ûs.
Sortie, *f.* Egressus, ûs.
Suite, *f.* (Escorte). Comitatus, ûs.
13. Succès, *m.* Successus, ûs.

T.

Tapage, *m.* Tumulte. Tumultus, ûs.
Tempérament, *m.* Corporis Habitus, ûs.
Toilette, *f.* Corporis Cultus, ûs.
Tourment, *m.* Cruciatus, ûs.
Trajet, *m.* Trajectus, ûs.
Tremblement, *m.* Concussus, ûs.
Tribu, *f.* Tribus, ûs.
Tristesse, *f.* Deuil. Luctus, ûs.
Trouble, *m.* Bruit. Tumulte. Tumultus, ûs.

U.

14. Unanimité, *f.* Unanimis Concentus, is, ûs.
Usage, *m.* Usus, ûs.

V.

Vers, *m.* Versus, ûs.
Visage, *m.* Vultus, ûs.
Vœu, *f.* Visus, ûs.
Vue (Présence). Conspectus, ûs.

Noms à décliner sur **Manus.**

Aditus, ûs. Accès. Entrée.
Admonitus, ûs. Avis.
Adventus, ûs. Arrivée.
Arcus, ûs. Arc-de-triomphe.
Amplexus, ûs. Embrassement.
Congressus, ûs. Rencontre. Réunion.
Consensus, ûs. Accord. Consentement.
Consessus, ûs. Assemblée.

Conspectus, ûs. Aspect. Regard. Présence.
Consulatus, ûs. Consulat.
Convictus, ûs. Commerce.
Cubitus, ûs. Le Coucher. Coudée.
Cultus, ûs. Culte. Religion.
Decessus, ûs. Départ. Retraite.
Dissensus, ûs. Division. Discussion. Discorde.
Ductus, ûs. Conduite.

Exitus, ûs. Succès. Mort.
Hortatus, ûs. Exhortation. Instance.
Gustus, ûs. Goût.
Impulsus, ûs. Suggestion. Mouvement.
Interitus, ûs. Mort.
Introitus, ûs. Entrée.
Metus, ûs. Crainte.
Magistratus, ûs. Magistrat.
Motus, ûs. Evolution. Mouvement.

Nuptus, ûs. Mariage.
Nurus, ûs. Belle-fille.
Nutus, ûs. Ordre. Volonté. Signe.
Obitus, ûs. Mort.
Objectus, ûs. Obstacle.
Ornatus, ûs. Ornement. Décoration.
Partus, ûs. Enfantement.
Potus, ûs. Boisson.
Progressus, ûs. Progrès. Succès.

Receptus, ûs. Retraite.
Spiritus, ûs. Orgueil. Souffle. Esprit.
Saltus, ûs. Bois. Défilé.
Strepitus, ûs. Fracas. Bruit. Crépitation.
Sumptus, ûs. Dépens, *m. pl.*
Vagitus, ûs. Vagissement. Cri.
Victus, ûs. Nourriture. Vivres.
Volatus, ûs. Vol.

EXERCICE SUR CES NOMS.

Des aboiements, *gén.* Aux accidents. A l'allure. De l'appareil, *abl.* Des événements, *abl.* A l'excès. Sous les flots. Dans la fougue. Par un geste. Touchant le gain. L'haleine. Parmi les concerts. Au Hâvre. Avec indifférence. Auprès du lac. Chez le magistrat. A la magistrature. Dans la maison. Sans mépris. De l'odorat, *abl.* Aux ordres. Des pas, *gén.* Beaucoup de pâture. Avec crainte. Des pleurs, *abl.* Avec profusion. Des rugissements. En présence du sénat. Avec la suite. Pour la toilette. Des vers, *gén.* A la vue. Dans les tourments.

In aditu. Sine admonitibus. Sub arcu. Post amplexus. Ob consensus. Sub consulatu. Pro cultu. Pridiè decessùs. Postridiè exitûs. Sine gustu. Impulsu. Metûs ergò. Apud magistratum. A motu. Nuptui. Coràm nuru. De obitu. Antè

partum. Multùm potûs. Præter progressus. In recepta. Ad saltus. Satis strepitûs. Sumptui. Nimis vagituum. Paululùm victûs. Volatu.

---

(1) Quel est le génitif singulier et pluriel de la quatrième déclinaison?
Dites les terminaisons des six cas sur *Manus.*
Remarquer qu'à la quatrième déclinaison, le nominatif et le vocatif, tant du singulier que du pluriel sont semblables, et que le datif et ablatif pluriels sont aussi semblables.
Voir Lhomond au supplément des déclinaisons, et faire remarquer les noms qui font exception sur la quatrième déclinaison.
(2) Tous les noms latins sur *Manus* sont masculins, excepté Quercus, chêne ; Anus, vieille ; Ficus, figue; Domus, maison ; Manus, main.

IMP. E. DÉZAIRS, A BLOIS.

ENSEIGNEMENT MUTUEL.

METHODE LATINE.

PREMIÈRE ESPÈCE DE MOTS. — *LE NOM.* (Voir Lhomond.)

Décliner les noms suivants sur **Dies** (1).

Affaire, *f.* Res, rei.	Fantôme, *m.* Varia species, æ, ei.	Matière, *f.* Materies, ei.	Postérité, *f.* (Enfants). Proge-	Samedi, *m.* Saturni dies, ei.
Apparence, *f.* Species, ei.	Foi, *f.* Confiance. Fides, ei.	Méridien, *m.* Midi. Meridies, ei, m.	nies, ei.	Sauf-conduit, *m.* Publica Fides, æ,
Bataille, *f.* (rangée). Acies, ei.	Forme, *f.* (Apparence). Species,	Mollesse, *f.* jMollities, ei.	Propreté, *f.* Mundities, ei.	ei.
Chevelure, *f.* Cæsaries, ei.	ei.	Objet, *m.* (Chose). Res, rei.	Race, *f.* Parenté. Progenies, ei.	Suite, *f.* Série. Ordre. Series, ei.
Confiance, *f.* Fides, ei.	Fureur, *f.* Rage. Rabies, ei.	Parole, *f.* (Foi. Confiance. Hon-	Ressemblance, *f.* Portrait. Effi-	Surface, *f.* Superficie. Planities,
Cruauté, *f.* Sævities, ei.	Génération, *f.* Progenies, ei.	neur). Fides, ei.	gies, ei.	ei. Superficies, ei.
Date, *f.* Certa dies, æ, ei.	Glace, *f.* Glacies, ei.	Perte, *f.* Pernicies, ei.	Ressource, *f.* Espoir. Spes, ei.	Température, *f.* Cœli Temperies,
Espèce, *f.* Species, ei.	Idée, *f.* (Apparence). Species, ei.	Pointe, *f.* Acies, ei.	tion (aucune chose). Nulla, res,	ei.
Espérance, *f.* Espoir. Spes, ei.	Jeudi, *m.* Jovis dies, ei.	Portrait, *m.* Effigie. Effigies, ei.	ius, ei.	Voile, *m.* Apparence. Species, ei.
Face, *f.* Visage. Facies, ei.	Jour, *m.* Dies, ei, *m.* et *f.*			

EXERCICES SUR CES NOMS.

Des affaires, *abl.* A l'apparence. De la chevelure. La bataille, *acc.* Trop de confiance. Assez de cruauté. De la date, *abl.* O espèce. Beaucoup d'espoir. A la face. Derrière le fantôme. Sans forme. Beaucoup de rage. Après la génération. Sous la glace. La veille du jeudi. Avant le jour. Après midi. Trop de mol-lesse. Parmi les objets. Sans parole. Trop de perte. Avec la pointe. En présence du portrait. Après la postérité. Beaucoup de propreté. Un peu de ressemblance. Sans ressource. Le lendemain du samedi. Avec un sauf-conduit. De la surface, *abl.*

RÈGLE DES NOMS. — *Manus Pueri* (2).

L'adresse du soldat. Le combat des belettes. L'affection du père. L'affluence de la foule. L'aile de l'aigle. L'air du printemps. L'air de la chanson. L'alarme du vieillard. L'algue du lac. A l'allégresse de la compagnie. Des alouettes des champs. L'ambroisie des dieux. L'âme du citoyen. Pour l'amitié du frère. Parmi les amusements des enfants. Avec l'amphore de la vieille. Avec l'anato-mie du corps. L'analogie des êtres. Les ancres du vaisseau. Parmi les animaux de la forêt. Sans les araignées de la maison. Parmi les arbrisseaux du jardin. L'arche d'alliance. A l'architecture de l'édifice, du temple, du palais. De l'ar-gent du pauvre, du banquier, du marchand. A cause de l'arrogance du voleur, du menteur, du brigand. L'assurance de l'ami. De l'astronomie, science. Aux ateliers du forgeron, du peintre, du tisserand. L'athlète des Romains. L'attrait de la lecture. Des études de la science. L'audace du marmot, du jeune homme. L'aumône du bienfaiteur. De l'homme de bien. Les autels du temple de Dieu. L'éclat de l'aurore. L'avarice du vigneron, du fermier, du colon, du juge, du magistrat. L'avis des juges, des consuls, des empereurs, des rois. L'avoine du cheval, de l'âne. Les baguettes du petit enfant. Le balai de la servante, du domestique, du cuisinier. Les bandelettes de la victime, de la génisse, du bœuf. Les baleines de la mer. La balle du jeu. La barbe du grand-père. Avec la barque du pêcheur, du pilote. Sans le bât de l'âne, du chameau. La bataille des chats. Des besaces du vaurien. La bête des bois. La bienveillance du pro-tecteur. La bière des campagnards. Les bijoux de la jeune fille. Des biscuits du pâtissier. Le bitume de la route. Le bloc de marbre. La bonté de la mère, du père, de la tante, de la grand-mère. Le bord de la rivière, du fleuve, du ruisseau. L'utilité de la botanique. Les bottes du cavalier, du soldat. Les bouffons de la cour, des rois. La bourse du paysan. Le butin de l'armée. Les cabanes des pêcheurs. Les fruits du cacaotier. Le bienfait du café. La cage de l'oiseau, du corbeau, de la pie. De la calomnie des méchants. La maison de campagne du riche, du bourgeois, de l'artisan. Le petit canard de la basse-cour. L'usage de la canelle. Le caparaçon du coursier. Les caresses de la petite fille. La capture du navire. Le carquois du chasseur. La carrière de la mon-tagne. Le billet du banquier. Le cassetin de l'imprimeur. Le casque du mili-taire. La cathédrale de Reims. Le motif du voyage. La cave du vigneron. La caverne des voleurs. Les cérémonies de l'office. La chaîne du chien. La chaise de la sœur. La chaloupe du nautonier. A la chandelle du cabinet. Du char du laboureur. Les charmes de la vertu. La chasteté du jeune homme. Les châ-taignes de la colline. Les châtiments du parricide. L'ardeur de la chaudière. La chaumière de l'habitant de la campagne. La chaussure de l'écolier. Le che-min du crime. Les chenilles de l'amandier. La chevelure de l'homme. La chèvre du troupeau. La cigale de la prairie. Le bec de la cigogne, de la perdrix, du geai. La cire des abeilles. Des citrouilles du jardin. La classe des écoliers. La clémence du maître. Le cocher du charriot. La colère du père. Les colifi-chets de l'enfance. L'accord du collègue. Le plaisir de la comédie. La blan-cheur de la colombe. Les travaux de la colonie. La connaissance du mal. La conquête de la Suisse. Le témoignage de la conscience. Le convive du maître. La coque de l'œuf. Les pirates de l'Océan. La côte de l'homme. Le poison du serpent, de la couleuvre. La cour de la ferme. La couronne de l'empereur. Le courroux du maître. La bonté du cousin, de la cousine. La blancheur de la craie. Le crâne du vieillard. La crête du coq. La crinière du cheval, du lion. La cruauté du tigre. La cruche d'eau. La cuirasse du vainqueur. La cuisine du collège. La cuisson des gâteaux. A la culture des champs.

Les dames du palais. Les débris du vaisseau. La déesse des mortels. Un peu de délai. Une demi-once de café. Les délices du printemps. Les départe-ments de la France. Les dépouilles de l'indigent. La diète du corps. La disette de pain, de vin, de légumes. La dispute des ouvriers. La duchesse du châ-teau.

L'eau du ruisseau. Les écailles du poisson. Les échasses du marmot. L'é-chelle du jardinier. Le silence de l'école. L'économie du père de famille. Les égarements de la jeunesse. L'église, édifice. L'églogue, poème. L'envie, vice. L'épi, fruit. L'épouse, mère. Les étoiles, astres. A l'exactitude, vertu. De la faucille, instrument. A la faute, malheur. La fève, légume. La fiole, vase. La flèche, arme. La fourmi, animal.

RÈGLE DES NOMS. EXERCICES LATINS.

Geographia Galliæ. Bractea versatilis castelli. Superbiæ divitis. Herbis agro-rum. Occa aratoris. Historia Hispaniæ. Casa pauperis. Hora diei. Inscitia discipuli. Fructus insulæ. Innocentia puellæ. Hasta pugnatoris. Equa heri. Agri-cultura ruris. Lana ovis. Littera libri. Bibliopola urbis. Hedera quercûs. Dentes leœnæ. Moletrina vici. Mula pistrinarii. Incuria famulæ. Amor patriæ. Captura piscium. Pœnitentia peccatoris. Insidiæ hostis. Peritia nautæ. Annona manûs. Quadriga triumphatoris. Uva vitis. Toga magistratûs. Sera portæ. Sepultura ca-daveris. Fistula pueri. Mensa scriptoris. Pridiò feriarum. Sine lacte vaccæ. Coràm calamitate viduæ. Cum odore violæ. Lingua viperæ. Foricula fenestræ. Spinæ dumi. Margo petasi. Chorus ecclesiæ. Præfectus exercitûs. Condiscipu-lus collegii. Gallus areæ. Molossus villicæ. Nummi divitis. Sciurus silvæ. Dolus improbuli. Malleus opificis. Studium methodi. Internuntius cladis. Divitiæ mundi. Rusticus ruris. Fructus piri, mali. Onus bajuli. Remus navigatoris.

Cornu juvenci. Commoda lucis. Gaudium balnei. Urbs Bellovacum. Cœnum viæ. Natu major patris-familiâs. Ambitio ducis. Fustis viatoris. Cantus lusci-niæ. Plausus populi. Oppugnatio arcis. Expectatio nuntii. Venustas Veneris. Egestas pauperis. Cerasum fructus. Cæsaroburgum urbs. Chocolatum arcæ. Canis animal. Cicero orator. Crocitus aranеæ. Depositum nummorum. Dog-mata religionis. Pollen tritici. Spatium saltûs. Cæsaries mulieris. Species veri. Glacies hiemis.

IMP. E. DÉZAIRS, A BLOIS.

---

(1) Dites les terminaisons des six cas sur *Dies*.
Quel est le génitif singulier et pluriel de la cinquième déclinaison.
Remarquez que le nominatif et le vocatif singuliers, le nominatif et le vocatif pluriels sont semblables.
Tous les noms latins sur *Dies* sont féminins, excepté Meridies, midi, *Dies*, jour, *m.* et *f.*
(2) Avant l'exercice, il faut bien expliquer à l'avance aux enfants la règle des noms. Faire repasser aux élèves tous les tableaux sur les noms.

ENSEIGNEMENT MUTUEL.

MÉTHODE LATINE.

DEUXIÈME ESPÈCE DE MOTS. — *L'ADJECTIF.* (Voir Lhomond.)

Décliner sur Bonus, a, um *les adjectifs suivants* (1).

A.

Abondant, e. Copiosus, a, um. Largus, a, um.
Abri (à l'abri du vent). Apricus, a, um.
Absolu. e (Suprême). Supremus, a, um.
Accablé, e. Confectus, a, um. Oppressus. (abl.)
Accompagné, e. Stipatus, a, um. (abl.)
Accoutumé, e (à). Solitus, a um. Assuetus. (dat.)
Acharné. e. Infestus, a, um. (dat.)
Adjacent, e. Proche. Proximus, a, um.
Adonné, e. Deditus, a, um. (dat.)
1. Adoptif, ve. Adoptivus, a, um.
Adroit,e.Fin.Rusé.Callidus, a,um.
Affligé, e. Permotus. Afflictus, a, um.
Affreux, se. Horrendus, a, um.
Agité, e. Tourmenté. Exagitatus, a, um, Vexatus, a, um.
Agréable. Jucundus. Gratus. Amœnus, a, um.
Aidé, e. Adjutus,a, um.
Aigu, ë. Acutus, a, um.
Aimable. Gai. Festivus, a, um.
Aîné, e. Primogenitus, a, um.
2. Airain (d'). Æneus, a, um.
Aise (Content). Lætus a, um.
Albain, o. Albanus, a, um.
Allemand, e. Germanicus, a, um.
Altier, ère. Excelsus, a, um.
Ambitieux. se. Ambitiosus, a, um.
Ambroisie (d'). Ambrosius, a, um.
Amer, ère. Amarus, a, um.
Américain, e. Americus, a, um.
Ample. Amplus, a, um.
3. Ancien, ne. Antique. Antiquus, a, um.
Animé, e. Incitatus, a, um.
Annuel, le. Annuus, a, um.
Appuyé, e (sur). Innixus, a, um.
Apre. Acerbus, a, um.
Aquatique. Aquaticus, a, um.
Arabie (d'). Arabicus, a, um.
Argent (d'). Argenteus, a, um.
Armé, e.Instructus, a, um. (abl.)
Asie (d'). Asiaticus, a, um.
4. Assidu, e. Assiduus, a, um.
Assidu (Attentif). Intentus, a, um.
Assiégé. e. Obsessus, a, um.
Assujetti, e. Soumis. Subjectus, a, um.
Assujetti, e (Adonné). Deditus, a, um. (dat.)
Assuré, e. Tranquille. Tutus, a, um.
Assuré, e. Ferme. Solide. Firmus, a, um.
Assuré, e(Certain). Certus, a, um.

Attaché, e. Deditus, a, um. (dat.)
Attaché (Dévoué). Devotus, a, um.
5. Attendri, e (Touché). Permotus, a, um. (abl.)
Attentif, ve (à). Attentus, a, um. (dat.)
Austère. Sévère. Severus, a, um.
Avancé (en âge). Ætate provectus, a, um. (abl.)
Avantageux, se. Commodus, a, um. (dat.)
Avare. Avarus, a, um.
Avide. Avidus, a, um. (gén.)
Azuré, e. Cœruleus, a, um .

B.

Barbare. Barbarus, a, um.
Barbare (Cruel. Féroce). Ferus, a, um.
6. Bas (le bas de). Imus, a, um.
Beau, Belle. Formosus. Venustus, a, um.
Beau (Remarquable). Egregius, a, um.
Bègue. Balbus, a, um.
Belliqueux, se. Bellicosus, a, um.
Bénit, e. Benedictus, a, um.
Bienfaisant, e. Beneficus, a, um.
Bizarre (Changeant). Varius, a, um.
Bizarre (Faux). Falsus, a, um.
Bizarre (Vain). Vacuus, a, um.
7. Blanc, che. Albus, a, um.
Blâmable. Vituperandus, a, um.
Bleu, e (Azuré). Cœruleus, a, um.
Bœuf (de). Bovinus, a, um.
Bois (de. Ligneus, a, um.
Boiteux, se. Claudus, a, um.
Bon, ne. Bonus, a, um.
Bon (Distingué). Eximius, a, um.
Bon (propre à). Aptus, a, um. (acc.)
Bouc (de). Hircicus, a, um.
8. Boue (plein de). Cœnosus, a, um.
Bouillant, e. Fervidus, a, um.
Brave. Strenuus, a, um.
Brebis (de). Ovinus, a, um.
Brillant, e. Coruscus, a, um.
Brillant (Resplendissant). Splendidus, a, um.
Brodé, e. Depictus, a, um. (abl.)
Brumeux, se. Caliginosus, a, um.
Brûlant, e. Fervidus, a, um.

C.

Capital, e. Principal. Præcipuus, a, um.
9. Capitolin, e. Capitolinus, a, um.
Capricieux, se. Morosus. Libidinosus, a, um.
Captif, ve. Captivus, a, um.
Caressant, e. Blandus, a, um.
Carthage (de). Punicus, a, um.

Cassé, e. Fractus, a, um.
Cécité (dans la). Aveugle. Cæcus, a, um.
Célèbre (Remarquable). Inclytus, a, um.
Certain, e. Certus, a, um.
Certain (sans doute). Minimè Dubius, a, um.
10. Chagrin, e. Mœstus, a, um.
Chair (de). Carneus, a, um.
Chargé, e (de). Onustus, a, um. (abl.)
Charmant, e. Amœnus, a, um.
Charmé, e (de). Delectatus, a, um. (abl.)
Chasse (de). Venaticus, a, um.
Chassieux, se. Lippus, a, um.
Chat (de). Felinus, a, um.
Chaud, e. Fervidus, a, um.
Chauve. Calvus, a, um.
11. Cher, e (à). Carus. Dilectus, a, um. (dat.)
Chéri, e (de). Dilectus, a, um. (abl.)
Cheval (de). Equinus, a, um.
Chien (de). Caninus, a, um.
Chimérique (Feint). Fictus, a, um.
Choqué, e. Offensé. Offensus, a, um.
Circonvoisin, e. Circumjectus, a, um.
Cire (de). Cereus, a, um.
Ciré, e. Cerâ illitus, a, um.
Civique. Civicus, a, um.
12. Clair. e. Clarus, a, um.
Clair (Débrouillé). Dilucidus, a, um.
Colère (en). Iratus, a, um. (dat.)
Combustible. Aridus, a, um.
Commencé, e (Ebauché). Inchoatus, a, um.
Commode. Avantageux. Commodus, a, um. (dat.)
Comparable. Comparandus, a, um.
Complet, e (Parfait). Perfectus, a, um.
Confident, e (Intime). Intimus, a, um.
Confus, e. Pudore suffusus, a, um. (abl.)
13. Confié, e (à). Creditus, a, um. (dat.)
Connu, e (sans être). Ignoré. Ignoratus, a, um.
Considérable (peu). Exiguus, a, um.
Consigné, e (livré à la postérité). Traditus, a, um. (à, ad. acc.)
Constant, e (Ferme). Firmus, a, um.
Consterné, e (par la crainte). Pavidus, a, um.
Consterné, e (Touché). Permotus, a, um. (abl.)
Contagieux, se. Exitiosus, a, um.

Content, e (de). Contentus, a, um. (abl.)
Content (Satisfait). Lætus, a, um.
14. Continu, e (sans fin). Continuus, a, um.
Continu, e (Perpétuel). Perpetuus, a, um.
Contraire. Contrarius, a, um.
Contraire (à). Nuisible. Noxius, a, um. (dat.)
Contraire (à). Opposé. Adversus, a, um. (ad. acc.)
Convaincu, e (de). Convictus, a, um.
Convenable (à). Aptus, a, um (dat.)
Copieux, se. Uberrimus, a, um. (Superlatif.)
Corne (de). Corneus, a, um.
Correct, e. Emendatus, a, um.
15. Craintif. ve. Timidus, a, um.
Crédule. Credulus, a, um.
Creux, se (le creux de). Cavus, a, um.
Criminel, le. Scelestus, a, um.
Cuir (de). Coriaceus, a, um.
Cuisant, e. Acerbus, a, um.
Cuivre (de). Cupreus, a, um.
Curieux, se (de). Cupidus, a, um. (gén.)
Cynique. Cynicus, a, um.

D.

Dangereux, se. Periculosus, a, um.
16. Dangereux (ce qui est à craindre). Metuendus, a, um.
Débauché, e. Dissolutus, a, um.
Déchirant, e. Acerbissimus, a, um. (Superl.)
Décisif, ve. Decretorius, a, um.
Dédaigneux, se. Fastidiosus, a, um.
Défunt, e. Defunctus, a, um.
Dégoûtant, e. Fastidiosus, a, um.
Délectable. Suavissimus, a, um. (Superl.)
Délicat, e. Delicatus, a, um.
Délicieux, se (Exquis). Exquisitus, a, um.
17. Dépit(de). Iratus, a, um. (dat.)
Demi, e. Dimidius, a, um.
Déplorable. Miserandus, a, um.
Dépourvu, e (de raison). Stolidus, a, um.
Désert, e. Desertus, a, um.
Désespéré, e. Desperatus, a, um.
18. Désirable. Optandus, a, um.
Désiré, e. Optatus, a, um.
Désireux, se (qui désire). Cupidus, a, um. (gén.)

Désolé, e. Luctu perditus, a, um. (abl.)
Détestable. Exsecrandus, a, um.
Dévoué, e. Deditus, a, um. (dat.)
Différent, e. Varius, a, um.
Difforme. Distortus, a, um.
Digne. Dignus, a, um. (abl.)
19. Disposé, e. Prêt. Paratus, a, um. (ad. acc.)
Dissolu, e. Dissolutus, a, um.
Distrait, e (peu attentif). Minùs attentus, a, um. (d, dat.)
Diversifié, e. Varius, a, um.
Divertissant, e. Festivus, a, um.
Divin, e. Divinus, a, um. Divus, a, um.
Dixième. Decimus, a, um.
Domestique. Domesticus, a, um.
Doré, e. Auratus, a, um.
20. Double. Geminus, a, um.
Doué, e (de).Præditus,a, um. (abl.)
Douloureux, se. Acerbus, a, um.
Douteux, se. Dubius, a, um.
Douteux (Incertain). Incertus, a, um.
Doux, ce. Blandus, a, um.
Douzième. Duodecimus, a, um.
Droit, e. Rectus, a, um.
Durée (de longue). Diuturnus, a, um.
Dur, e. Durus, a, um.
21. Durable. Diuturnus, a, um.

E.

Ebranlé, e. Commotus, a, um.
Echauffé, e. Tepefactus, a, um.
Eclatant, e. Splendidus, a, um.
Eclos, e. Expansus, a, um.
Econome (Parcimonieux). Parcus, a, um.
Effrayé, e. Perterritus, a, um.
Elevé, e (Haut). Excelsus, a, um.
Elevé (bien). Liberaliter educatus.
Elevé (à). Evectus, a, um. (ad. acc.)
22. Eloigné, e. Remotus, a, um.
Eloigné (ayant de l'aversion). Aversus, a, um.
Eloquent, e. Disertus, a, um.
Emaillé, e. Distinctus, a, um.
Embarrassé, e (Douteux). Dubius, a, um.
Emerveillé, e. Mirandus, a, um.
Empêtré, e(de). Impeditus, a, um.
Empoigné, e. Prensatus, a, um.
Empressé, e. Zélé. Studiosus, a, um. (gén.)
Emu, e. Touché. Permotus, a, um. (abl.)
23. Endormi, e. Sopitus, a, um.
Enhardi, e. Certior factus, a, um.
Enjoué, e. Festivus, a, um.

(1) Le maître fera décliner séparément les adjectifs, *Bonus* sur *Dominus*, *Bona* sur *Rosa*, *Bonum* sur *Templum*,

IMP. E. DÉZAIRS, À BLOIS.

ENSEIGNEMENT MUTUEL.

MÉTHODE LATINE.

DEUXIÈME ESPÈCE DE MOTS. — *L'ADJECTIF.* (Voir Lhomond.)

Décliner sur **Bonus, a, um** *les adjectifs suivants.*

Ennuyant (s'-de). Pertæsus, a, um. (*gén.*)

Enorme. Inusitatus, a, um.

Ennemi, e. Inimicus, a, um.

Ennuyeux, se. Molestus, a, um.

Ennuyé, e (de). Pertæsus, a, um, (*gén.*)

Enrichi, e (de). Distinctus, a, um. (*abl.*)

24. Envieux, se (de). Invidus, a, um. (*gén.*)

Epais, se. Densus. Crassus, a, um.

Epaissi, e. Concretus, a, um.

Epars, e. Sparsus, a, um.

Epouvanté, e (de). Perterritus, a, um. (*abl.*)

Epris, se (de). Captus, a, um. (*abl.*)

Eprouvé, e. Spectatus, a, um.

Epuisé, e. Viribus Exhaustus. Defessus, a, um. (*abl.*)

Equitable. Juste. Æquus, a, um.

Errant, e. Errabundus. Vagus, a, um.

25. Escarpé, e. Præruptus, a, um.

Esclave. Captif. Captivus, a, um.

Estimable. Æstimandus, a, um.

Estimable (fort). Plurimè Æstimandus, a, um.

Etabli, e (bien). Benè locatus, a, um.

Eternel, le. Æternus. Sempiternus, a, um.

Etonné, e (de). Emerveillé. Miratus, a, um. (*abl.*)

Etonné (de). Surpris. Attonitus, a, um. (*abl.*)

Etourdi, e. Inconsultus, a, um.

Etrange (Inoui). Inauditus, a, um.

26. Etroit, e. Angustus, a, um.

Européen, e. Europæus, a, um.

Evident, e (Manifeste). Manifestus, a, um.

Evident (Patent). Apertus, a, um.

Evident (Remarquable). Perspicuus, a, um.

Exact, e. Sedulus, a, um.

Excellent, e. Eximius. Perfectus, a, um.

Excepté, e. Exceptus, a, um.

Excessif, ve. Immodicus. Nimius, a, um.

Exigé, e. Exactus, a, um.

27. Exorbitant, e. Eximius, a, um.

Expérimenté, e. Habile. Peritus, a, um.

Expiré, e (Passé). Peractus, a, um.

Exposé, e. Expositus, a, um.

Exposé (à). Etre en butte. Obnoxius, a, um. (*dat.*)

Exquis, e. Exquisitus, a, um.

Extraordinaire (Inaccoutumé). Insolitus, a, um.

Extraordinaire (Etonnant). Mirus, a, um.

F.

Fâché, e. Iratus, a, um. (*dat.*)

28. Fâcheux, se. Molestus, a, um.

Fameux, se. Inclitus, a, um.

Farouche. Ferus, a, um.

Fatal, e. Exitiosus, a, um.

Fatigant, e. Laborieux. Fatigosus, a, um.

Fatigué, e. Fessus, a, um. (*abl.*)

Fauve. Fulvus, a, um.

Faux, sse. Falsus, a, um.

Favorable. Faustus, a, um.

Favorable (Propre). Accommodatus, a, um. (*dat.*)

29. Favori, te. Gratiosus, a, um.

Fécond, e. Fecundus, a, um.

Fer (de). Ferreus, a, um.

Ferme. Firmus, a, um.

Féroce. Ferus, a, um.

Fervent, e. Fervidus, a, um.

Fête (de). Festus, a, um.

Fou (de). Igneus, a, um.

Feuillage (de). Frondosus, a, um.

Fidèle. Fidus, a, um.

30. Fier, e (Hautain). Superbus, a, um.

Fin, e. Rusé. Astutus. Callidus, a, um.

Fini, e. (Parfait). Perfectus, a, um.

Fini (Achevé). Absolutus, a, um. Confectus, a, um.

Fixe (Assuré). Certus, a, um.

Flatteur, euse. Adulatorius, a, um.

Fleuri, e. Floridus, a, um.

Flexible. Lentus, a, um.

Fluide. Fluidus, a, um.

Fondé, e (Posé. Placé). Positus, a, um.

31. Forcé, e (Contraint). Coactus, a, um.

Forcé (Commandé). Jussus, a, um.

Formel, le (Exprès). Apertus, a, um.

Fort, e. Robuste. Validus. Robustus, a, um.

Fortuné, e. Fortunatus, a, um.

Fou, Folle. Insanus, a, um.

Frais, che. Frigidus, a, um.

Franc, che (Sincère). Sincerus, a, um.

Français, e. Gallicus, a, um.

Frappant, e. Verè expressus, a, um.

32. Frappant (Etonnant). Mirus, a, um.

Friand, e. Delicatus, a, um.

Frisé, e. Comptus, a, um.

Frivole. Vain. Vanus, a, um.

Frugal, e. Parcus, a, um.

Froid, e. Frigidus, a, um.

Fugitif, ve. Fugitivus, a, um.

Funeste. Acerbus, a, um. Exitiosus.

Furieux, se. Furibundus, a, um.

Furieux (plein de rage). Rabidus, a, um.

33. Futur, e. Futurus, a, um.

G.

Gai, e. Joyeux. Lætus, a, um.

Garni, e (de). Refertus, a, um. (*abl.*)

Garni (Orné). Adornatus, a, um.

Général, e. Universel. Universus, a, um.

Gentil, le. Beau. Venustus, a, um.

Généreux, se. Præclarus, a, um.

Glacial, e. Gelidus, a, um.

Glorieux, se. Præclarus, a, um.

Gourmand, e. Gulæ deditus, a, um. (*dat.*)

34. Goût (qui a du goût pour). Studiosus, a, um. (*gén.*)

Grand, e. Magnus, a, um.

Gravé, e. Defixus, a, um.

Gros, se. Crassus, a, um.

Grossier, ère. Inurbanus, a, um.

Grotesque. Ridicule. Ridiculus, a, um.

H.

Habile (dans). Peritus, a, um. (*gén.*)

Habillé, e (bien). Benè Vestitus, a, um.

Hargneux, se. Morosus, a, um.

Harmonieux, se. Canorus, a, um (sans comparatif).

35. Hasardeux, se. Périlleux. Periculosus, a, um.

Haut, e (Elevé). Altus, a, um.

Hérissé, e (de). Hirsutus, a, um. (*abl.*)

Héroïque. Heroicus, a, um.

Heureux, se. Fortuné. Fortunatus, a, um.

Hideux, se. Horridus, a, um.

Hiver (d'). Hibernus, a, um.

Honnête. Honestus, a, um.

Honorable. Honorificus, a, um.

Honteux, se. Pudibundus, a, um.

36. Horrible. Horrendus, a, um.

Huitième. Octavus, a, um.

Humain, e. Humanus, a, um.

I.

Ignomineux, se (Infâme). Fœdus, a, um.

Ignorant, e. Ignarus, a, um.

Ignoré, e. Ignotus, a, um.

Imbu, e. Imbutus, a, um.

Immense. Immensus, a, um.

Immobile. Immotus, a, um.

Impardonnable(dignéd'aucunpardon). Nullâ veniâ Dignus, a, um.

37. Impérial, e. Imperatorius, a, um.

Impi, e. Impius, a, um.

Impitoyable (Inhumain). Inhumanus, a, um.

Importun, e. Molestus, a, um.

Impuni, e. Impunitus, a, um.

Inaltérable. Sincerus, a, um.

Incendié, e. Incensus, a, um.

Incapable. Non Aptus, a, um. (*dat.*)

Incapable (Ignorant). Inscius, a, um.

Incertain, e. |Incertus, a, um.

38. Incertain (Douteux). Dubius, a, um.

Incommode. Molestus, a, um.

Inconnu, e. Ignotus, a, um.

Inculte. Incultus, a, um.

Indécis, e. Animo Dubius, a, um.

Indifférent (d'un œil). Interritus, a, um.

Indigent, e. Egenus, a, um.

Indigeste. Crudus, a, um.

Indigne (de). Indignus, a, um. (*abl.*)

Indomptable. Indomitus, a, um.

39. Industrieux, se. Industrius, a, um.

Infâme. Fœdus, a, um.

Infatigable. Indefessus, a, um.

Infecté, e (Vitié). Vitiatus, a, um.

Infini, e (Innombrable). Innumerus, a, um.

Infini (en grande quantité). Permultus, a, um.

Inflexible. Flecti Nescius, a, um.

Infortuné, e. Infortunatus, a, um.

Infructueux, se. Irritus, a, um.

Ingénieux, se. Ingeniosus, a, um.

40. Ingénu, e. Ingenuus, a, um.

Ingrat, e. Ingratus, a, um.

Inhumain, e. Inhumanus, a, um.

Injuste (Inique). Iniquus, a, um.

Inné, e. Innatus. Insitus, a, um.

Innocent, e. Innoxius, a, um.

Innombrable. Innumerus, a, um.

Inopiné, e. Inopinatus, a, um.

Inquiet, e. Anxius, a, um. Sollicitus.

Insensé, e. Stultus, a, um. Insanus.

41. Insidieux, se. Insidiosus, a, um.

Insolent, e. Protervus, a, um.

Instruit, e. Doctus, a, um.

Intact, e. Intactus, a, um.

Intègre (Probe). Probus, a, um.

Intelligent, e (Habile). Peritus, a, um.

Intéressant, e. Eximius, a, um.

Intérieur, e. Intimus, a, um.

Intrépide. Intrepidus, a, um.

Intrépide (sans peur). Impavidus, a, um.

42. Irrité, e (contre). Iratus, a, um. (*dat.*)

Inutile. Irritus, a, um.

Invincible. Invictus, a, um.

Inviolable (Saint). Sanctus, a, um.

Involontaire. Haud Voluntarius, a, um.

Irrégulier, ère. Inconditus, a, um.

Irrépréhensible. Irreprehensus, a, um.

Ivoire (d'). Eburneus, a, um.

Ivre. Ebrius, a, um.

J.

Jaloux, se. Envieux. Invidus, a, um. (*dat.*)

43. Jaunâtre. Subflavus, a, um.

Jaune. Flavus, a, um.

Jolie, e. Lepidus. Concinnus, a, um.

Jonc (de). Juncinus, a, um.

Joyeux, se. Lætus, a, um.

Judicieux, se (Habile). Peritus, a, um, (*gén.*)

Juste. Justus, a, um.

Juste (Droit). Rectus, a, um.

L.

Lâche. Ignavus, a, um.

Laborieux, se. Labori deditus, a, um. (*dat.*)

44. Laine (de). Laneus, a, um.

Languissant, e. Languidus, a, um.

Large. Latus, a, um.

Las, se. Fessus, a, um.

Latin, e. Latinus, a, um.

Lavé, e. Lotus, a, um.

Légitime. Légitimus, a, um.

Libéral, e. Munificus, a, um.

Lent, e. Tardus, a, um.

Libertin, e. Débauché. Dissolutus, a, um.

45. Liquide. Liquidus, a, um.

Livré, e. Deditus, a, um.

Long, ue. Longus, a, um.

Long (longueur de temps). Diuturnus, a, um.

Louable. Laudandus, a, um.

Lumineux, se. Splendidus, a, um.

M.

Magnanime. Magnanimus, a, um.

Magnifique. Magnificus, a, um.

Magnifique (Splendide). Splendidus, a, um.

Malgré. Invitus, a, um.

46. Maint, e. Multus, a, um.

Majestueux, se. Augustus, a, um. Decorus.

Malade. Ægrotus, a, um.

Malheureux. Miserrimus, a, um. (Superl.)

Marbre (de). Marmoreus, a, um.

Maritime. Maritimus, a, um.

Marqué (Fixé). Constitutus, a, um.

Massif, ve. Solide. Solidus, a, um.

Maudit, e. Scelestus, a, um. Maledictus.

ENSEIGNEMENT MUTUEL.

METHODE LATINE.

DEUXIÈME ESPÈCE DE MOTS. — *L'ADJECTIF.* (Voir Lhomond.)

Décliner sur Bonus, a, um *les adjectifs suivants.*

Maudit (Exécrable). Execrandus, a, um.

47. Matin (du). Matutinus, a, um.

Mauvais, e. Improbus, a, um. Pravus.

Méchant, e. Malus. Improbus, a, um.

Méconnu, e. Ignotus, a, um.

Mécontent, e. Offensus. Non Contentus, a, um. *(de. abl.)*

Médiocre. Mediocrus, a, um.

Médiocre (Parcimonieux). Parcus, a, um.

Médisant, e. Maledicus, a, um.

Mêlé, e (à). Mixtus, a, um, cum. *(abl.)*

Menu, e. Minutus, a, um.

48. Méprisable. Contemnendus, a, um.

Méprisé, e. Despectus, a, um.

Merveilleux, se. Mirus, a, um.

Meurtrie, e. Brisé. Fractus, a, um.

Meurtri (Contusionné). Contusus, a, um.

Mignon, ne. Pulchellus, a, um.

Milieu. Medius, a, um.

Millième. Millesimus, a, um.

Minéral, e (Métallique). Metallicus, a, um.

Mis, e (Placé). Positus, a, um.

49. Modéré, e. Moderatus, a, um.

Modeste. Modestus, a, um.

Monarchique. Royal. Regius, a, um.

Monstrueux, se. Monstruosus, a, um.

Monstrueux (Prodigieux). Portentus, a, um.

Mordant, e (Acerbe). Acerbus, a, um.

Moribond, e. Morti Proximus, a, um. *(dat.)*

Mortifié, e (de). Offensus, a, um. *(abl.)*

Mouillé, e. Madidus, a, um.

Moulu, e (réduit en poudre). Pulveratus, a, um.

50. Moulu (de coups). Perverberatus, a, um. *(dat.)*

Mourant, e. Morti Proximus, a, um. *(dat.)*

Mouton (de). Vervecinus, a, um.

Mort, e. Mortuus, a, um.

Mûr, e. Maturus, a, um.

Mythologique. Mythologicus, a, um.

N.

Naïf, ve (Innocent). Innocuus, a, um.

Naïf (Candide. Simple). Candidus, a, um.

Napolitain, e. Napolitanus, a, um.

Naturel, le. Naturâ Insitus, a, um. *(abl.)*

51. Né, e. Natus, a, um.

Nécessaire. Necessarius, a, um.

Négligé, e (Extérieur). Incomptus, a, um. Incultus.

Neige (de). Niveus, a, um.

Nerveux, se. Nervosus, a, um.

Neuf, ve. Novus, a, um.

Neuvième. Nonus, a, um.

Nuisible. Noxius, a, um. *(dat.)*

O.

Obligeant, e. Obsequiosus, a, um.

Obscur, e. Obscurus, a, um.

52. Occupé, e (à). Intentus, a, um. *(dat.)*

Obstiné, e. Obstinatus, a, um.

Odieux, se. Odiosus, a, um.

Odoriférant, e. Odorus, a, um.

Offensé, e. Offensus, a, um.

Offensé (Irrité). Iratus, a, um.

Oisif, ve. Otiosus, a, um.

Or (d'). Aureus, a, um.

Orageux, se. Procellosus, a, um.

Ordinaire (Accoutumé). Solitus, a, um.

53. Opiniâtre. Improbus, a, um.

Orgueilleux, se. Superbus, a, um.

Orné, e (de). Distinctus, a, um. *(abl.)*

Outragé, e. Contumeliosè Exceptus, a, um.

Outrageux, se. Contumeliosus, a, um.

Outré, e. Irâ Percitus, a, um. *(abl.)*

Ouvert, e. Apertus, a, um.

Ovipare. Oviparus, a, um.

P.

Pacifique. Pacificus, a, um.

Paisible. Pacificus, a, um.

54. Paisible (Tranquille). Quietus, a, um.

Parent, e (Proche). Propinquus, a, um.

Parfait, e. Perfectus, a, um.

Parfait (Achevé). Persolutus, a, um.

Parfait (Excellent). Egregius, a, um.

Particulier, ère. Privatus, a, um.

Parvenu, e (à un âge avancé). Ætate Provectus, a, um. *(abl.)*

Paternel, le. Paternus, a, um.

Peint, e. Pictus, a, um.

Pénible de. Pronus, a, um.

55. Pénétré, e (Imbu). Imbutus, a, um. *(abl.)*

Pénétré (Touché). Permotus, a, um. *(abl.)*

Pénétré (de respect). Venerabundus, a, um.

Pénible (Besogneux). Operosus, a, um.

Perçant, e (Aigu). Acutus, a, um.

Perdu, e. Amissus, a, um.

Perfectionné, e. Perfectus, a, um.

Perfectionné (Fini). Absolutus, a, um.

Perfide. Perfidus, a, um.

Périlleux, se. Periculosus, a, um.

56. Pernicieux, se. Exitiosus, a, um.

Petit, e. Parvus, a, um.

Pierre (de). Lapideus, a, um.

Pieux, se. Pius, a, um.

Piquant, e. Acutus, a, um.

Plaisant, e. Lepidus, a, um. Facetus, a, um.

Plat, e. Planus, a, um.

Plein, e. Plenus, a, um. *(gén.)*

Plein (de). Rempli. Refertus, a, um. *(abl.)*

Plomb (de). Plumbeus, a, um.

57. Plusieurs, *adj. pl.* Multi, æ, a. Plurimi, æ, a.

Poix (de). Piceus, a, um.

Poissonneux, se. Piscosus, a, um.

Poli, e (Civil). Urbanus, a, um.

Poli (Uni). Politus, a, um.

Policé, e. Bonè moratus, a, um.

Pompeux, se. Splendidus, a, um.

Porc (de). Suillus, a, um.

Porcelaine (de). Porcellanus, a, um.

Porté, e (à). Enclin. Pronus. Propensus, a, um. *(ad. acc.)*

58. Porté (Adonné). Deditus, a, um. *(dat.)*

Poudré, e. Pulvere cyprio Collitus, a, um. *(abl.)*

Pourpre (de). Purpureus, a, um.

Pourvu, e (Garni. Fourni). Instructus, a, um. *(abl.)*

Pourvu (Doué). Præditus, a, um.

Précieux, se (pour). Pretiosus, a, um.

Précis, e. Præfixus, a, um.

Préférable. Anteponendus, a, um.

Premier, ère. Primus, a, um.

Premier (Principal). Præcipuus, a, um.

59. Préposé, e. Præpositus, a, um.

Pressé, e (Serré. Comprimé). Compressus, a, um.

Prêt, e (à). Paratus, a, um. *(ad. acc.)*

Prétendue, e (Feint). Fictus, a, um.

Prétendu (Faux). Falsò habitus, a, um.

Principal, e. Præcipuus, a, um.

Pris, e. Captus, a, um.

Pris (Bu). Haustus, a, um.

Prisonnier, ère (Captif). Captivus, a, um.

Prochain, e (Proche). Proximus, a, um. *(dat.)*

60. Prodigieux, se (Infini). Infinitus, a, um.

Profane. Profanus, a, um.

Profond, e. Altus, a, um.

Profond (Bas). Submissus, a, um.

Prompt, e. Citus, a, um.

Proportionné (à). Accommodatus, a, um. *(dat.)*

Propre (Net). Mundus, a, um.

Propre (à ou pour). Aptus. Idoneus, a, um. *(ad. acc.)*

Propre (à soi). Proprius, a, um.

Proscrit, e. Proscriptus, a, um.

61. Proscrit (Chassé). Pulsus, a, um.

Prouvé, e. Probatus, a, um.

Public, que. Publicus, a, um.

Puni, e. Châtié. Castigatus, a, um.

Punique. Punicus, a, um.

Punissable (digne de punition). Pœnâ Dignus, a, um.

Punissable. Castigandus, a, um.

Pur, e. Purus, a, um.

Q.

Quatorzième. Decimus quartus, a, um.

Quatrième. Quartus, a, um.

62. Quinzième. Quindecimus, a, um.

R.

Raisonnable. Ratione Præditus, a, um.

Raisonnable (Juste). Æquus, a, um.

Raisonneur, euse. Loquaculus, a, um.

Rapide. Rapidus. Citatus, a, um.

Rare. Rarus, a, um.

Rare (Excellent). Eximius, a, um.

Recherché, e. Exquisitus, a, um.

Reconnaissant, e. Gratus, a, um.

Reculé, e. Ecarté. Eloigné. Remotus, a, um.

63. Redoutable (qui doit être craint). Metuendus, a, um.

Réglé, e (Ordonné). Ordinatus, a, um.

Régulier, ère (Assuré). Certus, a, um.

Redoublé, e (Répété). Repetitus. Iteratus, a, um.

Relégué, e. Relegatus, a, um.

Religieux, se. Religiosus, a, um.

Remarquable. Conspicuus, a, um.

Rempli, e. Refertus, a, um. *(abl.)*

Renard (de). Vulpinus, a, um.

Renfermé, e. Conditus, a, um.

64. Répété, e. Repetitus, a, um.

Repu, e. Satiatus, a, um.

Répréhensible. Reprehensione dignus, a, um.

Réprouvé, e (voué aux supplices). Suppliciis Addictus, a, um.

Résolu, e. Certus. Fixus, a, um.

Restant, e. Reliquus, a, um.

Retenu, e. Verecundus, a, um.

Retiré, e (Solitaire). Solitarius, a, um.

Réveillé, e. Experrectus, a, um.

Rêveur, euse. Cogitabundus, a, um.

65. Riant, e. Amœnus. Lætus, a, um.

Ridé, e. Rugosus. Ridis Sulcatus, a, um. *(abl.)*

Ridicule. Ridiculus, a, um.

Rigide. Austerus. Severus, a, um.

Rigoureux, se. Acerbus, a, um.

Robuste. Robustus, a, um.

Rose (de). Roseus, a, um.

Roturier, ère. Plebeius, a, um.

Royal, e. Regius, a, um.

Ruiné, e (Renversé. Abattu). Eversus, a, um.

66. Ruiné (Détruit). Deletus, a, um.

Rusé, e (Fin. Adroit). Callidus, a, um.

Rusé (Fourbe). Dolosus, a, um.

S.

Sacré, e. Pius, a, um.

Sacrilège. Scelestus, a, um.

Safran (de). Crocous, a, um.

Sain, e. Sanus, a, um.

Saisi, e. Correptus, a, um.

Sale. Squalibus. Sordidus, a, um.

67. Satisfait, e (Content). Contentus, a, um. *(abl.)*

Sauvage. Ferus, a, um.

Sauvé, e. Salvus, a, um.

Savant, e. Doctus, a, um.

Scélérat, e. Scelestus, a, um.

Sec, che. Siccus. Exsiccatus, a, um.

Second, e. Secundus, a, um.

Secret, e. Occultus, a, um.

Seizième. Sextus Decimus, a, um.

Sensé, e. Egregiè Cordatus, a, um.

68. Séparé, e. Avulsus, a, um. *(abl.)*

Septième. Septimus, a, um.

Serré, e (Epais). Densus, a, um.

Signalé, e. Præclarus. Egregius, a, um.

Simple (Ingénu). Ingenuus, a, um.

Simple (Crédule). Credulus, a, um.

Simple (peu rusé). Incallidus, a, um.

Sincère (Vrai). Verus. Haud Fidus, a, um.

Singulier, ère (Etonnant). Mirus, a, um.

Singulier (Rare). Eximius, a, um.

69. Sixième. Sextus, a, um.

Sobre. Sobrius. Victu Moderatus, a, um. *(abl.)*

Soie (de). Bombyceus, a, um.

Soir (du). Vespertinus, a, um.

Solide. Solidus. Firmus, a, um.

Solitaire. Solitarius, a, um.

N° 22.

ENSEIGNEMENT MUTUEL.

METHODE LATINE.

DEUXIÈME ESPÈCE DE MOTS. — *L'ADJECTIF.* (Voir Lhomond.)

Décliner sur **Bonus, a, um** *les adjectifs suivants.*

Sombre (Obscur). Obscurus, a, um.
Sombre (Opaque). Opacus, a, um.
Sot, te. Stultus, a, um.
Soumis, e (à). Subjectus, a, um. (ad. acc.)
70. Sourd, e. Surdus, a, um.
Soucieux, se (tout). Anxius, a, um.
Soupçonneux, se. Suspiciosus, a, um.
Souverain, e. Summus. Supremus, a, um.
Spacieux, se. Spatiosus, a, um.
Spacieux (Ample). Amplus, a, um.
Splendide. Splendidus, a, um.
Studieux, se. Studiosus. Studio Deditus, a, um.
Stupéfait, e. Stupefactus, a, um.
Stupide. Stolidus, a, um.
74. Subit, e. Repentinus, a, um.
Substantiel, le. Succosus, a, um.
Succulent, e. Succulentus, a, um.
Sujet, te. Subjectus, a, um.
Sujet (Enclin. Adonné). Deditus, a, um. (dat.)

Sujet (Exposé). Obnoxius, a, um. (dat.)
Superbe. Superbus, a, um.
Superbe (Splendide). Splendidus, a, um.
Superflu, e. Supervacuus, a, um.
Suprême. Supremus, a, um.
72. Sûr, e(Certain). Certus, a, um.
Sûr (en sûreté). Tutus, a, um.
Surprenant, e. Etonnant. Mirus, a, um. (abl.)
Surpris, e(de). Etonné. Miratus, a, um. (abl.)
Suspect, e. Suspectus, a, um.
Suspendu, e (Différé). Prolatus, a, um.

T.

Taillé, e. Incisus, a, um.
Téméraire. Temerarius, a, um.
Tendre (Chéri). Dilectus, a, um.
Ténébreux, se. Tenebrosus, a, um.
73. Ténébreux (Brumeux). Caliginosus, a, um.
Terrible. Terrendus, a, um.

Tiède. Tepidus, a, um.
Timide. Timidus, a, um.
Tissu, e (de). Contextus, a, um. (abl.)
Touché, e (de). Emu. Permotus, a, um. (abl.)
Touffu, e. Patulus, a, um.
Traînant, e. In terram Demissus, a, um.
Tranchant, e. Acutus, a, um.
Tranquille. Tranquillus, a, um.
74. Tranquille (Paisible). Pacificus, a, um.
Tranquille (en repos). Quietus, a, um.
Transformé, e. Immutatus, a, um.
Transparent, e. Pellucidus, a, um.
Transporté, e (de joie). Lætitiâ Elatus, a, um. (abl.)
Traversé, e. Contrarié (de). Curis Distractus, a, um. (abl.)
Tremblant, e. Trepidus, a, um.
Trempé, e (Mouillé). Madidus, a, um.
Triste (plein de deuil). Luctuosus, a, um.

Triste (Fâcheux). Acerbus, a, um.
75. Troisième. Tertius, a, um.
Troublé, e. Turbidus, a, um.
Trouvé, e. Repertus, a, um.
Turbulent, e. Turbulentus, a, um.

U.

Uni, e (Lié). Conjunctus, a, um.
Uni (Plat). Planus, a, um.
Unique. Unicus, a, um.
Universel, le. Universus, a, um.

V.

Vagabond, e. Errabundus, a, um.
Vague. Vagus, a, um.
76. Vaillant, e. Fort. Courageux. Strenuus, a, um.
Vain, e. Vanus, a, um.
Vaste. Latus. Amplus, a, um.
Végétal, e. Vegetus, a, um.
Vénérable. Venerandus, a, um.
Vénimeux, se. Virulentus, a, um.
Véritable. (Vrai. Certain). Verus. Certus. a, um.

Versé, e (Habile). Peritus, a, um. (gén.)
Vertueux, se (Doué de), Virtute Præditus, a, um. (abl.)
Vêtu, e (de). Indutus, a, um. (abl.)
77. Vicieux, se. Vitiosus, a, um.
Vide. Vacuus, a, um.
Vif, ve (Eclatant). Vividus, a, um.
Vigoureux, se. Fort. Robuste. Validus, a, um.
Vingtième. Vigesimus, a, um.
Violent, e. Violentus, a, um.
Vivant, e. Vivus, a, um.
Vivifiant, e. Vivificus, a, um.
Voisin, e. Proximus, a, um.
Volontaire. Voluntarius, a, um.
78. Vorace. Carnivorus, a, um.
Vrai, e. Verus, a, um.

Z.

Zélé, e. Studiosus, a, um. (gén.)
Zélé. Dévoué (à). Devotus, a, um. (dat.)

EXERCICES DES ADJECTIFS SUR **Bonus** (1).

L'accueil accoutumé (2). Le javelot rapide. De la joie grande, *gén.* A la jument vive. La lampe brillante. De la langue mauvaise. La large plaie, *acc.* Des Poètes savants, *gén.* Aux portes ouvertes. Les chaudières bouillantes. La présence agréable du roi. La petite promenade charmante des enfants. Du vent contraire, opposé, nuisible. Des habits dégoûtants, *abl.* La tante défunte. Les enfants délicats. Le château désert. Les mets détestables, *acc.* Le chameau difforme. La bonté divine. Des nouvelles certaines, *abl.* Les jours sereins. La flèche emplumée. Des jeunes gens enjoués, *gén.* Les vieillards vénérables. Les bavards importuns. De la pierre énorme, *abl.* De la mère tendre, *gén.* Du rocher escarpé, *abl.* Le petit enfant étourdi. Une gloire européenne. Du tigre farouche. Le feuillage épais, *acc.* Des courtisans flatteurs, *gén.* Les champs fleuris. Des jours fortunés, *gén.* Le repas frugal. La vierge belle. L'homme gourmand. Du général habile. A la résistance héroïque. Les pluies d'hiver. La jeune fille honteuse. L'écolier studieux, *acc.* Des fleurs jaunes, *abl.* La canne de jonc. Les brebis languissantes. Au bourgeois libéral. L'action louable. Des pas lents, *gén.* Du courage magnanime, *abl.* Maints oiseaux, *acc.* Des chevaux malades, *gén.* L'autel de marbre. Les régions maritimes, *acc.* Le marmot méchant. Les vignerons mécontents, *acc.* Du vice méprisable, *gén.* Le peintre habile. Du prêtre modeste, *gén.* De la femme mortifiée, *abl.* Le chien mort. Les fruits mûrs. Du récit mythologique, *abl.* La racine nuisible. La prairie odoriférante, *acc.* Le couteau d'or. La vaisselle d'argent. Le temps

orageux, *acc.* Du riche orgueilleux, *gén.* De l'animal ovipare. De la fenêtre ouverte, *abl.* Les avis paternels. L'ouvrage parfait. De la table peinte. Les esclaves pénétrés de respect. L'ami fidèle. Du brigand perfide. Plusieurs sangliers. Le jeune homme poli. Le marbre poli. De la chair de porc. De la tête poudrée. Le manteau de pourpre, *acc.* Du diamant précieux. La carpe prise, *acc.* L'encens profane. Du fleuve profond, *abl.* Une salutation profonde. Du bien propre, *abl.* Du visage propre, *gén.* De la terreur panique. Le vol punissable. De l'écolier premier, deuxième, troisième, quatrième, cinquième, sixième, septième, huitième, neuvième, dixième, onzième, douzième, *gén.* De l'homme raisonnable, *gén.* Des juges raisonnables, *abl.* Les cerises rares, *acc.* Le jugement redoutable. Du philosophe rêveur, *abl.* De la pourpre royale, *gén.* Les vases sacrés. La couleur de safran. Les mains sales, *acc.* Le service signalé. Des bas de soie, *acc.* Le berger solitaire, *acc.* De la nuit sombre, *gén.* De l'enfant soumis, *abl.* Des écoliers studieux, *gén.* Les ânes stupides, *acc.* L'arbitre suprême. De la chose certaine, *abl.* La nouvelle sûre. Du port sûr. Le chêne touffu. Le sabre tranchant, *acc.* Du voile transparent, *abl.* Le grand'père transporté de joie. La biche tremblante. Une femme triste. Un événement triste. Les amis unis, *acc.* La cour unie, *acc.* De l'histoire universelle, *abl.* Du pauvre vagabond, *gén.* Les soldats vaillants. Les forêts vastes, *acc.* De la poche vide. Le forgeron vigoureux. La couleur vive. Le cheval vif, *acc.* De l'animal vorace. Le compagnon dévoué, *acc.*

Décliner sur **Niger** *les adjectifs suivants.*

Adroit, e. Dexter, a, um.
Apre, e. Asper, a, um.
Beau, Belle. Pulcher, chra, chrum.
Droit, e. Dexter, a, um.
Empesté, e. Pestifer, a, um.

Entier, ère. Intiger, gra, grum.
Exempt, e (de). Libre. Liber, a, um. (abl.)
Fougueux, se. Asper, a, um.
Gauche. Sinister, tra, trum.

Libre (de). Liber, a, um. (abl.)
Maigre. Macer, cra, crum.
Malade. Æger, gra, grum.
Malheureux, se. Miser, a, um.
Noir, e. Niger, gra, grum.

Noir (Horrible). Ater, tra, trum.
Odoriférant, e. Odorifer, a, um.
Paresseux, euse. Piger, gra, grum.
Pauvre (Malheureux). Miser, a, um.

Rigoureux, euse. Asper, a, um.
Rouge. Ruber, bra, brum.
Sacré, e. Sacer, cra, crum.
Sensible (Tendre). Tener, a, um.
Sinistre. Sinister, tra, trum.

EXERCICES DES ADJECTIFS SUR *Niger.*

Le serviteur adroit. Du temple beau, *abl.* Au bras droit. Au pied gauche. L'air empesté. La pomme entière. Le peuples libres, *acc.* Du cheval fougueux, *abl.* Des vaches maigres, *gén.* Les campagnards malades, *acc.* Aux sœurs malheureuses. A la règle noire. De la fleur odoriférante, *abl.* Aux servantes paresseuses. La vieille pauvre. De l'hiver rigoureux, *gén.* Les vins rouges. Des vases sacrés. La jeune fille sensible. De la pie sinistre.

(1) Avant de commencer les exercices sur les adjectifs, le maître fera 1° repasser aux élèves tous les mots qu'ils ont déjà appris; 2° distinguer le genre des noms; 3° remarquer les noms qui font exception aux règles générales des déclinaisons.
(2) Voir dans Lhomond l'accord de l'adjectif avec le nom.

IMP. E. DÉZAIRS, A BLOIS.

ENSEIGNEMENT MUTUEL.

MÉTHODE LATINE.

DEUXIÈME ESPÈCE DE MOTS. — *L'ADJECTIF*. (Voir Lhomond.)

Décliner sur Prudens *les Adjectifs suivants.*

A.
Abondant, e. Uber, is.
Absent, e. Absens, tis.
Adroit, e. Solers, tis.
Allant et venant. Trepidans, tis.
Ancien, ne. Vetus, eris. Veterrimus. (Superl.)
Ardent, e. Ardens, tis.
Assistant, e. Assistans. Circumstans, tis.

B.
Babillard, e. Loquax, cis.
Barbare (Féroce). Ferox, cis.
1. Brillant, e. Fulgens, tis.

C.
Capable. Capax, cis.
Cher, e (plus). Préférable. Potior, ris. (Compar.)
Clairvoyant, e. Perspicax, cis.
Clément, e. Clemens, tis.
Complaisant, e. Obsequens, tis.
Confus, e (qui rougit). Erubescens, tis.
Considérable. Ingens, tis.
Constant, e. Constans, tis.
Contraire(Répugnant).Repugnans, tis.
2. Convalescent, e. Convalescens, tis.
Couché, e. Recubans, tis.
Coupable. Criminel. Sons, tis.

D.
Débordé, e. Exundans, tis.
Décidé, e (Audacieux). Audax, cis.
Défiant, e (Soupçonneux). Suspicax, cis.
Désolé, e. Dolore Amens, tis. (abl.)
Dépouillé, e (Dénué, qui manque). Egens. Expers, tis. (gén.)

Diligent, e. Diligens, tis.
Double. Duplex, icis.

E.
3. Effronté, e. Impudens, tis.
Empesté, e. Pestilentiel. Pestilens, tis.
Emporté, e. Iræ impotens, tis. (gén.)
Enflé, e. Tumens, tis.
Essoufflé, e. Anhelans, tis.
Exact, e (Diligent). Diligens, tis.
Exempt, e. Expers, tis. (gén.)

F.
Fécond, e (Fructueux). Ferax, cis.
Fécond (Abondant). Uber, is.
Féroce. Ferox, cis.
4. Fier, ère. Ferox, cis.
Fier (tout — de). Superbiens, tis. (abl.)
Fleuri, e. Florens, tis.
Flottant, e (sur). Fluitans, tis. (acc.)
Flottant (sur) (en parlant de la crinière des chevaux). Flagellans, tis. (acc.)
Fréquent, e. Frequens, tis.
Fou, Folle. Desipiens, tis.
Furieux, euse. Furens, tis.
Fuyard, e. Fugiens. Fugax, cis.

G.
Goût (qui a du goût). Elegans, tis.
5. Grand, e. Ingens. Præstans, tis.

H.
Habile. Solers, tis.
Haleine (hors d'). Anhelans, tis.
Hardi, e. Décidé. Audax, cis.
Hérissé, e (de). Horrens, tis. (abl.)
Heureux, euse. Felix, icis.

I.
Impétueux, euse. Vehemens, tis.
Imprudent, e. Imprudens, tis.
Indifférent, e (Ingrat). Beneficii Immemor, is. (gén.)
Indigent, e. Inops. Egens, tis. (abl.)
6. Indigné, e. Indignans, tis.
Indulgent, e. Indulgens, tis.
Infecté, e (de). Laborans, tis. (abl.)
Inférieur, e. Inferior, is.
Infortuné, e. Infelix, icis.
Ingénieux, euse (Adroit). Solers, tis.
Innocent, e. Innocens, tis.
Insensé, e. Demens, tis.
Insensible. Sensûs Expers, tis. (gén.)
Intéressant, e. Præstans, tis.
7. Insolent, e (Arrogant). Arrogans. Insolens, tis.

J.
Jaloux, se. Invidens, tis. (dat.)
Judicieux, se (Intelligent). Intelligens, tis.

L.
Laborieux, se. Laboris Tenax, cis. (gén.)
Lumineux, se. Fulgens, tis.

M.
Malheureux, se. Infelix, icis.
Manque (qui manque). Expers, tis. (gén.)
Mensonger, ère. Mendax, cis.
Mensonger (Trompeur). Fallax, cis.
Miséricordieux, se. Misericors, dis.
8. Moderne (Nouveau). Recens, tis.

Mortifié, e (supportant avec peine). Ægrè Ferens, tis. (acc.)
Mourant, e. Moriens, tis.
Mutin. Pervicax, cis.

N.
Naissant, e. Nascens, tis.
Nombreux, se (Fréquent). Frequens, tis.
Nuisible. Nocens, tis.

O.
Opiniâtre. Pervicax, cis.
Outré, e(de). (Indigné). Indignans, tis. (abl.)

P.
Pareil, le. Par, is. (dat.)
9. Parent, e. Parens, tis.
Passant, e. Transiens, tis.
Pauvre. Pauper, is.
Pensif, ve. Multa secum Revolvens, tis.
Pénétrant, e. Edax, cis.
Persuadé, e. Persuasum Habens, tis.
Pétulant, e. Petulans, tis.
Peuplé, e. Populo Frequens, tis. (abl.)
Portant (se portant bien). Planè Valens, tis.
Précipité, e. Præceps, ipitis.
10. Précoce. Præcox, cis.
Présent, e. Præsens, tis.
Prochain, e (Proche, qui suit de près). Sequens, tis.
Prompt, e. Velox, cis.
Prudent, e. Prudens, tis.
Puissant, e. Potens, tis.

R.
Rampant, e. Repens, tis.

Récent, e. Recens, tis.
Riche. Dives, itis.
Reconnaissant, e. Memor, is. (gén.)
11. Régulier, ère (Constant). Constans, tis.
Revêche. Pervicax, cis.

S.
Sage. Sapiens, tis.
Sanglant, e (Atroce). Atrox, cis.
Satirique. (Mordant. Sanglant). Mordax, cis.
Simple. Simplex, icis.
Souriant, e. Subridens, tis.
Souvenant (qui se souvient). Memor, is. (gén.)
Souvenant (qui ne se souvient pas). Immemor, is. (gén.)
Stupéfait, e. Stupescens, tis.
12. Suffisant, e. Sufficiens, tis.
Supérieur, e. Præstans, tis. Superior, is.

T.
Téméraire (Audacieux. Hardi). Audax, cis.
Têtu, e (Mutin. Entêté). Pervicax, cis.
Transi, e. Frigore Algens, tis. (abl.)
Transporté, e (de rage). Rabie Amens, tis. (abl.)
Trompeur, se. Fallax, cis.

V.
Véhément, e. Vehemens, tis.
Vigilant, e. Vigil, is.
Vigoureux, se. Vigens, tis.
13. Violent, e. Vehemens, tis.
Violent (Féroce). Ferox, cis.

EXERCICES DES ADJECTIFS SUR *Prudens.*

Le marchand absent. De l'ouvrier adroit, *gén.* Le voyageur allant et venant. Les chiens ardents. La petite fille babillarde. L'or brillant. Du maître clairvoyant, *abl.* De l'esclave complaisant. Le malade convalescent. Le colon couché. Du jeune homme décidé, *gén.* De l'épouse désolée, *abl.* La ville empestée. Du voyageur essoufflé, *abl.* La barque flottante. De la chevelure flottante, *gén.*

Le courrier hors d'haleine. Des fermiers indigents, *abl.* Du cadavre insensible, *abl.* Du soldat infortuné, *abl.* L'espièglerie innocente. Des frères jaloux, *gén.* A la sœur laborieuse. Les princes miséricordieux. Du condisciple mutin. De l'oncle pensif, *abl.* Des légumes précoces, *abl.* Des serpents rampants, *gén.* Des chiens vigilants, *abl.* Un vent violent.

Décliner sur Fortis *les Adjectifs suivants.*

A.
Admirable. Mirabilis. Admirabilis, e.
Affable. Comis, e.
Affreux, se (Horrible). Horribilis, e.
Agréable. Doux. Suavis, e.
Aimable. Amabilis, e.

Allié, e. Affinis, e. (dat.)
Aisé, e (Facile). Facilis, e.
Archiépiscopal, e. Achiepiscopalis, e.
Avantageux, se. Utile (à). Utilis, e. (dat.)

B.
1. Barbare. Immanis, e.

Bas, se (Vil. Humble). Humilis, e.
Blâmable. Vituperabilis, e.
Brute. Informe. Rudis, e. (gén.)

C.
Commun, e (Ordinaire). Communis, e.
Commun (Vulgaire). Vulgaris, e.

Comparable. Haud Adsimilis, e.
Considérable. Insignis, e.
Courageux, se. Fortis, e.
Court, e. Brevis, e.
2. Cruel, le. Crudelis, e.

D.
Délicat, e. Subtilis, e. Mollis, e.

Défiguré, e (Difforme). Deformis, e.
Délicieux, se. Suavis, e.
Délié, e. Gracilis, e.
Déplorable. Flebilis, e.
Différent, e. Dissimilis, e.
Difficile. Difficilis, e.
Difforme. Deformis, e.

IMP. E. DÉZAIRS, A BLOIS.

ENSEIGNEMENT MUTUEL.

METHODE LATINE.

DEUXIÈME ESPÈCE DE MOTS. — *L'ADJECTIF*. (Voir Lhomond.)

Décliner sur **Fortis** *les adjectifs suivants.*

Distingué, e. Nobilis, e.
3. Docile. Docilis, e.
Doux, ce. Mitis. Mollis, e.

E.

Egal, e (à). Æqualis, e. *(dat.)*
Elevé, e. Sublimis, e.
Eminent, e (Elevé). Sublimis, e.
Enclin, e (à). Proclivis, e. *(ad. acc.)*
Enjoué, e (Gai). Hilaris, e.
Enorme. Enormis, e.
Episcopal, e. Episcopalis, e.
Etonnant, e (Singulier). Singularis, e.
4. Exempt, e (de). Immunis, e. *(abl.)*

F.

Facile. Facilis, e.
Faible. Debilis. Imbellis, e.
Fameux, se. Nobilis. Insignis, e.
Farouche (Agreste). Agrestis, e.
Fatigant, e. Gravis, e.
Fertile. Fertilis, e.
Fidèle. Fidelis, e.
Fin, e (Menu). Tenuis, e.
Flexible. Flexibilis, e.
5. Fragile. Fragilis, e.
Funèbre. Funebris, e.

G.

Gai, e. Hilaris, e.
Glacial, e. Glacialis, e.

Glorieux, se. Nobilis, e.
Gras, se. Pinguis, e.
Gros, se. Ingens, tis.

H.

Haut, e. Sublimis, e.
Honteux, se. Turpis, e.
Humble. Humilis, e.

I.

6. Ignominieux, se (Infâme). Infamis, e.
Ignominieux (Honteux). Turpis, e
Illustre. Illustris, e.
Illustre (Noble). Nobilis, e.
Immortel, le. Immortalis, e.
Implacable. Implacabilis, e.
Important, e (Grave). Gravis, e.
Imposant, e. Gravis, e.
Impossible (Impraticable). Impossibilis, e.
Impossible. Impossibilis, e.
7. Incroyable. Incredibilis, e.
Indocile. Indocilis, e.
Insigne. Insignis, e.
Inutile. Inutilis, e.
Insensible (Impitoyable). Immitis, e.

J.

Jeune. Juvenis, e.

L.

Laid, e. Deformis, e.

Lamentable. Lamentabilis. Flebilis, e.
Léger, ère. Levis, e.
Léger (Mince). Tenuis, e.
8. Léger (Mobile). Mobilis, e.
Lent, e. Segnis , e.
Lourd, e (Pesant). Gravis, e.
Lyon (de). Lugdunensis, e.

M.

Marqué. Singularis, e.
Mémorable. Insignis, e.
Méridional, e. Australis, e.
Mince. Gracilis, e.
Mobile (qui remue). Mobilis, e.
Morne (Triste). Tristis, e.
9. Mortel, le. Mortalis, e.
Mortel (qui donne la mort). Lethalis, e.
Mou, Molle. Mollis, e.

N.

Natal, e. Natalis, e.
Naval, e. Navalis, e.
Neuf, ve (Ignorant. Simple). Rudis, e.
Nuptial, e. Nuptialis, e.

O.

Occidental, e. Occidentalis, e.
Ordinaire (Vulgaire). Vulgaris, e.
Ordinaire (Commun. Vil). Vilis, e.
10. Oriental, e. Orientalis, e.

P.

Pareil, le (Semblable). Similis, e. *(dat.)*
Pareil (Egal). Æqualis, e.
Paresseux, se (Indolent). Segnis, e
Paschal, e. Paschalis, e.
Pénible (Lourd. Pesant). Gravis, e.
Perpétuel, le. Perennis, e.
Pluvieux, se. Hiemalis, e.
Portatif, ve. Gestatu facilis, e.

R.

Rebelle. Rebellis, e.
11. Remarquable. Insignis, e.
Respectable (Vénérable). Venerabilis, e.
Ressemblant, e (Pareil). Similis, e.
Royal, e. Regalis, e.

S.

Salutaire. Salutaris, e.
Semblable. Similis, e. *(gén. ou dat.)*
Semblable (Tel). Talis, e.
Sensible. Sensibilis, e.
Singulier, ère. Singularis, e.
Simple (Facile). Facilis, e.
12. Sombre (Triste). Tristis, e.
Solennel, le. Solemnis, e.
Souple (Agile). Agilis, e.
Souple (Flexible). Flexibilis, e.
Souple (Docile). Docilis, e.

Stérile. Sterilis, e.
Succinct. e (Court). Brevis, e.
Suave. Suavis, e.
Sublime. Sublimis, e.
Surprenant, e (Merveilleux). Mirabilis, e.

T.

13. Tel, le. Talis, e. (que) Qualis, e.
Tendre (Mou). Mollis, e.
Terrible. Terribilis, e.
Tout, e. Omnis, e.
Triomphe (de). Triumphalis, e.
Triste. Tristis, e.
Triste (qui inspire de la tristesse). Flebilis, e.

U.

Utile (à). Utilis, e. *(dat.)*

V.

Vaillant , e (Fort. Courageux). Fortis, e.
Vain, e. Inanis, e.
14. Vert, e. Viridis, e.
Vif, ve (Cuisant). Gravis, e.
Vil, e. Vilis, e.
Volage (Léger). Levis, e.
Vraisemblable. Verisimilis, e.
Vulgaire. Vulgaris, e.

EXERCICES DES ADJECTIFS SUR *Fortis.*

La patience admirable. Du courtisan affable, *gén.* Les vertus aimables. La chose aisée, *acc.* Les coutumes barbares, *acc.* Des manières communes, *abl.* Des lions courageux, *abl.* Dos tigres cruels, *gén.* La statue défigurée, *acc.* De l'événement déplorable, *abl.* L'entrée difficile. L'extérieur distingué, *acc.* Du caractère doux, *abl.* Un génie élevé. De la ville épiscopale, *gén.* De l'exemple facile. Des champs fertiles. Aux amis fidèles. De la cérémonie funèbre, *abl.*

Les grosses pierres. De l'action ignominieuse, *gén.* L'affaire importante. Des choses incroyables, *abl.* De la perte lamentable. La plume légère, *acc.* L'enfant léger, *acc.* Les fabriques lyonnaises. De l'homme mortel, *gén.* Du coup mortel, *abl.* De la jambe souple, *gén.* De l'arbrisseau souple, *gén.* Du caractère souple. La terre stérile, *acc.* Une parole sublime.

Décliner sur **Celeber** *les adjectifs suivants.*

Aigri, e. Acer, cris, cre.
Ardent e (Vif). Acer, cris, cre.

Célèbre. Celeber, bris, bre.
Fougueux, se. Acer, cris, cre.

Perçant, e (Aigu). Acer, cris, cre.
Prompt, e. Alacer, cris, cre.

Salubre. Saluber, bris, bre.
Vif, ve (Actif). Acer, cris, cre.

EXERCICES DES ADJECTIFS SUR *Celeber.*

La colère aigrie. L'orateur célèbre. Du cheval fougueux, *gén.* Du cri perçant, *abl.* Le commissionnaire prompt, *acc.* L'air salubre.

Adjectifs qui gouvernent le **Génitif.**

Avide. Avidus, a, um.
Curieux, se. Désireux. Cupidus, a, um.
Empressé, e. Zélé (pour). Studiosus, a, um.

Ennuyant (s' — de). Pertæsus, a, um.
Expérimenté, e. Habile. Peritus, a, um.
Goût (qui a du goût pour). Studiosus, a, um.

dieux, a, um.
Habile (dans). Peritus, a, um.
Plein, e. Plenus, a, um.
Dépouillé, e. Dépourvu (qui manque). Expers, tis.

Exempt, e. Expers, tis.
Laborieux, se. Laboris Tena x, cis.
Reconnaissant, e. Memor, is.
Souffrant, e (qui souffre). Patiens, tis.

Souvenant (qui se souvient). Memor, is.
Souvenant (qui ne se souvient pas). Immemor, is.
Sachant (qui ne sait pas). Rudis, e.

EXERCICES.

Avide de gloire. L'écolier désireux d'instruction. Du prêtre zélé pour la religion. Le paysan s'ennuyant du fracas de la ville. Du lapidaire qui a du goût pour les arts. Les chanteurs habiles dans la musique, *acc.* Le vase plein d'eau.

Du vigneron dépourvu de science, *abl.* Les jardiniers laborieux, *acc.* L'honnête homme qui se souvient d'un bienfait. L'enfant ne se souvenant pas des règles de la grammaire.

IMP. E. DÉZAIRS, A BLOIS.

ENSEIGNEMENT MUTUEL.

MÉTHODE LATINE.

DEUXIÈME ESPÈCE DE MOTS. — *L'ADJECTIF.* (Voir Lhomond.)

Adjectifs qui gouvernent le **Datif.**

Accoutumé, e. Assuetus, a, um.	Convenable (à). Aptus, a, um. (*dat.* ou *acc.* avec *ad.*)	Exposé, e (à). Obnoxius, a, um.	Occupé, e. Intentus, a, um.	Zélé, e (Dévoué). Devotus, a, um.
Acharné, e. Infensus, a, um.	Adonné, e. Deditus, a, um.	Fâché, e. Iratus, a, um.	Précieux, se (pour). Pretiosus, a,	Jaloux, se. Invidens, tis.
Propre (à). Aptus, a, um. (*dat.* ou *acc.* avec *ad.*)	Attaché, e (Adonné). Deditus, a, um.	Favorable (à). Accommodatus, a.	um.	Allié, e. Affinis, is. (*dat.* ou *gén.*)
Cher, ère. Carus, a, um.	Attentif, ve. Attentus, a, um.	Irrité, e. Iratus, a, um.	Prochain, e. Proche. Proximus, a, um.	Utile (à). Utilis, is.
Commode. Commodus, a, um.	Avantageux, se. Commodus, a, um.	Jaloux, se. Invidus, a, um.	Sujet, te (Enclin), Deditus, a, um.	Egal, e. Æqualis, is.(*dat.* ou *gén.*)
Colère (en-contre). Iratus, a, um.		Envieux, se. Invidus, a, um.	Sujet, te. (Exposé). Obnoxius, a,	Pareil, le. Semblable. Similis, is. (*dat.* ou *gén.*)
Nuisible. Noxius, a, um.		Nuisible (à). Noxius, a, um.	um.	

EXERCICES.

Le corps accoutumé au travail. Du chien acharné contre la brebis, *gén.* Des chevaux propres à la course, *abl.* Une belle action chère à la patrie, *acc.* Le frère en colère contre le frère. Le légume nuisible à la santé. Des forgerons adonnés à la débauche. Une mère attentive à la conduite des enfants. La moisson avantageuse aux colons. Des ânes exposés aux coups du meunier, *abl.* De la saison favorable à la récolte. Le berger irrité contre les chiens, *acc.* La petite fille jalouse de la sœur. Les laboureurs envieux des richesses, *acc.* Le général précieux pour l'armée. Le petit enfant sujet à la colère. Le champ sujet aux eaux pluviales. Le militaire dévoué à sa patrie. La famille alliée aux Bourbons. La chaleur utile à la vigne. Le lion égal à l'aigle. Le tigre pareil au vautour.

Adjectifs qui gouvernent l'Accusatif.

Livré, e. Traditus, a, um. (*ad.* *acc.*)	um.	Elevé, e. Evectus, a, um. (*ad.* *acc.*)	acc.)	Soumis, e. Assujéti. Subjectus, a, um.
Contraire (Opposé). Adversus, a,	Disposé, e. Prêt. Paratus, a, um. (*ad. acc.*)	Incapable. Non aptus, a, um. (*ad.*	Porté, e. Enclin. Pronus. Proclivis, is. (*ad. acc.*)	Flottant, e (sur). Flagellans, tis.

EXERCICES.

L'ouvrage livré à la postérité. La troupe disposée au combat. La populace contraire aux perturbateurs. Le simple soldat élevé aux honneurs. Des écoliers enclins à la paresse, *abl.* La ville soumise à l'ennemi. Les cheveux flottants sur le cou. Le marmot porté à la colère.

Adjectifs qui gouvernent l'Ablatif.

Accablé, e. Oppressus. Confectus, a, um.	Content, e. Contentus, a, um.	Épris, e. Captus, a, um.	Outré, e. Irâ Percitus, a, um.	tus, a, um.
Accompagné, e. Escorté. Stipatus, a, um.	Convaincu, e. Convictus, a, um.	Étonné, e. Émerveillé. Miratus, a, um.	Rempli, e. Plein. Refertus, a, um.	Traversé, e. Contrarié. Curis Distractus, a, um.
Armé, e. Instructus, a, um.	Désolé, e. Luctu Perditus, a, um.		Poudré, e. Pulvere cyprio Collitus, a, um.	Exempt, e. Libre. Liber, a, um.
Brodé, e. Depictus, a, um. Illusus, a, um.	Digne. Dignus, a, um.	Fatigué, e. Fessus, a, um.		Fier, ère (tout — de). Superbiens, tis.
Charmé, e. Delectatus, a, um.	Doué, e. Præditus, a, um.	Garni, e. Rempli. Refertus, a, um.	Pourvu, e (Doué). Præditus, a, um.	Indigné, e. Indignans, tis.
Chéri, e (de). Dilectus, a, um.	Attendri, e. Permotus a um.		Ridé, e. Rugis Sulcatus, a, um.	
Ciré, e. Cerâ Illitus, a, um.	Avancé, e (en âge). Ætate Provectus, a, um.	Hérissé, e. Hirsutus, a, um.	Sobre. Victu Moderatus, a, um.	Indigent, e. Inops. Egeus, tis.
Confus, e. Pudore Suffusus, a, um.	Empâché, e. Impeditus, a, um.	Indigné, e. Indignans, tis.	Surpris, e. Étonné. Miratus, a, um.	Peuplé, e. Populo Frequens, tis.
Consterné, e. Permotus, a, um.	Enrichi, e. Distinctus, a, um.	Offensé, e (de). Mortifié. Offensus, a, um.		Transi, e. Frigore Algens, tis.
	Épouvanté, e. Perterritus, a, um.	Naturel, le. Naturâ Insitus, a, um.	Transporté, e (de joie). Lætitiâ Elatus, a, um.	Exempt, e (Déchargé). Immunis, e.
		Orné, e. Distinctus, a, um.		

EXERCICES.

Le vieillard accablé de chagrin. Le sénat accompagné de la foule. Du licteur armé de la hache. Aux habits brodés d'or et d'argent. Le maître charmé des fruits du pommier, *acc.* Un père chéri de la famille. Le meuble ciré. Des voleurs confus, *abl.* Du matelot content de la saison. Les voleurs convaincus du crime. La mère de famille désolée, *acc.* Les brigands dignes de châtiment. Le grand-père avancé en âge. Le lièvre épouvanté du bruit, *acc.* De la couronne enrichie de diamants. Aux voyageurs étonnés de la clarté du jour. Des marchands fatigués du commerce, *abl.* Les poches garnies de poires, *acc.* A la terre hérissée de pierres. Le père indigné de la conduite du jeune homme. Le précepteur outré. A la chevelure poudrée. Le visage du pauvre ridé. L'ami transporté de joie. Du cheval tout fier du harnais, *abl.* Une île peuplée. Des membres transis de froid. Le jeune homme exempt de la milice.

NOMS DE NOMBRE. (*Voir Lhomond*). EXERCICES.

Deux cerfs. Des deux frères, *abl.* Aux sœurs toutes deux. Les deux pigeons, *acc.* Aucun homme (sans négation). Aucun animal (avec négation). La vertu seule. Du seul prisonnier. Une autre maison, *acc.* Trois peupliers. Trois châteaux. Trois jardins. Dans les trois cours. Dans un autre cabinet. Toute la foule, *acc.* Auprès de trois chênes. Avec deux compagnons de voyage. Sans l'un et l'autre. Avec l'une ou l'autre femme. Nulle espèce. Sans aucun danger. Quatre lions. Cinq loups. Six canards. Sept brebis. Huit coqs. Neuf bœufs. Onze colombes. Douze perdrix. Treize rats. Quinze souris. Seize lièvres. Dix-sept ânes. Dix-huit porcs. Dix-neuf vaches. Vingt taureaux. Trente-trois juments. Vingt-deux merles. Quarante-cinq aigles.

IMP. E. DÉZAIRS, A BLOIS.

ENSEIGNEMENT MUTUEL.

METHODE LATINE.

DEUXIÈME ESPÈCE DE MOTS. — *L'ADJECTIF.* (Voir Lhomond.)

FORMATION DU *COMPARATIF* ET DU *SUPERLATIF* DANS LES *ADJECTIFS* (1). (Voir Lhomond.)

EXERCICES.

L'agneau doux , plus doux , très doux. La liqueur douce, plus douce, très douce. Au grand-père prudent, plus prudent, très prudent. L'architecte habile , plus habile , très habile. Des arrosoirs pleins , plus pleins , très pleins , *abl.* A l'associé fidèle , plus fidèle , très fidèle. De l'âtre noir, plus noir, très noir, *gén.* De l'automne brumeux , plus brumeux , très brumeux , *abl.* Des avocats éloquents, plus éloquents, très éloquents, *gén.* La branche de l'arbre flexible, plus flexible, très flexible. Aux buis verts, plus verts, très verts. Le canton peuplé, plus peuplé , très peuplé, *acc.* De la carpe belle, plus belle , très belle, *gén.* Du cerisier rouge, plus rouge, très rouge. Les cerfs légers, plus légers, très légers, *acc.* Des chevaux fougueux, plus fougueux, très fougueux, *abl.* Des chrétiens zélés, plus zélés, très zélés, *gén.* Du citronnier odoriférant, plus odoriférant, très odoriférant, *abl.* Aux coqs hardis, plus hardis, très hardis. Le dard aigu, plus aigu, très aigu. Du drap léger, plus léger, très léger, *gén.* De la plume légère, plus légère, très légère. L'élève gourmand, plus gourmand, très gourmand (2), *acc.* Des faubourgs boueux, plus boueux , très boueux, *abl.* Du four chaud, plus chaud, très chaud, *abl.* Le fumier sale, plus sale, très sale. Les hêtres touffus, plus touffus, très touffus, *acc.* Les jardins fleuris, plus fleuris, très fleuris. La récréation agréable, plus agréable, très agréable. Des laquais rusés, plus rusés, très rusés, *abl.* Au lit du fleuve profond, plus profond, très profond. Des loups rapaces, plus rapaces, très rapaces, *abl.* Les mages savants, plus savants, très savants. De la maladie longue , plus longue, très longue. Le marbrier laborieux , plus laborieux , très laborieux. De la méthode facile, plus facile, très facile. Des mets exquis, plus exquis, très exquis. Du mur blanc, plus blanc, très blanc, *gén.* Des nœuds difficiles, plus difficiles, très difficiles, *abl.* A l'œil perçant, plus perçant, très perçant. Aux oncles bienveillants, plus bienveillants, très bienveillants. Les perroquets parleurs, plus parleurs, très parleurs. La plaisanterie aimable, plus aimable, très aimable, *acc.* Des portefaix insolents, plus insolents, fort insolents, *abl.* A la rame agile, plus agile, très agile. Des rayons éclatants , plus éclatants , très éclatants, *abl.* Le ruisseau clair, plus clair, très clair, *acc.* Le petit ruisseau charmant, *abl.* Des singes adroits , plus adroits , très adroits. Cet enfant fort aimable. Mon pieu fidèle ami. Du tailleur adroit , plus adroit , très adroit.

Du tas de sable gros , plus gros, très gros, *abl.* Les taureaux furieux, plus furieux, très furieux, *acc.* Le terme immobile, plus immobile, très immobile , *acc.* Du triomphe glorieux , plus glorieux, très glorieux, *abl.* Des vents violents, plus violents, très violents, *abl.* Le village riche, plus riche, très riche. Les zéphirs légers, plus légers, très légers, *acc.* Angers, ville célèbre, plus célèbre, très célèbre. A l'argent brillant, plus brillant, très brillant. Arras , ville commerçante, plus commerçante, très commerçante, *acc.* Les bains chauds , plus chauds , très chauds. Du cerveau faible , plus faible , très faible. A la chapelle sainte , plus sainte , très sainte. Des châteaux élevés , plus élevés , très élevés. Du ciel serein , plus serein, très serein, *gén.* Les cieux azurés, plus azurés, très azurés. Un gouvernement bon , meilleur , très bon, *acc.* Des combats acharnés , plus acharnés , très acharnés, *abl.* Un décret barbare, plus barbare, très barbare. Le déjeûner frugal, plus frugal, très frugal. Du déluge affreux , plus affreux , très affreux, *abl.* Du désert horrible, plus horrible, très horrible, *gén.* Aux détails dangereux, plus dangereux, très dangereux. La parole dure, plus dure, très dure, *acc.* Du drapeau blanc, plus blanc, très blanc, *abl.* L'édit sanglant, plus sanglant, très sanglant. L'écrivain célèbre, plus célèbre, très célèbre. A l'examen sévère, plus sévère, très sévère. De l'exercice pénible, très pénible, *abl.* Au feuillage épais, plus épais, très épais. Le flatteur insidieux, plus insidieux, très insidieux. La gaîté grande, plus grande, très grande. Du fripon menteur, plus menteur, très menteur, *abl.* L'hommage humble, plus humble, très humble. De l'hirondelle vive, plus vive, très vive, *gén.* Aux détails dangereux, plus dangereux, très dangereux. La terre féconde, plus féconde, très féconde, *acc.* A la jeune fille diligente, plus diligente, très diligente. La mère désolée, plus désolée, très désolée, *acc.* Cet enfant bien gentil.

Règles des Comparatifs.

La gloire plus précieuse que les richesses. Du frère plus pieux que la sœur, *gén.* Au rossignol, oiseau plus beau que le hibou. Du miel plus doux que le lait, *abl.* Aux loups plus voraces que les lions. Des loups plus forts que les sangliers. Le chant de la grive plus agréable que le croassement du corbeau, *acc.* L'ami plus courageux que le frère. Le fer plus utile que l'argent. De l'or plus précieux que le fer, *gén.* Au soleil plus grand que la lune. Des cèdres plus élevés que les chênes, *abl.* La chevelure d'Absalon plus nuisible que l'ennemi. Le renard plus rusé que le chien. Aux chats plus habiles que les rats. Le général plus habile que les soldats, *acc.* Les éléphants plus forts que les chameaux, *acc.* Des lettres plus courtes que les discours, *abl.* Du firmament plus beau que la terre, *abl.* De la paix plus nécessaire que la guerre, *gén.* Néron plus cruel que le tigre. Le jeune homme plus téméraire que le compagnon, *acc.* A la rose plus belle que l'œillet. De l'eau plus nécessaire que le vin, *abl.* Du vieillard plus sage que l'enfant, *gén.* La mère plus humaine que la servante, *acc.* Les rois plus inquiets que les bergers. De la petite sœur plus docile que le petit frère. L'or plus lourd que plomb. Au cheval plus courageux que le mulet. De la vache plus grasse que la chèvre, *abl.* Les cerises plus rouges que les pommes. Du fleuve plus profond que le ruisseau, *abl.* De la vertu plus nécessaire que la science, *gén.* Aux fermiers plus riches que le maître. Le maître plus studieux que l'écolier.

Règles des Superlatifs.

Le soleil le plus grand des astres. A l'éléphant le plus gros des animaux. Au prince le plus illustre du royaume. Du château le plus beau de la contrée, *abl.* De la baleine, animal le plus gros des poissons. Les maisons les plus hautes du village, *acc.* De la statue la plus petite du jardin, *abl.* La guerre le plus terrible des fléaux. Le Français le plus paisible des peuples, *acc.* A l'Amérique, contrée la plus riche du monde. Du plus grand homme du siècle. A la fidélité la plus sûre des vertus. Au fleuve le plus grand de la France. Du soldat le plus remarquable de tous, *acc.* Du vase le plus propre de la cuisine, *gén.* Du champ le plus fertile de la ferme, *abl.* La tante la plus aimable de la famille. Le plus malheureux des pères. Du plus pauvre de la ville. Au plus grand des orateurs. La plus belle de toutes les sciences, *acc.* Aux plus épineux des buissons. Du légume le plus utile à la santé, *gén.* Du plus grand des bavards, *abl.* La charrue le mieux faite de l'atelier. Le plus monstrueux des serpents. Un des plus grands dangers. Un des officiers. Un joug des plus honteux. Une des leçons la plus facile. Un des plus audacieux brigands.

(1) 1° Former verbalement le comparatif et le superlatif dans tous les adjectifs sur *Bonus, Prudens, Fortis* et *Celeber.*

2° Faire remarquer les adjectifs qui n'ont pas de comparatif ni de superlatif en latin.

3° C'est à dessein qu'il a été mis dans les exercices ci-dessus des adjectifs français au comparatif et au superlatif, lesquels n'ont ni comparatif ni superlatif en latin.

4° Attirer l'attention des élèves sur les irrégularités de certains adjectifs dans la formation de leur comparatif et de leur superlatif.

(2) Voir dans Lhomond pour le comparatif et superlatif des adjectifs composés de deux mots.

IMP. E. DÉZAIRS, A BLOIS.

ENSEIGNEMENT MUTUEL.

MÉTHODE LATINE.

DEUXIÈME ESPÈCE DE MOTS. — *L'ADJECTIF.* (Voir Lhomond.)

EXERCICES LATINS.

Frater doctior quàm soror. Sorori magis piæ quàm frater. Rosis pulchrioribus quàm viola. Virtute pretiosiore quàm dotes ingenii. Rupifortium, urbs celebrior quàm Ambianum. Deus potentior dæmone. Agriculturæ utiliori quàm artes. Quercus altior quàm arbuscula. Scientiæ magis æstimandæ quàm thesauri. Magistro sapientiori quàm discipuli. Pueris melioribus quàm servus. Togâ longiore quàm vestis. Hortulanum magis industrium quàm arator. Pugna insignissima. Superbissimo hominum. Miserrimus militum. Tenerrimis patrum. Nigerrimus corvorum. Amarissimus dolorum. Maximus urbis. Beneficentissimus heromm. Maximè varium animalium. Strenuissimo ducum. Methodus facillima. Dies caliginosissima tempestatis. Fortunatissimus inter mortales. Præclarissimus ex regibus. Modestissimus inter adolescentes. Obsequiosissimus servorum. Splendidissima escarum. Suavissimi inter cibos. Unus inter hortulanos. Una ex virginibus. Una ex arboribus. Unum inter membra validissima.

TROISIÈME ESPÈCE DE MOTS. — *LE PRONOM.*

PRONOMS PERSONNELS. — PRONOMS ADJECTIFS. — PRONOMS POSSESSIFS. — PRONOM RELATIF. (*Voir Lhomond.*)

Récapitulation de toutes les Règles précédentes.— EXERCICES (1).

La brebis du berger. De l'aiguillon du bœuf, *gén.* Des pieds du cheval, *abl.* A la patience de l'âne. L'architecte de l'édifice, *acc.* Aux baudets des paysans. Le chapeau du fermier, *acc.* Des chardons des champs, *gén.* Du compagnon de voyage, *abl.* Les coqs de la basse-cour, *acc.* A l'arbre de la montagne. De l'absence des chiens, *gén.* A l'adresse du forgeron. La baleine de la mer, *acc.* Du combat de l'armée, *abl.* Au courroux des braves gens. Les bottes des jeunes gens. Des eaux du fleuve, *acc.* Du bonheur de l'oncle, *abl.* Au malheur des pères. Des forêts du département, *abl.*

Le tigre, animal. Du rossignol, oiseau, *gén.* Paris, ville commerçante. A Virgile, poète. De Cicéron, orateur, *abl.* A la rose, fleur. Du myrte, arbuste, *gén.* La Loire, fleuve, *acc.* L'écolier, jeune homme. Du juge, magistrat, *abl.*

L'enfant accoutumé. Les ennemis acharnés. De l'écolier vertueux, *gén.* Du malheur affreux, *abl.* Aux chants agréables. Des généraux ambitieux, *gén.* La tour antique. Des soldats intrépides, *abl.* De l'aurore brillante, *gén.* L'autel sacré, *acc.* La bataille remarquable. Du crime impardonnable, *abl.* O chère patrie. Des victoires glorieuses, *gén.* Des amis fidèles, *abl.* Les tendres agneaux, *acc.* A l'âme courageuse. A l'anneau d'or. De la couleur de safran, *abl.* Des habits amples, *abl.* Des chevaux fougueux, *abl.* Aux courtisans complaisants. Du dogue terrible, *abl.* A l'arrivée certaine.

Le cheval beau, plus beau. Du lac profond, plus profond, très profond, *gén.* Du maraud effronté, plus effronté, très effronté, *abl.* Le mois d'août très chaud, *acc.* Les tigres plus cruels que les loups. Du nid de l'oiseau fort élevé (2), *gén.* L'enfant bien sage. Les paysans plus propres à la fatigue que vous? Ma cuirasse. Ce cultivateur. A ta dignité. Mon départ. Sur mon dos. Auprès de mon drapeau. Près de cet édifice. Ma grammaire. Son habileté. De mon

ignorance, *abl.* Cette île, *acc.* Ce laboureur de mon père, *acc.* A ces lettres de ma mère. Du raisin de mon frère, *abl.* Notre champ. Des richesses de notre ville, *gén.* La crainte de cet enfant qui. Ce discours de l'orateur qui. La gloire de notre France qui. Mon sort qui. De l'écorce des arbres qui, *abl.* Ma part du gâteau qui. La conduite admirable de ce prince qui. Mon plus fidèle ami. Sa plus tendre mère. Voilà votre livre. Voici le mien. Votre père plus heureux que nous. Le petit paysan plus sage que vous. L'homme lui-même. De la femme elle-même, *gén.* Le même désastre. Le même écrit, *acc.* De la même énigme, *abl.* A l'écuyer lui-même. Au même éléphant. Une certaine fécondité. Un certain fonds de terre. De ce gouvernail, *abl.* Cet âne stupide, *acc.* Ce fruit lui-même qui. Du froid qui, *gén.* Votre honte qui. De vos hôtes qui, *abl.* Les Lacédémoniens qui. Tes chiens qui. Mes chaussures qui. Nos magistrats qui. De notre maison qui, *abl.* Un certain cri. Une certaine femme. Un certain légume. Un certain bourgeois avec lequel. Une certaine alliance avec laquelle. Cette entrée charmante qui. Ce port sûr qui. Cette nouvelle sûre qui. La chose elle-même. Moi-même. Lui-même. Vous-mêmes. Nous-mêmes. Avec celui-là. Sans celle-là. Du même champ. De la même famille, *abl.* Aux mêmes gens. Des riches eux-mêmes. Sans ceux-là. Avec ceux-là. Auprès d'eux. Avec soi. Avec toi. Avec vous. Avec nous. Sans nous. Auprès de vous. Après nous. Pour vous. Pour nous. Avec les mêmes livres. Sans la même cuisinière. Auprès du même rocher. Après celui-ci. Sans celui-là. Derrière celle-là. Auprès de celle-ci. Avec eux. Sans elles. Son chapeau. Sa tête. Ses habits, *acc.* Son corps, *acc.* Ses pieds. Avec ses mains. Sans ses bras. Tes brebis, *acc.* Vos agneaux. Nos moutons.

EXERCICES LATINS SUR LES RÈGLES PRÉCÉDENTES.

Clades exercitûs (3). Sedi magistratûs. Amnem regionis. Arcibus urbis. Formicarum cubilibus silvæ. Vas fictile mercatoris. Sinceritate pueri. Satellitibus carceris. Fundamenta ædis. Gestui oratoris. Recessu leporis. Crus membrum. Malum aureum fructus. Herodi regi. Cæsare imperatore. Gramini herbæ.

Querela amara. Januæ apertæ, *gén.* Ambulatiunculam amœnam. Amphoris plenis. Catellos lætos. Collegæ docto. Culcitam mollem. Luxuriâ vili. Asparagus longus. Astronomo perito. Foco ardente. Christianos pios. Panniculis abjectis. Pediculorum molestorum. Cibis exquisitis. Ambitioni funestæ. Aer purus. Cestus gravis. Impetu terribili.

Onus gravius. Ruris florentioris. Pinguiore lacte. Progenies pejor. Majoribus opibus. Segetes uberiores. Arboribus minoribus. Potio fervidior. Chocolatum dulcius. Commercium melius.

Maximus terror. Uxoris maximè piæ. Freni tutissimi. Præsidio miserrimo. Flumina altissima. Hospitis maximè obsequiosi. Odoratui sagacissimo. Maximus imperatorum. Validissimus fabrorum. Meus carissimus amicus. Hic ager fertilior quàm meus. Suus liber minor quàm meus. Tui canes crudeliores quàm mei. Amita mea patientior quàm soror mea. Minimus inter milites. Maximè pius ex sacerdotibus. Antiquissimum inter castella. Maximè sobrius inter convivas. Hic discipulus doctior quàm tu. Hic pauper me felicior. Hæ mulieres fortiores quàm nos.

Hic hiatus. Hæc missio. Pro eâ. Cum ipsis. Ponè illas. Ejusdem operis. Cum iisdem libris. Sine pueris ipsis. Iste pusio. Istud crimen. Hoc ædificium. Vestrum otium. Tuo pallio. Hoc matrimonium. Suum mendacium. Cum suo speculo. In his palatiis. Vestri passeres. Sua paupertas. Cum meo piscatore. Tua præcepta. Vestræ prædicationes. Vestris sororibus quæ. Tua passa quæ. Tuum responsum quod. In hâc rupe quæ. Meus testis qui. Ad hunc torrentem qui.

Una ex meis sororibus. Duo ex tuis fratribus. Tres ex his arboribus. Duæ inter meas amitas. Tria exempla. Duo specula. Meus pater quocum. Tui fratres quibuscum. Vobiscum. Nobiscum. Secum. Mecum. Una et viginti domus. Duo et viginti equi. Tres et triginta cameli.

(1) Avant de faire les exercices qui suivent, l'élève devra savoir parfaitement les règles qu'il a déjà vues.

(2) Voir Lhomond pour les adverbes *plus, le plus, bien, très, fort,* et les pronoms *mon, ton, son, notre, votre,* devant un adjectif.

(3) Demander souvent à l'élève d'après quelle règle il traduit : la lui faire répéter.

IMP. E. DÉZAIRS, A BLOIS.

ENSEIGNEMENT MUTUEL.

METHODE LATINE.

QUATRIÈME ESPÈCE DE MOTS. — *LE VERBE.*

Verbe Sum *et ses composés.* (Voir Lhomond.)

Absent (Être). Abesse, sum, es, fui (à ou *ab. abl.*)

Aider. Auxilio Esse, sum, es, fui. (*dat.*)

Appartenir. Esse, sum, es, fui. (*dat.*)

Assister. Interesse, sum, es, fui. (*dat.*)

Céder (le). Impar Esse, sum, es, fui. (*dat.*)

Choyé (Être — de, du). In deliciis Esse, sum, es, fui. (*dat.*)

Commander (l'armée). Præesse, sum, es, fui. (*dat.*)

Dessous (Être). Subesse, sum, es, fui.

Disposer (Être prêt à). Paratum esse, sum, fui. (*ad. acc.*)

Egaler. Haud imparem Esse, sum, es, fui. (*dat.*)

Honorer (Être à honneur). Honori esse, sum, es, fui.(*dat.*)

Manquer (à). Deesse, sum, es, fui. (*dat.*)

Mériter (de). Dignus esse, sum, es, fui. (*ut ou qui. subj.*)

Nuire (à). Obesse, sum, es, fui. (*dat.*)

Occuper (s'occuper à). Intentum esse, sum, es, fui. (*dat.*)

Présent (Être). Adesse, sum, es, fui.

Présider (à). Præesse, sum, es, fui. (*dat.*)

Prêter (se — à). Præstò Esse, sum, es, fui. (*dat.*)

Ressembler. Similem Esse, sum, es, fui. (*dat.*)

Valoir (mieux). Potiorem Esse, es, fui. (*dat.*)

EXERCICES.

Je suis. Il a été. Tu fus (4). Nous eûmes été. Ils ont été. Ils furent. Nous avions été. Je serai. Ils auront été. Sois. Soyez. Qu'ils soient. (*impér.*) Qu'ils soient. (*subj.*) Que nous soyons. Que je fusse. Je serais (2). Qu'ils fussent. Ils seraient. Qu'il fût. Il serait. Que nous ayons été. Qu'ils aient été. Que tu eusses été. Tu aurais été (3). Qu'il eût été. Il aurait été. Que vous eussiez été. Vous auriez été. Être, qu'il est ou qu'il était. Devant être, qui sera ou qui doit être. Il est absent. Il aidait. J'ai aidé. Tu avais aidé. J'appartiendrai. Ils auront appartenu. Que j'aie assisté. Que tu assistasses. Ils assisteraient. Nous le cède-rons. Que tu eusses cédé. Etre choyé. Devant commander. Qui doit être des-sous. Nous égalerons. Ils égaleraient. Vous aurez été disposés. Vous auriez été disposés. Il honorera. Il honorera. Je manquais. Ils manquent. Nous mériterons. Ils nuiront. Ils nuiraient. Ils auraient nui. Ils s'occupe. Nous nous occu-perons. Nous étions présents. Soyez présents. Que vous soyez présents. Qu'il soit présent. (*impér.*) Qu'il soit présent. (*subj.*) Ils se prêtent. Qu'ils se soient prêtés. Ils se seront prêtés. Que je me prêtasse. Ils ressembleront. Ils ressem-bleraient. Nous valons mieux. Vous avez mieux valu.

EXERCICES LATINS.

Sum. Fuisti. Sunto. Sint. Fuissent. Essent. Fuero. Ero. Eras. Erunt. Fuerint. Fuerant. Fuêre. Aberant. Aberatis. Abfuistis, Abfueratis. Interesse. Intersum. Intereram. Interfueram. Impar eras. Impares (4) fueramus. Impares sint. In deliciis sumus. In deliciis essent. Præfuturus. Præsunt. Præerant. Præ-fuêre. Haud impares estis. Haud impares fuerint. (*futur passé.*) Haud impares fuerint (*parfait subj.*) Honori estis. Honori eras. Honori fueratis. Honori fuis-setis. Defuerunt. Defuerant. Defuissent. Defuturus. Defuisse. Dignus sum. Digni sunt. Dignæ (5) erunt. Digni eratis. Adforet. Adosset. Adsunto. Adeste. Ades. (*impér.*) Præstò sumus. Præstò fueratis. Similis erit. Similis fuerit. Simi-les erunt. Similes estote. Potior fuerit. (*parfait subj.*) Potior fuisset. Potiores sumus. Potiores futuri.

RÉGIME DES COMPOSÉS DU VERBE SUM. (EXERCICES.)

Il est absent de la maison. Vous serez absents de la ville. Il vous aidera. Il aide sa mère. Ce livre vous appartient. Ces champs nous appartiennent. Ce cheval vous appartiendra. Ils assisteront à cette assemblée. Ils ne le céderont point à vos frères. Ils seront choyés des parents. Qu'ils soient choyés des hon-nêtes gens. Le général commande l'armée. Vos vaisseaux sont disposés. Vous êtes disposés au combat. Votre frère le plus jeune égalera son frère aîné. Il honore son emploi. J'honorerai ma famille. Ils avaient manqué à la classe. Il a manqué à ce spectacle. Nous nous sommes occupés de la pêche. Ils étaient présents à cette défaite. Vous ressemblez à votre frère. Vous valez mieux qu'eux. Ils valent mieux que vous.

EXERCICES LATINS.

Hæc virgo matri similis est. Aurum potius est argento. Præstò erit tuæ cala-mitati. Ludis tuis præsumus. Omnes milites aderant huic spectaculo. Frigus frugibus obest. Reges populo intenti sunt. Non deeritis officio. Vestro magistro haud impares eritis. Hic dux legionibus præfuerat. Parvus tuus frater in deliciis erit matri. Turba impar fuerat hosti. Supplicio sontis plebs aderat. Hæc pluma est tibi. Hic equus vobis erit. Avo tuo auxilio fuit. A diversorio lepus abest. Ab horto abfuerat hortulanus.

Verbes à conjuguer sur Amo. (Voir Lhomond.)

A.

Abreuver. Adaquare, o, as, avi, atum (6).

Accabler. (Combler.) Cumula-re, o, as, avi, atum. (de). *abl.*

Accorder (Permettre). Erogare, o, as, avi, atum.

Accumuler. Accumulare, o, as, avi, atum.

Accuser. Accusare, o, as, avi, atum. (de). *gén.* ou *abl.*

Accuser (à faux). Insimulare, o, as, avi, atum. (de). *gén.* ou *abl.*

Acquérir (Ramasser). Comparare,

o, as, avi, atum.

Administrer. Administrare, o, as, avi, atum.

Adopter. Adoptare, o, as, avi, atum.

1. Adorer. Adorare, o, as, avi, atum.

Affaiblir. Debilitare, o, as, avi, atum.

Affecter (Simuler). Simulare, o, as, avi, atum.

Agiter. Exagitare, o, as, avi, atum.

Agiter(s'). Se tourmenter. Se Ver-sure, o, as, avi, atum.

Aider. Juvare, o, as, vi, tum.

Aimer. Amare, o, as, avi, atum.

Allaiter. Lactare, o, as, avi, atum.

Amollir (Enerver). Enervare, o, as, avi, atum.

Amuser. Oblectare, o, as, avi, atum.

2. Animer (Enflammer). Inflam-mare, o, as, avi, atum.

Annoncer. Nuntiare, o, as, avi, atum.

Annoncer. Indiquer. Indicare, o, as, avi, atum. (à). *dat.*

Annoncer (faire). Declarare, o, as,

avi, atum.

Apaiser. Placare, o, as, avi, atum.

Aplanir. Complanare, o, as, avi, atum.

Appeler. Vocare, o, as, avi, atum.

Appeler (Nommer). Nominare, o, as, avi, atum.

Appeler (Inviter). Invitare, o, as, avi, atum.

Apprécier. Rite Æstimare, o, as, avi, atum.

3. Approuver. Probare, o, as, avi, atum.

Armer. Armare, o, as, avi, atum.

Arroser. Irrigare, o, as, avi, atum.

Assaut (Prendre d'). Expugnare, o, as, avi, atum.

Assembler (Convoquer). Convoca-re, o, as, avi, atum.

Assurer (Affirmer). Affirmare, o, as, avi, atum.

Assurer (s'). Rem Explorare, o, as, avi, atum.

Attaquer. Oppugnare, o, as, avi, atum.

Attendre. Exspectare, o, as, avi, atum. (de). *abl.*

Attirer. Exciter. Concitare, o, as, avi, atum. (à). *dat.*

---

(1) Le passé défini et le passé antérieur se rendent en latin par le parfait.

(2) Le conditionnel présent se rend en latin par l'imparfait du subjonctif.

(3) Le conditionnel passé se rend en latin par le plus-que-parfait du subjonctif.

(4) Sous-entendu *homines.*

(5) Sous-entendu *mulieres.*

(6) L'élève apprendra les quatre conjugaisons; puis on lui fera comprendre la for-mation des temps.

IMP. E. DÉZAIRS, A BLOIS.

Nº 2.

ENSEIGNEMENT MUTUEL.

MÉTHODE LATINE.

QUATRIÈME ESPÈCE DE MOTS. — *LE VERBE.*

Verbes à conjuguer sur Amo. (Voir Lhomond.)

4. Attirer (Provoquer). Provocare, o, as, avi, atum.

Avaler (Dévorer). Vorare, o, as, avi, atum.

Avancer (s'). Se hâter. Properare, o, as, avi, atum.

B

Baigner (Arroser). Irrigare, o, as, avi, atum. (de). *abl.*

Bâtir (Edifier). Ædificare, o, as, avi, atum.

Battre (l'ennemi). Profligare, o, as, avi, atum.

Bénir (Célébrer). Celebrare, o, as, avi, atum.

Biner (la vigne). Repastinare, o, as, avi, atum.

Blâmer. Vituperare, o, as, avi, atum.

Blesser. Vulnerare, o, as, avi, atum.

5. Boire (d'une haleine). Amystizare, o, as, avi, atum.

C.

Cacher. Occultare, o, as, avi, atum.

Cacher (Céler). Celare, o, as, avi, atum. (*deux acc.*)

Calmer. Sedare, o, as, avi, atum.

Calmer (Adoucir). Mitigare, o, as, avi, atum.

Captiver (Lier). Alligare, o, as, avi, atum.

Caresser (avec la main). Palpare, o, as, avi, atum.

Causer (Engendrer). Procreare, o, as, avi, atum.

Célébrer. Celebrare, o, as, avi, atum.

Chagriner (se). Se Macerare, o, as, avi, atum.

6. Changer. Mutare, o, as, avi, atum.

Chanter. Cantare, o, as, avi, atum.

Chanter (Finir de). Decantare, o, as, avi, atum.

Charger (Imposer un fardeau). Onerare, o, as, avi, atum. (de). *abl.*

Charger (d'une commission). Mandare, o, as, avi, atum. (à). *dat.*

Charmer. Juvare. Oblectare, o, as, avi, atum.

Châtier. Castigare, o, as, avi, atum.

Chercher (partout). Quæritare, o, as, avi, atum.

Ciseler. Celare, o, as, avi, atum.

Cirer. Incerare, o, as, avi, atum.

7. Citer (Énumérer). Enumerare, o, as, avi, atum.

Combler. Cumulare, o, as, avi, atum. (de). *abl.*

Commettre (un crime). Patrare, o, as, avi, atum.

Communiquer. Communicare, o, as, avi, atum. (à). *cum. abl.*

Comparer. Comparare, o, as, avi, atum. (à ou entre) *dat.* ou *cum. abl.*

Compter. Numerare, o, as, avi, atum.

Compulser (Interroger). Interrogare, o, as, avi, atum.

Concevoir (Imaginer). Mente Excogitare, o, as, avi, atum.

Condamner. Damnare, o, as, avi, atum. (à). *ad. acc.*

Conduire (Gouverner). Gubernare, o, as, avi, atum.

8. Confirmer. Confirmare, o, as, avi, atum.

Confirmer (Approuver). Comprobare, o, as, avi, atum.

Conjurer (Prier). Exorare, o, as, avi, atum.

Conjurer (Supplier). Obsecrare, o, as, avi, atum.

Connaître (faire). Indiquer. Indicare, o, as, avi, atum. (à). *dat.*

Consacrer. Dicare, o, as, avi, atum. (à). *dat.*

Consentir (Approuver). Rem comprobare, o, as, avi, atum.

Consentir (ne point refuser). Haud recusare, o, as, avi, atum.

Conserver. Servare, o, as, avi, atum.

Considérer. Considerare, o, as, avi, atum.

9. Construire (Bâtir). Ædificare, o, as, avi, atum.

Conter (Raconter). Narrare, o, as, avi, atum.

Contrebalancer (Compenser). Compensare, o, as, avi, atum.

Convoquer. Convocare, o, as, avi, atum.

Corriger (Châtier). Castigare, o, as, avi, atum.

Corriger (Amender). Emendare, o, as, avi, atum.

Couper (Amputer). Amputare, o, as, avi, atum.

Couper (Scier). Secare, o, as, ui, sectum.

Courber. Incurvare, o, as, avi, atum.

Couronner. Coronare, o, as, avi, atum.

10. Craindre (Redouter). Reformidare, o, as, avi, atum.

Créer. Creare, o, as, avi, atum.

Creuser (faire des trous). Cavare, o, as, avi, atum.

Croire (Penser). Putare, o, as, avi, atum.

Croire (Apprécier. Estimer). Existimare, o, as, avi, atum.

D

Décharger. Exonerare, o, as, avi, atum. (de). *abl.*

Déchirer. Dilaniare, o, as, avi, atum.

Déclarer. Declarare, o, as, avi, atum.

Décorer. Exornare, o, as, avi, atum.

Décrire (Enoncer). Enuntiare, o, as, avi, atum.

11. Dédier. Dedicare, o, as, avi, atum. (à). *dat.*

Dédommager (Compenser). Compensare, o, as, avi, atum.

Défendre (une ville). Propugnare, o, as, avi, atum.

Défier (Provoquer). Provocare, o, as, avi, atum.

Dégager. Délivrer. Liberare, o, as, avi, atum. (de). *abl.*

Déguiser (Dissimuler). Simulare, o, as, avi, atum.

Délasser (Donner du relâche). Relaxare, o, as, avi, atum.

Délivrer. Liberare, o, as, avi, atum. (de). *abl.*

Demander (de). Postuler. Postulare, o, as, avi, atum. (*d. abl.*)

Demander (Interroger). Interrogare, o, as, avi, atum.

12. Démener (se). Sese Exagitare, o, as, avi, atum.

Demeurer (Habiter). Habitare, o, as, avi, atum. (*abl.*)

Dénoter (Indiquer). Indicare, o, as, avi, atum.

Dépecer (Déchirer). Dilacerare, o, as, avi, atum.

Déployer. Explicare, o, as, cui, citum.

Dépouiller. Mettre nu. Nudare, o, as, avi, atum. (de). *abl.*

Dépouiller. Ravir. Spoliare, o, as, avi, atum. (de). *abl.*

Déranger. Rappeler. Avocare, o, as, avi, atum. (de). *abl.*

Désapprouver. Improbare, o, as, avi, atum.

Désigner (Indiquer). Indicare, o, as, avi, atum.

13. Désirer (Capter). Captare, o, as, avi, atum.

Désobéir (Mépriser le commandement). Imperium Detrectare, o, as, avi, atum.

Désoler (Ravager). Vastare, o, as, avi, atum.

Dessécher. Exsiccare, o, as, avi, atum.

Destiner. Destinare, o, as, avi, atum. (à). *dat.*

Détailler. Singula Enarrare, o, as, avi, atum.

Détruire (Faire mourir). Enecare, o, as, avi, atum.

Développer (Déployer). Explicare, o, as, ui, citum.

Dévorer. Vorare, o, as, avi, atum.

Dicter (Déclarer). Declarare, o, as, avi, atum.

14. Dire (Raconter). Narrare, o, as, avi, atum.

Disposer (Préparer). Præparare, o, as, avi, atum.

Dissimuler. Dissimulare, o, as, avi, atum.

Distraire. Détourner. Avocare, o, as, avi, atum. (du). *abl.*

Divertir (se). Se Oblectare, o, as, avi, atum.

Dompter. Domare, o, as, ui, itum.

Dompter (Mettre un frein). Frenare, o, as, avi, atum.

Donner (à). Dare, do, das, dedi, datum. (*dat.*)

Doter. Dotare, o, as, avi, atum

E.

Ecarter (de). Décliner. Eviter. Declinare, o, as, avi, atum. (*à. abl.*)

15. Eclairer (Illuminer). Illuminare, o, as, avi, atum.

Egaler. Æquare, o, as, avi, atum.

Egayer. Exhilarare, o, as, avi, atum.

Egorger. Jugulare, o, as, avi, atum.

Egorger (Sacrifier). Mactare, o, as, avi, atum.

Egorger (Massacrer). Trucidare, o, as, avi, atum.

Elever (Eduquer). Educare, o, as, avi, atum.

Emboucher (Souffler dans). Inflare, o, as, avi, atum.

Emparer (s'). Occuper. Occupare, o, as, avi, atum.

Emparer (s' — d'une ville). Urbem Expugnare, o, as, avi, atum.

16. Emporter. Asportare, o, as, avi, atum.

Encourager (s') Animum Firmare, o, as, avi, atum.

Endurer. Tolerare, o, as, avi, atum.

Enerver. Enervare, o, as, avi, atum.

Engloutir (Dévorer). Vorare, o, as, avi, atum.

Enivrer. Inebriare, o, as, avi, atum.

Enrichir. Locupletare, o, as, avi, atum.

Enrichir (Orner). Exornare, o, as, avi, atum.

Entasser (Accumuler). Cumulare, o, as, avi, atum.

Entendre (faire). Signifier. Significare, o, as, avi, atum.

17. Enterrer (Inhumer). Inhumare, o, as, avi, atum.

Entourer. Circumdare, o, as, dedi, datum. (de). *abl.*

Environner. Circumdare, o, as, dedi, datum. (de). *abl.*

Epamprer, Pampinare, o, as, avi, atum.

Errer (dans). Pererrare, o, as, avi, atum.

Espérer. Sperare, o, as, avi, atum.

Essayer (Tenter). Tentare, o, as, avi, atum.

Estimer. Æstimare, o, as, avi, atum.

Etancher (Calmer la soif). Sitim Sedare, o, as, avi, atum.

Etouffer. Suffocare, o, as, avi, atum.

18. Etrangler. Jugulare, o, as, avi, atum.

Eveiller. Excitare, o, as, avi, atum.

Eviter. Vitare, o, as, avi, atum.

Examiner (Explorer). Explorare, o, as, avi, atum.

Excéder (Surpasser). Superare, o, as, avi, atum.

Exciter. Incitare. Concitare, o, as, avi, atum. (à) [*ad. acc.*]

Excuser. Excusare, o, as, avi, atum.

Exhaler. Exhalare, n. Afflare, o, as, avi, atum.

Exiler. Exilio Mulctare, o, as, avi, atum.

Expirer. Animam Afflare, o, as, avi, atum.

19. Expliquer. Explicare, o, as, avi, atum.

Exposer (Raconter). Enarrare, o, as, avi, atum.

F.

Faire (semblant). Simuler. Simulare, o, as, avi, atum.

Feindre (Simuler). Simulare, o, as, avi, atum.

Fendre (l'air). Æthera Secare, o, as, ui, sectum.

Figurer. Adumbrare, o, as, avi, atum.

Fléchir (Apaiser). Placare, o, as, avi, atum.

Fortifier. Corroborare, o, as, avi, atum.

Fouler (aux pieds). Proculcare, o, as, avi, atum.

Fournir. Subvenir. Suppeditare, o, as, avi, atum. (à). *dat.*

20. Fournir. Administrer. Ministrare, o, as, avi, atum. (à). *dat.*

Franchir 'Surmonter). Superare, o, as, avi, atum.

IMP. E. DÉZAIRS, A BLOIS.

ENSEIGNEMENT MUTUEL.

MÉTHODE LATINE.

QUATRIÈME ESPÈCE DE MOTS. — *LE VERBE.*

Verbes à conjuguer sur Amo. (Voir Lhomond.)

Frustrer (Frauder). Frustrare, o, as, avi, atum.

Fumer (les terres). Stercorare, o. as, avi, atum.

G.

Gagner (Fléchir. Concilier). Conciliare, o, as, avi, atum.

Garantir (se). Eviter. Vitare, o, as, avi, atum.

Garantir (se). Décliner. Declinare, o, as, avi, atum.

Gâter (Souiller). Fœdare, o, as, avi, atum.

Goûter. Prælibare, o, as, avi, atum.

Goûter (Approuver). Probare, o, as, avi, atum.

21. Gouverner (Administrer). Administrare, o, as, avi, atum.

Gouverner. Gubernare, o, as, avi, atum.

Guérir. Sanare, o, as, avi, atum.

H.

Habiter. Habitare, o, as, avi, atum.

Hasarder (se). Tenter. Tentare, o, as, avi, atum.

Honorer (Orner). Exornare, o, as, avi, atum.

Humecter. Humectare, o, as, avi, atum.

I.

Ignorer. Ignorare, o, as, avi, atum.

Illustrer. Illustrare, o, as, avi, atum.

Illustrer (Anoblir). Nobilitare, o, as, avi, atum.

22. Imaginer. Excogitare, o, as, avi, atum.

Immoler. Immolare, o, as, avi, atum.

Immoler. Mactare, o, as, avi, atum.

Implorer. Implorare, o, as, avi, atum.

Imputer. Imputare, o, as, avi, atum. (à). *dat.*

Incliner. Inclinare, o, as, avi, atum. (à). *dat.*

Indiquer. Indicare, o, as, avi, atum. (à). *dat.*

Indiquer (Désigner). Designare, o, as, avi, atum. (à). *dat.*

Infecter (Souiller). Fœdare, o, as, avi, atum.

Injurier (Charger d'opprobres). Probris Onerare, o, as, avi, atum.

23. Inquiéter (Tourmenter, Vexer). Vexare, o, as, avi, atum.

Inquiéter (s'—peu). Parùm Curare, o, as, avi, atum.

Inspirer. Inspirare, o, as, avi, atum.

Insulter. Insultare, o, as, avi, atum. (*acc.* ou *dat.*)

Interroger. Interrogare, o, as, avi, atum.

Inviter. Invitare, o, as, avi, atum.

Invoquer. Invocare, o, as, avi, atum.

Invoquer (Demander du secours). Opem Exorare, o, as, avi, atum.

Irriter. Exasperare, o, as, avi, atum.

J.

Jouer (de la harpe). Citharam Pulsare. o, as, avi, atum.

24. Juger. Judicare, o, as, avi, atum.

Juger (Penser). Existimare, o, as, avi, atum.

Jurer. Jurare, o, as, avi, atum.

L.

Labourer. Arare, o, as, avi, atum.

Lier. Alligare, o, as, avi, atum. (à). *ad. acc.*

Lorgner. Aspectare. o, as, avi, atum. (n.)

Loger (se). Sedem Collocare, o, as, avi, atum.

Louer. Laudare, o, as, avi, atum.

M.

Maltraiter. Malè Mulctare, o, as, avi, atum.

Mander. Mandare, o, as, avi, atum.

25. Mander (Annoncer). Enuntiare, o, as, avi, atum.

Marquer. Indicare, o, as, avi, atum.

Massacrer. Trucidare, o, as, avi, atum.

Méconnaître (Ignorer). Ignorare, o, as, avi, atum.

Ménager (Traiter avec douceur). Molliter Tractare, o, as, avi, atum.

Métamorphoser (Changer). Mutare, o, as, avi, atum. ou *in. acc.*

Montrer (Indiquer). Indicare, o, as, avi, atum. (à). *dat.*

Mourir (faire—) Enecare, o, as, avi, atum.

Murmurer. Mussitare, o, as, avi, atum.

N.

Nettoyer. Expurgare, o, as, avi, atum.

26. Nier. Negare, o, as, avi, atum.

Nommer. Nominare, o, as, avi, atum.

Nommer (à haute voix). Vocitare, o, as, avi, atum.

O.

Obliger (Rendre service). Officium Præstare, o, as, stiti, stitum. (à). *dat.*

Obscurcir. Obscurare, o, as, avi, atum.

Observer (Examiner). Explorare, o, as, avi, atum.

Observer (Faire des remarques). Adnotare, o, as, avi, atum.

Obtenir. Impetrare, o, as, avi, atum. (de). *à. abl.*

Occuper. Occupare, o, as, avi, atum.

Offenser. Contumeliis. Vexare, o, as, avi, atum.

27. Orner. Exornare, o, as, avi, atum.

Pacifier. Pacificare, o, as, avi, atum.

P

Panser. Curare, o, as, avi, atum.

Panser (Ligaturer). Alligare, o, as, avi, atum.

Parcourir (en considérant). Perlustrare, o, as, avi, atum.

Parcourir (Errer çà et là). Pererrare, o, as, avi, atum.

Parer (Orner). Exornare, o, as, avi, atum.

Parer (se). Sese Exornare, o, as, avi, atum. (de). *abl.*

Passer (la nuit). Pernoctare, o, as, avi, atum.

Penser. Cogitare, o, as, avi, atum. (à). *acc.*

28. Penser. Putare, o, as, avi, atum. (à). *acc.*

Pénétrer. Penetrare, o, as, avi, atum.

Perpétuer (Propager). Propagare, o, as, avi, atum.

Perpétuer (se Perpétuer). Gentem Procreare, o, as, avi, atum.

Persécuter (Tourmenter, Vexer). Vexare, o, as, avi, atum.

Peser. Ponderare, o, as, avi, atum.

Placer (Colloquer). Collocare, o, as, avi, atum.

Placer (se). Sedem Occupare, o, as, avi, atum. (n).

Plaire. Juvare, o, as, juvi, jutum.

Plier (des étoffes). Plicare, o, as, avi, atum.

29. Plier (Faire—). Incurvare, o, as, avi, atum.

Polir. Dolare, o, as, avi, atum.

Porter. Gestare, o, as, avi, atum.

Porter (Exciter à). Incitare, o, as, avi, atum. (à). *ad. acc.*

Porter (un fardeau). Bajulare, o, as, avi, atum.

Poursuivre (Tourmenter, Vexer). Vexare, o, as, avi, atum.

Prendre (pour, Estimer). Existimare, o, as, avi, atum.

Prendre (s'en — à). Incusare, o, as, avi, atum.

Prendre (soin). Curare, o, as, avi, atum. (de). *acc.*

Préparer. Parare, o, as, avi, atum.

30. Préparer (Disposer. Concilier). Conciliare, o, as, avi, atum.

Prescrire (Commander). Imperare, o, as, avi, atum. (à). *dat.*

Présenter (se). Se Dare, o, as, avi, atum.

Préserver (Conserver). Servare, o, as, avi, atum.

Presser (avec prières). Exorare, o, as, avi, atum.

Presser (se). Se Hâter. Properare. Festinare, o, as, avi, atum. (n).

Prêter. Commodare, o, as, avi, atum.

Prêter (se — à. Aider). Adjuvare, o, as, juvi, tum.

Prier. Orare, o, as, avi, atum.

Priver. Orbare, o, as, avi, atum. (de). *à. abl.*

31. Promettre (se— de) Espérer. Sperare, o, as, avi, atum.

Prouver. Comprobare, o, as, avi, atum.

Prouver (Démontrer). Demonstrare, o, as, avi, atum.

Prouver (Confirmer). Confirmare, o, as, avi, atum.

Provoquer. Provocare, o, as, avi, atum.

Publier. Prædicare, o, as, avi, atum.

Publier (Divulguer). Divulgare, o, as, avi, atum.

Purger. Purgare, o, as, avi, atum.

R.

Raconter. Narrare, o, as, avi, atum.

Rafraîchir (Rendre froid). Refrigare, o, as, avi, atum.

32. Rafraîchir (Recréer). Recreare, o, as, avi, atum.

Rappeler. Revocare, o, as, avi, atum.

Rappeler (se). In memoriam Sibi Revocare, o, as, avi, atum.

Rapporter (Raconter). Narrare, o, as, avi, atum.

Rassasier (Assouvir). Satiare, o, as, avi, atum.

Rassembler (Réunir). Congregare, o, as, avi, atum.

Rassurer (Confirmer). Confirmare, o, as, avi, atum.

Ravager. Vastare, o, as, avi, atum.

Réciter. Recitare, o, as, avi, atum.

Réciter (Raconter). Narrare, o, as, avi, atum.

33. Recommencer. Iterare, o, as, avi, atum.

Récompenser. Præmio Donare, o, as, avi, atum.

Reconnaître (Examiner). Explorare, o, as, avi, atum.

Redouter (Craindre). Reformidare, o, as, avi, atum.

Réduire (en poudre). Pulverare, o, as, avi, atum.

Refuser (Dénier). Denegare, o, as, avi, atum.

Refuser (Récuser). Recusare, o, as, avi, atum.

Régaler (Donner des friandises). Dapes Administrare, o, as, avi, atum.

Regarder (Examiner). Existimare, o, as, avi, atum.

Régler (Diriger par le frein). Frænare, o, as, avi, atum.

34. Regretter. Desiderare, o, as, avi, atum.

Réitérer. Reiterare, o, as, avi, atum.

Relever (Donner de l'éclat). Commendare, o, as, avi, atum.

Remarquer (Prendre note). Adnotare, o, as, avi, atum.

Remarquer (Observer). Observare, o, as, avi, atum.

Remuer. Exagitare, o, as, avi, atum.

Rendre (service). Officium Præstare, o, as, stiti, stitum. (à). *dat.*

Renoncer (Abdiquer). Abdicare, o, as, avi, atum.

Renouveler. Renovare, o, as, avi, atum.

Répéter (Dire souvent). Dictitare, o, as, avi, atum.

35. Repeupler. Propagare, o, as, avi, atum.

Reprendre (Blâmer avec reproche). Increpare, o, as, ui, itum.

Repousser. Propulsare, o, as, avi, atum.

Réprimer (Mettre un frein). Refrænare, o, as, avi, atum.

Reprocher. Exprobrare, o, as. avi, atum. (à). *dat.*

Réserver. Reservare, o, as, avi, atum.

Retenir (un cheval). Frænare, o, as, avi, atum.

Retenir (de mémoire). Memoriâ Servare, o, as, avi, atum.

Réveiller. Somno Excitare, o, as, avi, atum.

Révéler. Revelare, o, as, avi, atum.

ENSEIGNEMENT MUTUEL.

METHODE LATINE.

QUATRIÈME ESPÈCE DE MOTS. — *LE VERBE.*

Verbes à conjuguer sur Amo. (*Voir Lhomond.*)

36. Révoquer. Revocare, o, as, avi, atum.

Rôder (Fureter). Singula Lustrare, o, as, avi, atum.

Ronger (Tourmenter). Excruciare, o, as, avi, atum.

S.

Saluer. Salutare, o, as, avi, atum.

Sarcler. Sarculare, o, as, avi, atum.

Sauver. Salvare, o, as, avi, atum.

Savoir (faire). Mander. Mandare, o, as, avi, atum. (à). *dat.*

Savourer. Pleno ore gustare, o, as, avi, atum.

Sécher (faire). Exsiccare, o, as, avi, atum.

Secouer. Exagitare, o, as, avi, atum.

37. Séparer. Separare, o, as, avi, atum. (de), *d. abl.*

Signaler (se). Sese Nobilitare, o, as, avi, atum.

Signifier. Significare, o, as, avi, atum.

Solliciter. Sollicitare, o, as, avi, atum.

Solliciter. Efflagitare, o, as, avi, atum.

Songer. Cogitare, o, as, avi, atum.

Soucier (se). Curare, o, as, avi, tare, o, as, avi, atum. (n.) de. *acc*

Souffrir (Supporter). Tolerare, o, as, avi, atum.

Soulager. Sublevare, o, as, avi, atum.

Soulever. Ad rebellionem Incitare, o, as, avi, atum. (à). *ad. acc.*

38. Soutenir (se). Se Réconforter. Se Sustentare, o, as, avi, atum.

Subsister. Vitam Sustentare, o, as, avi, atum.

Surmonter (l'Emporter). Superare, o, as, avi, atum.

Surnommer. Cognominare, o, as, avi, atum.

Susciter. Suscitare, o, as, avi, atum.

T.

Tailler (Amputer. Couper). Amputare, o, as, avi, atum.

Tâter (Essayer). Tentare, o, as, avi, atum.

Tâter (Explorer. Examiner). Explorare, o, as, avi, atum.

Tempérer. Temperare, o, as, avi, atum.

Tenir (Conserver. Garder). Servare, o, as, avi, atum.

39. Tenter. Attentare, o, as, avi, atum.

Tolérer. Tolerare, o, as, avi, atum.

Tourmenter. Excruciare, o, as, avi, atum.

Tourmenter (se). S'agiter. Se Jactare, o, as, avi, atum.

Tourner (faire). Versare, o, as, avi, atum.

Tracer (Faire des lignes). Delineare, o, as, avi, atum.

Trancher (Amputer). Amputare, o, as, avi, atum.

Trancher (la tête). Obtruncare, o, as, avi, atum.

Troubler. Perturbare, o, as, avi, atum.

Troubler (Inquiéter). Exagitare, o, as, avi, atum.

40. Trouer. Perforare, o, as, avi, atum.

Trouver (bon). Comprobare, o, as, avi, atum.

Trouver (mauvais). Improbare, o, as, avi, atum.

U.

Usurper. Usurpare, o, as, avi, atum.

V.

Vaincre. Superare, o, as, avi, atum.

Vanner. Ventilare, o, as, avi, atum.

Vanter. Præcdicare, o, as, avi, atum.

Vérifier (Soumettre à l'épreuve). Comprobare, o, as, avi, atum.

Violer. Violare, o, as, avi, atum.

41. Visiter (Parcourir). Perlustrare, o, as, avi, atum.

ADVERBES.

Abondamment. Copiosè. Uberrimè.

Abord (d'). Primò. Primùm.

Absolument. Entièrement. Planè. Omninò.

Actuellement. Maintenant. Actualiter. Nunc.

Admirablement. Mirificè.

Adroitement. Solerter. Lepidè.

Agréablement. Jucundè.

Ailleurs (d'). Au reste. Cæterùm.

Ailleurs (avec tendance). Aliò.

Ailleurs (avec résidence). Alibi.

Ainsi. Sic. Itâ.

Aisément. Facilè.

Allégresse (avec beaucoup d'). Lætissimè.

Alors. Tùm. Tunc.

Amèrement. Amarè. Acerbè.

Amicalement. Amicè.

An (tous les ans). Quotannis.

Anciennement. Un jour. Autrefois. Quondàm.

Annuellement (tous les ans). Quotannis.

Apparemment. Videlicet.

Application (avec). Attentè.

Ardemment. Ardenter.

Arrière (en). Retrò.

Artifice (avec). Dolosè.

Assez. Satis. (*gén.*)

Assidûment. Assiduè.

Assurément. Profectò.

Attention (avec). Attentè.

Audace (avec). Audacter.

Au-devant. Obviàm. (*dat.*)

Aujourd'hui. Hodiè.

Au moins. Saltem.

Auparavant. Anteà.

Aussitôt. Statim.

Autrement. Aliter.

Autrement (tout). Longè aliter.

Avantageusement. Commodè.

Beaucoup. Multùm. Valdè.

Bien. Rectè. Benè. Sanè.

Bien (très). Optimò.

Bien (si). Tàm Præclarè.

Bon (tout de). Seriò.

Bonheur (par). Feliciter. Opportunè.

Bonté (avec). Clementer. Benignè.

Bout (au — de). Post. (*acc.*)

Bruit (sans). Tacitè.

Çà et là (avec mouvement). Hùc. Illùc.

Calme (avec). Placidè.

Cent. Centum.

Certainement. Certè. Profectò.

CONJONCTIONS

Afin que. Ut.

A peine. Vix. Que. Quùm.

Avant de. Devant. Antequàm. Priusquàm. (*subj.*)

Aussi. Etiam.

Aussi (c'est pourquoi). Quarè.

Aussitôt que. Statim ut. (*subj.*)

Cependant. Tamen. Attamen.

Comme. Quùm. (*subj.*)

Comme. Ut. (*indicatif*).

Comme (de même que). Quemadmodùm.

Comme (de même). Velut.

Dès que. Ubi. Statim ut.

Jour (un jour que). Quùm. (*subj.*)

Jusqu'à ce que. Dùm. Donec. (*subj.*)

Lorsque. Quùm. (*subj.* devant l'*imparfait*).

EXERCICES.

Nous abreuvons. Il comble. Ils accordaient. J'ai accusé. Vous aviez accusé à faux. Ils avaient acquis. Il administrera. Nous adopterons. Adore. Qu'il affecte. (*impér.*) Qu'il agite. Que vous vous agitiez (1). Que j'aidasse. Qu'ils aimassent. Que tu aies allaité. Que nous ayons amolli. Que j'eusse annoncé. Que nous eussions indiqué. Faire annoncer. Avoir apaisé. Aplanissant, qui aplanit ou qui aplanissait. Devant appeler, qui appellera ou qui doit appeler. A appeler (nommer). D'apprécier. En approuvant. A armer ou pour armer. Arrosant. Il prend d'assaut. Je convoquerai. Il aura assuré. J'attaquais. Ils ont attendu. Tu avais excité. Ils provoquaient. Avale. Qu'ils s'avancent. (*impér.*) Qu'il baigne. (*subj.*) Qu'il bâtit. Qu'ils bâtissent. Je bénis. Vous blâmerez. Il a blessé. Buvons d'une haleine. Cachez. Vous cacherez. Il calmera. Je captiverais (2). Il aurait causé (3). Il aura célébré. Elle se chagrine. Nous cherchons partout. Qui change. De chanter. Il finit de chanter. Tu chargeais. Nous charmions. Ils châtieront. Vous cherchez partout. Tu ciselais. Cirez. Je citerai. Je comblerai. Nous communiquons aujourd'hui. Il compare actuellement. Avant de compter. Ils compulsaient beaucoup. C'est pourquoi il imaginera. Ainsi nous condamnerons. Tu auras bien gouverné. Cependant ils ont confirmé. Ils approuvent. Pour conjurer. En suppléant. Faisant connaître. Ils avaient consacré. Ils consentent (4). Ils ne recevront pas. Lorsqu'il conservait. Dès qu'il aura considéré. Vous construirez assurément. Comme il raconte. Vous compenserez très bien. Certainement il a convoqué. Ils corrigent avec bonté. Ils coupaient avec attention. Ils scièrent avec audace.

EXERCICES LATINS.

Coronabit. Reformidat. Creavit. Putavère. Existimabant. Exoneravisse. Quùm declararet. Enuntiando. Quotannis exornamus. Ut dedicet. Donec compensaverit. Provocare. Simulat. Postulabant. Interrogaverunt. Sese exagitaverant. Dilacerabis. Explicuit. Improbavit. Exsiccaret. Quùm singula enarraverit. Valdè se oblectabit. Domitum. Daturus. Declinandi. Illuminatum. Æquans. Occupavisset. Asportat. Animos firmant. Tolerabit. Locupletare. Circumdederunt. Pererrent. Speravère. Estimabant. Jugulaverant. Excitabimus. Exsilio mulctare. Narrabo. Æthera secet. Adumbravissent. Placavisse. Corroborans. Suppeditandi. Stercorabam. Conciliavi. Fœderavas. Prælibavero. Administraverit. Gubernavisse. Sanant. Habitent. Ignorarent. Imploratis. Excogitatis. Vexavis-

tis. Interrogaveritis. Exasperabitis. Judicaverint. Laudent. Malè mulctet. Trucidaveratis. Expurgat. Nominabunt.

(1) Le maître fera remarquer que le pronom *se*, en latin, devra changer de nombre et de personne.

(2) Le conditionnel présent se rend en latin par l'imparfait du subjonctif.

(3) Le conditionnel passé se rend en latin par le plus-que-parfait du subjonctif.

(4) Le passé défini et le passé antérieur se rendent en latin par le parfait de l'indicatif.

IMP. E. DÉZAIRS, A BLOIS.

ENSEIGNEMENT MUTUEL.

MÉTHODE LATINE.

QUATRIÈME ESPÈCE DE MOTS. — *LE VERBE.*

RÉGIME DES VERBES QUI GOUVERNENT L'ACCUSATIF. (EXERCICES.)

Il observe les lieux. Cet esclave obtiendra le pardon. La servante parera la chambre. Le médecin pansant le malade. Votre chirurgien a pansé la blessure du soldat. Le maître persécute le fermier. La servante a plié la nappe. Le berger a fait plier cet arbre. L'armée avait plié. Votre père s'en prend à vous. Cette mère prend soin de ses enfants. Préparez le chemin. Il préparera ces deux hommes fâchés. Nous vous avions prié. Le maître prouve la méthode. Il a prouvé la chose. Vous raconterez une fable. Ce débauché assouvira ses passions. Ils rassemblaient les brebis. Les insectes ravagent la campagne. Votre maître vous récompensera. Les douleurs vous rongent. Vous redoutez la mort. Nous réduirons ce vase en poudre. Que vos bonnes actions vous relèvent.

Cette femme a remarqué votre conduite. Il renonce à cette charge. Tu répètes souvent les mêmes choses. L'homme sage réprime ses passions. Vous retiendrez ce cheval. Retenez cette histoire. Ils feront savoir cette nouvelle. Ils se sont signalés. Le soldat supporte les fatigues de la guerre. Lorsqu'ils soulageaient les pauvres. Le médecin coupe le bras. Nous tempèrerons l'ardeur du soldat. Vous tourmentez les esclaves. Cet homme se tourmente beaucoup. Le vent fait tourner la girouette. Votre conduite, il la trouve bonne. Nos conseils, ils les trouvent mauvais. Ils ont usurpé le bien d'autrui. Nous vannerons le blé. L'événement a vérifié le songe.

EXERCICES LATINS.

Patris tui mortem annuntiabit. Indicat iter. Laudem comparabant. Amici filium adoptavit. Concionem vocabunt. Suos parentes invitet. Audacier rem affirmat. Rem explorabit. Milites concitat. Irrigaverunt prata. Quàm hostium copias fortiter profligarent. Non vituperabit tuum fratrem. Nummos occulta-

verat. Celabant veritatem. Ut sitim sedetis. Dùm severitatem mitigaverit. Asinum oneramus. Te oro. Vos obsecramus. Castellum ædificare. Lignum secuisse. Munus postulaveritis. Cur me interrogas? Sese exagitaverint.

Verbes à conjuguer sur Moneo. (Voir Lhomond.)

A.

Abolir (Détruire). Delere, eo, es, evi, etum.

Abreuver (s' —). Sitim Explere, eo, es, evi, etum.

Affronter. Audere, eo, es, ausus sum (1).

Affliger (s'). Dolere, eo, es, ui, itum. ou *abl.*

Apprendre (Instruire). Docere, eo, es, ui, ctum. (deux *acc.*)

Approcher. Admovere, eo, es, movi, motum. (de). *propé. acc.*

Assiéger. Obsidere, eo, es, sedi, sessum.

Assurer (s'). Pro certo Habere, es, ui, itum.

Assuré (être). Perspectum habere, eo, es, ui, itum.

1. Atteindre (Obtenir). Obtinere, eo, es, ui, tentum.

Attendre (être réservé). Manere, eo, es, mansi, sum. (n). *acc.*

Attirer (Emouvoir). Movere, eo, es, movi, motum. (à). *dat.*

Augmenter. Augere, eo, es, auxi, auctum.

Avertir. Monere, eo, es, ui, itum. (de). *gén.* ou *abl.* avec *de.*

Avertir (S'entr'avertir). Sese invicem Monere, eo, es, ui, itum.

Avoir. Habere, eo, es, ui, itum.

B.

Bouger. Pedem Movere, eo, es, movi, motum. (n).

Bouger (ne pas). Nequaquàm se Movere, eo, es, vi, otum. (n).

Brouter. Tondere, eo, es, totondi, tonsum.

C.

2. Charmer (les regards). Oculos Permulcere, eo, es, si, sum.

Compléter. Complere, eo, es, vi, tum.

Conseiller. Suadere, eo, es, si, sum. (à). *dat.*

Contenter (ses désirs). Cupiditates Explere, eo, es, evi, etum.

Contenter (se). Satis Habere, eo, es, ui, itum. (de). *acc.*

Craindre. Timere, eo, es, ui.

Censer. Censere, eo, es, ui, sum.

Croire (Ajouter foi). Fidem Habere, eo, es, ui, itum. (à). *dat.*

D.

Déconcerter (Troubler. Effrayer). Perterrere, eo, es, ui, itum.

3. Dîner. Prandere, eo, is, si, sum.

Déplacer. Suo loco Movere, eo, es, vi, tum. (de). *abl.*

Déplorer. Dolere, eo, es, ui, itum.

Déplorer (Avoir du deuil). Lugere, eo, es, luxi, cium.

Déployer (son bras, sa force). Vim Exercere, eo, es, ui, itum.

Déranger. Movere, eo, es, vi, tum.

Déranger (se). Se loco Movere, eo, es, vi, tum. (de). *abl.*

Devoir. Debere, eo, es, ui, itum.

Donner (Fournir). Præbere, eo, es, ui, itum. (à). *dat.*

E.

Ecarter (Repousser). Amovere, eo, es, vi, tum. (de). *à. abl.*

Ecarter (Tenir à distance). Arcere, eo, es, ui, ctum. (de). *à. abl.*

4. Ecouter (Prêter l'oreille). Aures Præbere, eo, es, ui, itum. (à).

Effacer. Delere, eo, es, vi, tum.

Effrayer. Perterrere. Terrere, eo, es, ui, itum.

Eloigner (Repousser). Amovere, eo, es, vi, tum.

Eloigner (Écarter). Arcere, eo, es, ui, ctum.

Emplir. Implere, eo, es, vi, tum. (de). *abl.*

Employer. Adhibere, eo, es, ui, itum.

Enseigner. Docere, eo, es, ui, ctum. deux *acc.*

Entrevoir. Per caliginem Videre, eo, es, i, sum.

Epouvanter. Peterrere, eo, es, ui, itum.

5. Etancher (sa soif). Sitim Explere, eo, es, vi, tum.

Exciter (Emouvoir). Movere, eo, es, vi, tum.

Excuser. Excusatum Habere, eo, es, ui, tum.

Exercer (Cultiver). Exercere, eo, es, ui, tum.

Exterminer (Détruire). Delere, eo, es, vi, tum.

F.

Filer (au fuseau). Fuso Torquere, eo, es, si, tum.

Fixer (Attacher). Coercere, eo, es, ui, itum.

Fléchir (Adoucir). Mulcere, eo, es, si, sum.

Fournir. Præbere, eo, es, ui, itum.

G.

Griller. Torrere, eo, es, ui, tostum. (sur). *abl.*

H.

6. Haïr. Odio Habere, eo, es, ui, itum.

I.

Inspirer (Toucher). Movere, eo, es, i, tum.

Instruire. Docere, eo, es, ui, ctum.

Intéresser. Movere, eo, es, i, tum.

Intimider. Perterrere, eo, es, ui, itum.

J.

Jouer (des instruments. Toucher). Movere, eo, es, i, tum.

L.

Lamenter (se). Lugere, eo, es, luxi, luctum.

M.

Mêler. Permiscere, eo, es, ui, mixtum. (avec). *cum. abl.*

Mesurer (Prendre ses mesures. Prévoir). Prævidere, eo, es, i, sum.

Modérer (Contenir). Continere, eo, es, ui, tentum.

7. Montrer (Produire. Exhiber). Exhibere, eo, es, ui, itum.

Montrer (se—. se Présenter). Se Præbere, eo, es, ui, itum.

Moquer (se). Deridere. Irridere, eo, es, si, sum. (de). *acc.*

Mordre. Mordere, eo, es, momordi, morsum.

Mouvoir. Movere, eo, es, i, tum.

O.

Obliger (Ordonner). Jubere, eo, es, jussi, ssum.

Occasionner (Fournir l'occasion). Occasionem Præbere, eo, es, ui, itum. (à). *dat.*

Occuper (être maître). Tenere, eo, es, ui, tentum.

Ordonner. Jubere, eo, es, jussi, jussum.

P.

Passer (par). Iter Habere, eo, es, ui, itum. (*per. acc.*)

8. Persuader. Persuadere, eo, es, si, sum. (à). *dat.*

Persuader (se). Persuasum habere, eo, es, ui, itum.

Plaindre. Dolere, eo, es, ui, itum.

Plaire (se Rendre agréable). Se gratum Præbere, eo, es, ui, itum. (à). *dat.*

Pleurer. Lugere, eo, es, luxi, luctum.

Posséder (Jouir). Possidere, eo, es, sedi, sessum.

Pratiquer (par l'exercice). Exercere, eo, es, ui, itum.

Préférer. Potiorem Habere, eo, es, ui, itum.

Prendre (pour). Habere, eo, es, ui, itum.

Présenter (Exhiber). Exhibere, eo, es, ui, itum.

9. Presser (Exciter). Urgere, eo, es, ursi, ursum.

Prévoir. Prævidere, eo, es, di, sum.

Prévoir (Empêcher). Prohibere, eo, es, ui, itum.

Procurer (Fournir). Præbere, eo, es, ui, itum.

Proscrire (Repousser). Arcere, eo, es, ui, ctum.

R.

Réaliser. Complere, eo, es, vi, tum.

Regarder (comme ou pour). Habere, eo, es, ui, itum.

Regretter (Pleurer). Lugere, eo, es, vi, tum.

Remplacer (Suppléer). Supplere, eo, es, vi, tum.

(1) Voir Lhomond au verbe irrégulier *Gaudeo.*

IMP. E. DÉZAIRS, A BLOIS.

ENSEIGNEMENT MUTUEL.

MÉTHODE LATINE.

QUATRIÈME ESPÈCE DE MOTS. — *LE VERBE.*

Verbes à conjuguer sur Moneo. (*Voir Lhomond.*)

Remplir. Implere. Explere, eo, es, vi, tum. (de). *abl.* .

10. Renfermer (Contenir). Continere. eo, eo, es, ui, tentum.

Repaître (se — d'espérances). Spes fovere, eo, es, i, tum.

Répondre (à l'espérance). Spem implere, eo, es, vi, tum.

Représenter (Donner des avis).

Submonere, eo, es, ui, itum. (à). *dat.*

Réprimer (Arrêter. Retenir). Coercere, eo, es, ui, itum.

Retenir. Detinere, eo, es, ui, tentum.

Ruiner. Delere, eo, es, vi, tum.

S.

Soupçonner. Suspectum Habere,

eo, es, ui, itum.

Soupçonner (Prévoir). Prævidere, en, es, di, sum.

T.

Tenir. Tenere, eo, es, ui, tentum.

11. Tondre. Tondere, eo, es, tondi, tonsum.

Toucher (Émouvoir). Movere, eo, es, vi, tum.

Tourmenter (se). Sese Torquere, eo, es, si, tum.

Traiter (Agir bien avec quelqu'un). Benignè Habere, eo, es, ui, itum.

Traiter (Agir mal avec quelqu'un). Malè Habere, eo, es, ui, itum.

Travailler (s'Excercer par le travail). Labore sese Exercere, eo, es, ui, itum.

Trembler (faire). Effrayer. Terrere, eo, es, ui, itum.

V.

Voir. Videre, eo, es, di, sum.

ADVERBES.

Certes. Profectò.

Cesse (sans). Indesinenter.

Chrétiennement. Christianè.

Cinq. Quinque.

Cinquante. Quinquaginta.

Cœur (de bon). Volontiers. Libenter. Spontè.

Combien de fois. Quoties.

Comment. Quomodò. Qui.

Complaisance (avec). Benignè.

Constamment. Constanter.

Continuellement. Perpetuò.

Côté (de tout). Indiquè. Passim.

Côté (de ces côtés-là). Illùc.

Côté (à ses). Juxtà se. (*acc.*)

Coup (tout à). Repentè.

Coup (à coup sûr). Certainement. Profectò.

Coup (pour le). Nunc.

Courage (avec). Fortitèr.

Courageusement. Fortitèr. Audacter.

Cruellement. Acerbè. Inhumaniter.

Dangereusement. Periculosè.

Davantage. Magis. Ampliùs.

Déjà. Jàm.

Dehors (au). Extrinsecùs.

Délicieusement. Suaviter.

Demain. Cràs.

Demi-cent (Cinquante). Quinquaginta.

Depuis. Dans la suite. Posteà.

Depuis longtemps. Jampridem.

Dernièrement. Nuper.

Dérobée (à la). Furtim.

Derrière (par). Retrò. A tergo.

Dès lors. Jàm.

Désormais. Deinceps.

Détour (sans). Ouvertement. Apertè.

Différemment. Variò. Diversè.

Difficilement. (avec peine). Ægrè.

Dire (c'est-à-dire). Scilicet. Hoc est.

CONJONCTIONS.

Mais. Sed. Verò. At. Autem.

Malgré. Quamvis. Etsi. (*subj.*)

Moment (au). In eo ut. (*subj.*)

Moment. (un — après). Haud multò post.

Moment (en ce). Tunc temporis.

Moment (en un). Eo momento.

Néanmoins. Attamen.

Ni. Nec.

Or. Sed. Verò.

Ou. Aut. Vel. Ve. (après un nom).

Pendant que. Quùm. (*subj.*)

Peur (de peur que). Ne. (*subj.*)

Point (au — que). Adeò ut. (*subj.*)

EXERCICES (1).

Vous atteindrez. J'augmente. Il ne bouge pas. Que je broute. Qu'il se contente. Que j'aie cru. Effaçant. Devant effrayer. D'éloigner. Pour entrevoir. Épouvanter. Il fournira. Il touchera. Nous intéresserons. Vous intimidez. Elle se lamente. Il a ordonné. Qu'il persuadât. Vous vous persuadez. Vous plaindrez. Ils plairont. Préférer. Qu'ils procurent. En prescrivant. Qu'il ait remplacé. Nous avons retenu. Que j'eusse dû. Nous nous contentons. Qu'il se lamente sans cesse. Je me suis moqué. Qu'ils intimident. Que vous ayez ordonné.

Nous occupons. Je persuade. Ils possèderont. Vous proscrirez. Il a regretté. Excuser. Que tu aies exercé. Nous n'exterminerons point. Ils auraient fixé. J'enseignerai. D'enseigner. Pour enseigner. Vous haïrez. Je hais. Ils haïssent. J'avais haï. Depuis longtemps nous prenons. Désormais je pratiquerai. Nous abolirons. Abolir. Pour abolir. En abolissant. Assiégeant. Devant assiéger. Ils assiégèrent dernièrement. Nous nous repaissons d'espérance.

EXERCICES LATINS.

Sed admovet. Diù manebit. Semper auxerant. Ægrè monuimus. Haud multò post momorderant. Nequaquàm se movent. Compleo. Complebam. Complevi. Complebo. Compleat. Compleret. Complevisset. Perterrebant. Perterrent. Perterrebant. Perterruerant. Debetis. Debeatis. Deberent. Debiturus, a, um. Arcebis. Arcebas. Arceres. Arcueris. Arcuisses. Movissem. Movens. Mo-

tum. Movendi. Movere. Movendo. Præbuerunt. Non præbebo. Semper præbebam. Præbeas. Præbeamus. Præbete. Exhibeas. Exhibes. Apertè exhibebis. Nuper urgebas. Diversè urgetis. Urgebitis. Teneam. Tenerem. Tenuerim. Tenuissem. Tenens. Tentum. Tenendum. Tenturus. Suspectum habebunt. Suspectum habeant. Detinuero. Detinebatis. Detinerentis. Detineant.

RÈGLE DES VERBES QUI GOUVERNENT L'ACCUSATIF (2). (EXERCI E.)

Abolir une loi. Il s'abreuvera. Vous enseignerez la grammaire. Mon père approchera la table. L'armée du général assiége la ville. Une fortune considérable vous attendra. Vous avertirez votre frère, ils s'entr'avertissent. Votre ami avait un grand courage. Ils ne bougeaient pas. Ils avaient charmé les regards du père. Complétez les légions. Il aurait contenté ses passions. Ils effrayèrent les honnêtes gens. Je déplacerai cette chaumière. Nous déplorons cet accident. Il a déploré la mort de son ami. Il déploiera sa force. Il avait dérangé ces tas, Écarter la foule. Le gardien a écarté les spectateurs. Le vigneron emplit le tonneau. Ils avaient employé la prière. Vous enseignez la religion. Que nous étanchions notre soif. Vos frères excitèrent l'admiration. Excusez-moi. Tu avais

cultivé ta mémoire. L'ennemi a exterminé la ville. Les femmes filent la laine au fuseau. Nous fixâmes la légèreté de ce jeune homme. Ils fléchirent les esprits. Nous grillons du poisson. Nous vous haïssons. Votre sœur touche très bien la lyre. Cet animal mêle les couleurs. Le matelot prévit l'orage. Le général modère l'ardeur de ses soldats. Tu te montres homme de cœur. Il se moque des manières du paysan. Le cheval mord le frein. Qu'il meuve les machines. Tu fourniras l'occasion. La flotte occupe le port. Ils jouissent des biens du père. Nous pratiquerons l'art de notre oncle. L'écolier présenta son devoir. Nous prévîmes le mauvais temps. Il aura réalisé sa promesse.

EXERCICES LATINS.

Ignavum illum habet. Fratris sui mortem lugebit. Nominis gloriâ orbem implet. Conceptum odium contineat. Spes fovebant. Hi pueri spem impleverunt. Hic adolescens libidines non coercuit. Pater familiàs domum suam delevit. Te suspectum habent. Rem prævidit. Rex vester clavum imperii tenebit. Amitæ tuæ corda moverunt. Sese valdè extorquent. Hunc virum probum benignè habuerant. Captivos malè habuère. Labore sese exercebunt. Latrones terrue-

rint. Amici tui video domum. Aures præbuère. Hoc beneficium obtinui. Herum suum admonuit. Opus urgebatis. Legis tabulas exhibuit.

---

(1) Repasser, avant de faire ces exercices, tous les verbes, et bien se rappeler la formation des verbes.

(2) Voir Lhomond pour la règle d'*Amo Deum.*

IMP. E. DÉZAIRS, A BLOIS.

ENSEIGNEMENT MUTUEL.

MÉTHODE LATINE.

QUATRIÈME ESPÈCE DE MOTS. — *LE VERBE.*

Verbes à conjuguer sur LEGO. (*Voir Lhomond.*)

A.

Abandonner. Deserere, o, is, ui, tum (1).

Abandonner (Laisser). Derelinquere, o, is, liqui, lictum.

Aborder (à terre). Navem ad littus Appellere, o, is, puli, sum, (à). *ad. acc.*

Absoudre. Absolvere, o, is, i, lutum. (de). *gén. ou abl.*

Accabler (Opprimer). Opprimere, o, is, pressi, pressum.

Accabler (Écraser). Obruere, o, is, i, tum.

Accepter (ne pas —. Rejeter). Repucre, o, is, i. (sans *sup.*)

Accorder. Concedere . o, is , cessi, cessum. (à). (*dat.*)

Acheter. Emere , o, is, mi, emptum. (de). *à. abl.*

1. Achever (Menera sa fin). Ad finem Perducere, o, is, duxi, ductum. (à). *ad. acc.*

Achever (Terminer). Absolvere, o, is, i, lutum.

Achever (Finir, ou Tuer). Perimere, o, is, emi, emptum.

Acquérir. Acquirere, o, is, sivi, situm.

Adjuger. Adscribere, o, is, scripsi, scriptum. (à). *dat.*

Admettre. Admittere, o, is, misi, missum.

Adresser (une lettre à). Inscribere, o, is, scripsi, scriptum. (à). *dat.*

Affaiblir. Frangere, o, is, fregi, fractum.

Affecter (Attribuer). Attribuere, o, is, i, tum . à). *dat.*

Affliger (Opprimer). Opprimere, o, is, pressi, pressum.

2. Agir. Agere, o, is, egi, actum.

Aider. Opem Ferre, o, ers, tuli, latum. (2).

Aimer. Diligere, o, is, lexi, lectum.

Ajouter. Addere , o, is , didi , itum.

Aller. Petere , o, is, ivi, itum.

Aller voir (Visiter). Invisere, o, is, si, sum.

Allumer. Accendere, o, is, i, censum. (à). *ex. abl.*

Altérer (Diminuer). Imminuere, o, is, i, tum.

Amasser. Assembler. Colligere, o, is, legi, lectum.

Amener. Adducere, o, is , duxi, ductum. (à). *ad. acc.*

3. Animer (Enflammer). Incendere, o, is, i, censum. (à). *ad. acc.*

Apaiser (s'). Iram Comprimere, o, is, ui, itum,

Apercevoir (s' —. Comprendre). Intelligere, o, is, lexi, lectum.

(1) Tous les verbes ci-dessus gouvernent l'*accusatif.*

(2) Voir Lhomond au verbe irrégulier *fero.*

Apporter. Afferre, o, ers. attuli, allatum.

Apprendre (par cœur). Discere, o, is, didici, discitum.

Appréhender (Craindre). Pertimescere, o, is, ui. (*n.*) *acc.*

Apprêter (s'). Sese Accingere , o, is, cinxi, cinctum. (à). *ad. acc.*

Armer (s'). Arma Induere, o, is, i , tum.

Arrêter (Saisir). Comprehendere, o, is, i, sum.

Arroser. Perfundere, o, is, fudi , fusum.

4. Aspirer (Désirer ardemment). Appetere, o, is, ivi, itum. (*n.*) (à). *acc.*

Assaillir (Attaquer). Invadere, o, is, si, sum. (*n.*) *acc.*

Assigner. Adscribere, o, is, scripsi, scriptum. (à). *dat.*

Assigner (Attribuer). Attribuere, o, is, i, tum. (à). *dat.*

Associer (s'). Se comitem Adjungere, o, is, xi, ctum.

Attaquer. Lacessere , o, is, ivi, itum.

Attaquer (Envahir). Invadere, o, is, si, sum. (*n.*) *acc.*

Atteler. Jungere, o, is, xi, ctum.

Attraper (Tromper). Fallere, o, is, fefelli, falsum.

Attribuer. Tribuere, o, is, i, tum. (à). *dat.*

B.

5. Baigner (se). Corpus Abluere, o, is, i, tum.

Balayer. Converrere , o, is, ri, sum.

Barbouiller (Enduire). Inducere, o, is, xi, ductum. (de). *acc.*

Béqueter. Rostro Pungere , o, is, xi , ou pupugi, ctum. (de). *abl.*

Blâmer. Arguere, o, is , i , tum. (de). *de. abl.*

Blesser. Lædere, o, is, si, sum.

Boire. Bibere, o, is, i, itum.

Border (Entourer). Cingere, o, is, xi, ctum.

Braver (l'outrage). Injurias Vincere, o, is, vici, victum.

Briser. Illidere, o, is, si, sum.

6. Briser (Casser). Frangere, o, is, fregi, fractum.

Briser (Rompre). Rumpere, o, is, rupi, ruptum.

Briser (Broyer). Conterere, o, is, trivi, itum.

Broyer. Terere , o, is , trivi , tritum.

C.

Cacher. Abscondere , o, is, di, itum.

Causer (procurer). Afferre, o, ers, attuli , allatum.

Céder (Accorder). Cedere , o, is , cessi, cessum. (à). *dat.*

Célébrer (des fêtes). Dies festos Agere, o, is, egi, actum.

Chanter. Canere, o , is , cecini, cantum.

Chasser (Renvoyer). Expellere, o, is, puli, sum.

7. Chercher (envoyer—). Arcessere, o, is, ivi, itum.

Chercher. Quærere, o, is, sivi, situm.

Chérir. Diligere, o, is, lexi, lectum.

Choisir (Élire). Eligere, o, is, legi, lectum.

Choquer (Offenser). Lædere , o, is, si, sum.

Choquer. Injuriam Afferre, o, ers, attuli, allatum.

Commettre (Confier). Committere, o, is, si, ssum. (à). *dat.*

Commettre (le mal). Malum Inferre, o, ers, intuli, illatum.

Composer. Componere, o, is, sui, itum.

Composer (un ouvrage). Scribere, o, is, scripsi, scriptum.

8. Composer (Constituer). Constituere, o, is, i, tum.

Comprendre. Intelligere, o, is, lexi, lectum.

Comprimer. Comprimere , o, is, pressi, ssum.

Compter (au nombre). Adscribere , o, is , scripsi , scriptum, (de). *inter. acc.*

Condamner. Addicere , o, is, di , dictum. (à). *dat.*

Conduire (Mener. Agir). Ducere, o, is, xi, ctum.

Conduire (se). Se gerere , o, is, gessi, gestum.

Confondre (Convaincre). Convincere, o, is, vici, victum.

Confier. Credere, o, is, didi, itum, (à). *dat.*

Connaître. Cognoscere , o, is . gnovi, itum.

9. Considérer (Faire attention). Attendere, o, is, i, tentum.

Consister (faire). Ponere , o, is , sui, situm. (dans). *in. abl.*

Construire (faire). Erigere, o, is , rexi, rectum.

Consulter. Consulere, o, is, ui, sultum.

Consumer. Consumere , o , is , sumpsi, sumptum.

Consumer (Brûler). Succendere , o, is, i, sum.

Continuer. Pergere , o, is , rexi , rectum.

Contraindre (Forcer). Cogere , o, is, egi, actum.

Convaincre. Convincere , o, is , vici, victum. (do). *gén. ou abl.*

Corriger (Châtier). Plectere, o, is, plexi, plectum.

10. Corriger (se). Meliorem Evadere, o, is, si, sum.

Corrompre. Corrumpere , o, is, rupi, ruptum.

Coucher (les oreilles). Aures Deprimere, o, is, pressi, sum.

Couler (ses jours). Vitam Degere, o, is, i. (sans *supin.*)

Couper. Abscindere, o, is, scidi, cissum.

Couper (les blés. Moissonner). Metere, o, is, ssui, messum.

Couper (Brouter. Tondre). Tondere, o, is, totondi, sum.

Couronner. Coronâ Cingere, o, is, xi, cinctum. (de). *abl.*

Couronner (Achever. Finir). Absolvere, o, is, i, lutum.

Couvrir. Tegere, o, is, texi, tectum.

11. Craindre (Trembler). Pertimescere, o, is, ui. (sans *supin*).

Creuser (Fouiller). Effodere, o, is, i, fossum.

Cueillir. Legere, o, is, gi, lectum.

Cueillir (Recueillir). Colligere, o, is, legi, lectum.

Cultiver. Colere, o, is, ui, cultum.

Cultiver (l'esprit). Mentem Excolere, o, is, ui, cultum.

D.

Danser (Faire des chœurs). Choros Agere, o, is, egi, actum.

Darder. Emittere, o, is, misi, missum.

Déceler (Découvrir). Detegere, o, is, toxi, tectum.

Déceler (Trahir). Prodere, o, is, didi, itum.

12. Décharger (un coup). Ictum Impingere, o, is, pinxi, pictum. (sur). *dat.*

Déchirer. Scindere, o, is, scidi, scissum.

Décider. Statuere, o, is, i, tum.

Déclamer. Perlegere, o, is, legi, lectum.

Découvrir. Detegere, o, is, texi, tectum.

Décrire. Describere, o, is, scripsi, scriptum.

Défendre. Defendere, o, is, i, sum.

Défendre (se). Se Defendere, o, is, i, sum.

Déguiser (se). Alienum habitum Induere, o, is, i, tum.

Déjeuner. Jentaculum Sumere, o, is, sumpsi, ptum.

13. Délayer. Diluere, o, is, i, tum.

Délier. Solvere, o, is, vi, lutum.

Délivrer. Eximere, o, is, emi, emptum.

Demander. Petere, o, is, ivi, itum. (à). *ab. abl.*

Demander (s'Enquérir). Quærere, o, is, sivi, situm.

Demander (Faire venir). Arcessere, o, is, ivi, itum.

Démêler (Discerner). Discernere, o, is, crevi, cretum.

Démêler (Comprendre). Intelligere, o, is, lexi, lectum.

Dépenser (Faire des dépenses). Sumptum Agere, o, is, egi, actum.

Déposer. Deponere , o , is , sui, itum.

14. Députer (Envoyer). Mittere, o, is, misi, missum. (à). *ad. acc.*

Déranger (Détourner). Avertere, o, is, sivi, situm.

Dérober (Soustraire). Subducere, o, is, duxi, ductum.

Désirer (ardemment). Appetere, o, is, ivi, itum.

Détacher (Distraire). Distrahere, o, is, traxi, tractum. (de). *ab. abl.*

Déterminer (Engager). Inducere, o, is, duxi , ductum. (à). *ad. acc.*

Déterminer (Exciter). Impellere, o, is, puli, pulsum. (à). *ad. acc.*

Détrôner. Regno Detrudere, o, is, si, sum.

Digérer. Concoquere, o, is, coxi, coctum.

Différer. Differre, o, is, tuli, latum.

15. Dire. Dicere, o, is, dixi, dictum.

Diriger. Dirigere, o, is, rexi, rectum.

Discipliner (Mettre de l'ordre). Instituere, o, is, i, tum.

Dispenser (Délier d'un engagement). Solvere, o, is, vi, lutum. (de). *abl.*

Disperser. Dispergere, o, is, si, sum.

Disposer. Disponere , o , is , sui, situm.

Disposer (se — . s'Apprêter). Sese Accingere, o, is, cinxi, cinctum.

Distinguer (Discerner). Discernere, o, is, discrevi, cretum.

Distribuer. Distribuere, o, is, i, tum. (à). *inter. acc.*

Diviser. Dividere, o, is, i, sum.

16. Donner (Accorder). Tribuere, o, is, i, tum. (à). *dat.*

Donner (Transmettre. Livrer). Tradere, o, is, didi, ditum. (à). *ad. acc.*

Dresser (Ériger). Erigere, o, is, rexi, rectum.

IMP. N. DÉZAIRS, A BLOIS.

ENSEIGNEMENT MUTUEL.

MÉTHODE LATINE.

QUATRIÈME ESPÈCE DE MOTS. — *LE VERBE.*

Verbes à conjuguer sur LEGO. (Voir Lhomond.)

E.

Echapper (Laisser — . Omettre). Omittere, o, is, si, missum.

Eclater (Faire — . Répandre). Effundere, o, is, fudi, fusum. (sur). *in. acc.*

Eclore (Faire—). Excludere, o, is, si, sum.

Ecraser (Confondre). Obruere, o, is, i, tum.

Ecraser (Opprimer). Opprimere, o, is, pressi, pressum.

Egarer (Détourner du chemin). A viâ Deducere, o, is, xi, ctum.

Ecrire. Scribere, o, is, psi, ptum.

17. Elever (Dresser). Erigere, o, is, rexi, rectum.

Elever (aux honneurs). Ad honores Provehere, o, is, vexi, vectum. (à). *ad. acc.*

Elire. Eligere, o, is, legi, lectum.

Eloigner (Repousser). Repellere, o, is, puli, pulsum.

Embarquer (s'). Navem Conscendere, o, is, i, sum.

Emmener. Abducere, o, is, duxi, ductum.

Employer (Dépenser). Impendere, o, is, si, sum.

Employer (le temps). Tempus Consumere, o, is, sumpsi, sumptum.

Emporter. Auferre, o, ers, abstuli, ablatum (1).

Enchâsser (Renfermer). Includere, o, is, si, sum.

18. Encourager. Animos Addere, o, is, didi, ditum. (à). *dat.*

Endurer. Perferre, o, ers, tuli, latum.

Enerver. (Briser. Affaiblir). Frangere, o, is, fregi, fractum.

Enfermer. Includere, o, is, si, sum. (dans). *in. abl.*

Enfermer (s'). Se Includere, o, is, si, sum.

Enflammer. Incendere, o, is, di, sum.

Enfoncer (Immerger). Demergere, o, is, si, sum. (dans). *in. abl.*

Enfoncer (s'). Seso Immittere, o, is, si, missum. (dans). *in. acc.*

Enfourner. In furnum Condere, o, is, didi, ditum.

Engager (Induire, o, is,duxi, ductum. (à). *ad. acc.*

19. Engager. Perducere, o, is, duxi, ductum. (à). *ad. acc.*

Engager (s' — . Promettre). Promittere, o, is, si, missum. (à). *acc.*

Engloutir. Obruere, o, is, i, tum.

Engloutir (Immerger). Demergere, o, is, si, sum.

Enrichir (s' — . Amasser des ri-

chesses). Divitias Cogere, o, is, egi, actum.

Ensemencer. Frumento Serere, o, is, sevi, satum.

Entendre (Comprendre). Intelligere, o, is, lexi, lectum.

Entendre (Faire — un cri). Clamorem Tollere, o, is, sustuli, sublatum.

Entourer (Ceindre). Cingere, o, is, xi, cinctum.

Entraîner. Trahere, o, is, traxi, tractum.

20. Entrer (Faire—). Introducere. Introducere, o, is, xi, ctum. (dans). *acc.*

Entretenir (Nourrir). Alere, o, is, ui, itum.

Envelopper. Involvere, o, is, vi, lutum. (do). *abl.*

Envoyer. Mittere, o, is, si, missum (à). *ad. acc.*

Envoyer chercher (Faire venir). Arcessere, o, is, ivi, itum.

Epouser (en parlant de l'homme). Uxorem Ducere, o, is,xi, ctum.

Eriger (Construire). Extruere, o, is, traxi, tructum.

Escalader (Monter). Ascendere, o, is, i, sum.

Esquiver. Eludere, o, is, si, sum.

Etablir. Constituere, o, is, i, tutum.

21. Etaler (Exposer). Exponere. o, is, sui, situm.

Eteindre. Restinguere. Extinguere, o, is, xi, ctum.

Etendre. Extendere, o, is, i, sum.

Etendre (des branches). Ramos Perfundere, o, is, fudi, fusum.

Evaluer. Pretium Statuere, o, is, i, tutum.

Examiner (Peser). Perpendere, o, is, i, sum.

Exciter. Impellere, o, is, puli, pulsum. (à). *ad. acc.*

Exiger. Repetere, o, is, ivi, itum. (de). *d. abl.*

Expier. Pœnas Luere, o, is, i. (sans supin).

Exploiter (Tirer de). Eruere, o, is, i, tum.

22. Exposer (Raconter). Exponere, o, is, sui, situm.

Exposer (s'). Se Offerre, o, ers, obtuli, oblatum.

Exprimer. Exprimere, o, is, pressi, pressum.

Exténuer (Fatiguer. Briser). Labore Frangere, o, is , fregi, fractum. (de ou par) *abl.*

F.

Façonner (la terre). Terram proscindere, o, is, scidi, scissum.

Façonner (Donner une forme). Fingere, o, is, finxi, fictum.

Faire (Agir). Agere, o, is, egi, actum.

Faire (du mal). Malum inferre, o, ers, tuli, illatum.

Fendre. Scindere, o, is, scidi, scissum.

Fendre (Rompre). Rumpere, o, is, rupi, ruptum.

23. Fermer. Claudere, o, is, si, sum.

Finir (Terminer). Absolvere, o, is, vi, lutum.

Fixer (Regarder). Oculos Defigere, o, is, fixi, fixum. (sur). *in. acc.*

Fixer (Etablir). Constituere, o, is, i, tutum.

Fléchir (Assouplir. Plier). Flectere, o, is, flexi, flexum.

Fonder. Condere, o, is, didi, ditum.

Fonder (Construire). Extruere, o, is, xi, tructum.

Forcer. Cogere, o, is, egi, actum. (in. *acc.*)

Former (Façonner). Fingere, o, is, fixi, fictum. (n.)

Former (Etablir). Constituere, o, is, i, tutum.

24. Fracasser (Briser). Frangere, o, is, fregi, fractum.

Fréquenter (un chemin). Viam Relegere, o, is, legi, lectum.

G.

Gagner (un lieu). Petere, o, is, ivi, itum.

Gouverner (Diriger. Régir). Regere, o, is, rexi, rectum.

Grâces (Rendre—). Gratias Agere, o, is, egi, actum.

Graver. Defigere. Infigere, o, is, fixi, fictum. (sur). *dat.*

Gravir. Scandere, o, is, i, sum.

Guérir (la peur). Metum Pellere, o, is, pepuli, pulsum.

H.

Habiller (s'). Vestem Induere, o, is, i, tum.

Habiter. Incolere, o, is, ui, cultum.

25. Hair. Odi, osus sum. (2).

Harasser (Fatiguer). Labore Frangere, o, is, fregi, fractum.

Hausser. Tollere, o, is, sustuli, sublatum.

Heurter (contre). Offendere, o, is, i, sum.

Honorer. Colere, o, is, ui, cultum.

I.

Imposer. Constituere, o, is, i, tutum.

Imposer (en—). Tromper. Fallere, o, is, fefelli, falsum.

Incliner (Abaisser. Pencher). Demittere, o, is, si, missum.

Injurier. Contumeliis lacessere, o, is, ivi, itum.

Inquiéter. Angere, o, is, auxi. (sans *supin*)

26. Instituer. Instituere, o, is, i, tutum.

Interposer. Interponere, o, is, sui, situm.

Interrompre. Interrumpere, o, is, rupi, ruptum.

Introduire. Introducere, o, is, xi, ductum.

Introduire (s'). Sese Introducere, o, is, xi, ductum.

J.

Jeter (Répandre). Infundere, o, is, fudi, fusum.

Joindre. Jungere, o, is, xi, ctum.

L.

Lâcher. Emittere, o, is, misi, missum.

Laisser (Abandonner). Relinquere, o, is, liqui, lictum.

Laisser (là). Omittere, o, is, misi, missum.

27. Lancer. Immittere, o, is, misi, missum.

Lasser. Labore Frangere , o, is, fregi, fractum.

Lever. Tollere, o, is, sustuli, sublatum.

Lever (une difficulté). Nodum Solvere, o, is, vi, lutum.

Lier (se — d'amitié). Amicitiam Conjungere, o, is, xi, ctum.

Lire. Legere, o, is, legi, lectum.

Livrer. Tradere, o, is, didi, ditum. (à). *ad.*

Livrer (se). Se Tradere, o, is, didi, si, sum.

Livrer (le combat). Prælium Committere, o, is, misi, missum.

Longer (Raser). Radere, o, is, si, sum.

M.

28. Mander (Faire venir). Arcessere, o, is, ivi, itum.

Manger. Comedere , o, is, di, sum ou estum.

Marier (se — . En parlant d'un homme). Uxorem Ducere, o, is xi, ctum.

Masquer (so). Personam Induere, o, is, i. tum.

Massacrer (Tailler en pièces). Cædere, o, is, cecidi, sum.

Mener (Conduire). Ducere, o, is, xi, ctum. (à ou vers). *ad.* ou *in. acc.*

Mener (une vie). Vitam Degere, o, is, i. (sans *supin*).

Mépriser. Contemnere , o , is , tempsi, temptum.

Mettre (Placer). Ponere, o, is, sui, situm.

Mettre (au monde). In lucem Edere , o , is , didi , itum. (à). *in. acc.*

29. Mettre (Etablir). Constituere, o, is, i, tutum.

Modérer (Réprimer). Reprimere, o, is, pressi, pressum.

Montror. Ostendere, o, is, i, sum. (à). *dat.*

Meurtrir. Contundere , o , is , tudi, tusum. (de). *abl.*

Moissonner. Metere, o, is, mes-sui, messum.

Moudre. Molere, o, is, ui, itum.

N.

Nécessiter. Cogere , o , is, coegi , coactum.

Négliger. Negligere, o, is , glexi, glectum.

Négliger (Dédaigner). Respuere, o, is, i. (sans *sup.*)

Négliger (Mépriser). Spernere, o, is, sprevi, spretum.

30. Nettoyer. Sordes Abluere, o, is, i, tum.

Nourrir. Alere, o, is, ui, itum.

O.

Obliger (Contraindre). Cogere, o, is, egi, actum.

Obscurcir (Gâter). Corrumpere , o, is, rupi, rumptum.

Observer (Faire attention). Attendere, o, is, i, tentum. (à). *dat.*

Observer (Remplir un précepte). Peragere, o, is, egi, actum.

Offenser (Blesser). Lædere, o, is, si, sum.

Offrir (Proposer). Proponere , o, is, sui, situm.

Offrir. Offerre, o, ers, obtuli, oblatum. (à). *dat.*

Opprimer. Opprimere, o, is, pressi, pressum.

31. Oter (Arracher). Detrahere, o, is, traxi, tractum. (de). *ex. abl.*

Oter (Enlever). Auferre, o, ers, abstuli , ablatum. (de). *ab. abl.*

P.

Paitre (faire). Pascere, o, is, pavi, pastum.

Pâlir. Pallorem Induere , o , is , xi, ctum.

Parcourir. Percurrere, o, is, curri, cursum. (en). *abl.*

Parquer (Enfermer dans des claies). Cratibus Claudere, o, is, si, sum. (dans). *abl.*

(1) Voir Lhomond au verbe irrégulier *fero.*
(2) Voir Lhomond au verbe irrégulier *memini.*

IMP. E. DÉZAIRS, A BLOIS.

ENSEIGNEMENT MUTUEL.

METHODE LATINE.

QUATRIÈME ESPÈCE DE MOTS. — *LE VERBE.*

Verbes à conjuguer sur LEGO. (*Voir Lhomond.*)

Passer (Négliger). Prætermittere, o, is, si, missum.

Passer (son temps en bien). Tempus Consumere, o, is, sumpsi, tum.

Passer (son temps en mal). Tempus Terere, o, is, trivi, tritum.

Passer (Tamiser). Succernere, o, is, crevi, cretum.

32. Payer. Solvere, o, is, vi, lutum.

Payer (Solder). Porsolvere, o, is, vi, lutum.

Peindre. Pingere, o, is, nxi, pictum.

Peindre (Faire [le portrait). Effigiem Exprimere, o, is, pressi, pressum.

Pénétrer. Pervadere, o, is, si, sum.

Percer (de part en part). Transfigere, o, is, fixi, fixum.

Percer (l'air). Erumpere, o, is, rupi, ruptum. (*per. acc.*)

Perdre. Amittere, o, is, si, missum.

Périr (Faire—). Mortem Afferre, o, ers, attuli, allatum. (à. *dat.*)

Permettre. Permittere, o, is, misi, missum. (à). *dat.*

33. Permettre. Sinere, o, is, sivi, situm.

Perdre (le temps). Tempus Terere, o, is, trivi, tritum.

Poser. Perpendere, o, is, i, sum.

Pétrir. Pinsere, o, is, sui, pistum.

Piler. Contundere, o, is, i, tudi, tusum.

Pincer (un instrument). Chordas, Impellere, o, is, puli, pulsum.

Piquer. Pungere, o, is, gi, ou pupugi, punctum.

Placer (Etablir). Constituere, o, is, i, tum.

Placer (Poser). Ponere, o, is, sui, situm.

Placer (sur). Imponere, o, is, sui, situm.

34. Planter. Serere, o, is, sevi, satum.

Plier (Fléchir). Flectere, o, is, flexi, flexum.

Plonger. Immergere, o, is, mersi, mersum. *in. acc.*

Porter (Exciter. Pousser). Compellere, o, is, puli, pulsum. (à). *ad. acc.*

Porter (Transporter). Devehere, o, is, vexi, vectum.

Porter. Ferre, o, ers, tuli, latum. (à). *dat.*

Poser. Imponere, o, is, sui, situm. (sur). *dat.*

Poudrer. Conspergere, o, is, persi, persum.

Pousser. Pellere, o, is, pepuli, pulsum.

Pousser (Exciter). Impellere, o, is, puli, pulsum. (à). *ad. acc.*

35. Poursuivre (son chemin). Iter Pergere, o, is, perrexi, perrectum.

Pratiquer. Colere, o, is, ui, cultum.

Précéder. Antecedere, o, is, cessi, cessum. (*acc.* ou *dat.*)

Prédire. Prædicere, o, is, dixi, dictum.

Préférer. Anteponere, o, is, sui, situm.

Préparer (se). Sese Accingere, o, is, xi, ctum.

Présager (Prédire). Prædicere, o, is, dixi, dictum.

Prescrire. Prescribere, o, is, scripsi, scriptum.

Présenter. Porrigere, o, is, porrexi, porrectum.

Présenter (une figure). Exprimere. Producere, o, is, xi, ctum.

36. Presser. Premere, o, is, pressi, pressum.

Prétendre. Contendere, o, is, i, sum.

Prévenir. Prævertere, o, is, i, sum.

Prodiguer (Dépenser). Impendere, o, is, i, pensum.

Produire. Gignere, o, is, genui, genitum.

Proférer. Edere, o, is, didi, itum.

Prolonger. Producere, o, is, xi, ctum.

Promettre. Promittere, o, is, misi, missum.

Prononcer (Publier). Edicere, o, is, dixi, dictum.

Proposer (Exposer). Exponere, o, is, sui, situm.

37. Proscrire. Proscribere, o, is, scripsi, scriptum.

Protéger (Défendre). Defendere, o, is, i, sum.

Provoquer (Attaquer. Harceler). Lacessere, o, is, ivi, itum.

Publier (Faire—). Edicere, o, is, dixi, dictum.

Publier (Mettre au jour). In lucem Edere, o, is, didi, itum. (à ou au). *in. acc.*

Punir. Plectere, o, is, xi, ctum.

Punir (Châtier). Pœnas Repetere, o, is, ivi, itum. (de). *ab. abl.*

Q.

Quitter. Relinquere, o, is, liqui, lictum.

Quitter (Déposer). Deponere, o, is, sui, situm.

R.

Rabattre. Contundere, o, is, tudi, tusum.

38. Racheter. Redimere, o, is, emi, emptum. (de). *à. abl.*

35. Poursuivre (son chemin). Iter

Railler. Illudere, o, is, si, sum.

Raisonner (juste). Aptè Dicere, o, is, xi, ctum.

Raisonner (ainsi). Istà mente Revolvere, o, is, vi, lutum.

Ralentir (se). Laborem suum Intermittere, o, is, misi, missum.

Ramener. Reducere, o, is, xi, ctum.

Ramasser. Colligere, o, is, legi, lectum.

Ramener. Perducere, o, is, xi, ctum. (à). *ad. acc.*

Ranger (Disposer en ordre). Disponere, o, is, sui, situm.

Ranger (une armée en bataille). Aciem Instruere, o, is, xi, ctum.

39. Ranimer (le courage). Animum Erigere, o, is, rexi, rectum.

Rassembler. Cogere, o, is, egi, actum.

Rassurer (se). Metum Solvere, o, is, vi, lutum.

Rebuter. Respuere, o, is, i, tum.

Recharger. Iterùm Imponere, o, is, sui, situm. *dat.*

Rechercher. Perquirere, o, is, sivi, situm.

Récolter. Colligere, o, is, legi, lectum.

Recommander (Confier). Credere, o, is, didi, itum.

Recommencer. Eadem Repetere, o, is, ivi, itum.

40. Reconduire. Iterùm Deducere, o, is, xi, ctum.

Reconnaître. Recognoscere, o, is, gnovi, gnitum.

Reconnaître (s'Apercevoir. Comprendre). Intelligere, o, is, lexi, lectum.

Recoucher (se). Lectum Repetere, o, is, ivi, itum.

Recouvrir. Retegere, o, is, texi, tectum.

Recueillir. Colligere, o, is, legi, lectum.

Redemander. Repetere, o, is, ivi, itum. (de). *ab. abl.*

Redresser. Erigere, o, is, rexi, rectum.

Réduire (sous le joug). Subigere, o, is, egi, actum.

Réduire (en poudre). In pulverem Resolvere, o, is, vi, lutum. (en). *in. acc.*

41. Refermer. Recludere, o, is, clusi, clusum.

Réfléchir (Fixer son attention). Rem Attendere, o, is, i, tentum.

Réfléchir (les objets). Reflectere, o, is, flexi, flexum.

Regagner. Repetere, o, is, ivi, itum.

Régler. Instituere, o, is, i, tutum.

Rejeter (Mépriser). Respuere, o, is, i, tutum.

Rejoindre (Mettre ensemble). Conjungere, o, is, xi, ctum.

Relever. Erigere, o, is, rexi, rectum.

Remarquer. Animadvertere, o, is, i, sum.

Rembarquer (se). Rursùs navem Conscendere, o, is, i, sum.

42. Remercier. Gratias Agere, o, is, egi, actum. *dat.*

Remercier. Gratias Persolvere, vis, vi, lutum. (*dat.*)

Remettre (Restituer). Restituere, o, is, i, tutum.

Remettre (le pied). Pedem Referre, o, ers, tuli, latum.

Remettre (Livrer). Tradere, o, is, didi, itum.

Remettre (les intérêts entre les mains). Permittere, o, is, si, missum.

Remonter. Ascendere, o, is, di, sum. (*n.*)

Remporter. Referre, o, ers, tuli, latum.

Rencontrer (Heurter). Offendere, o, is, i. sum.

Rendre. Reddere, o, is, didi, itum.

43. Rendre (Restituer). Restituere, o, is, i, tutum.

Renfermer. Includere, o, is, si, sum.

Renverser. Subvertere, o, is, i, sum. (*n.*)

Répandre. Effundere, o, is, fudi, sum.

Réparer (sa faute). Culpam Luere, o, is, i, sum.

Repentir (Faire—). Pœnitentiam Afferre, o, ers, attuli, allatum.

Repousser. Propellere, o, is, puli, pulsum.

Reporter. Deferre, o, ers, tuli, latum.

Reprendre (Blâmer). Redarguere, o, is, i, tum.

Représenter (Exposer). Exponere, o, is, sui, situm.

44. Représenter (Faire en portrait). Effingere, o, is, finxi, fictum.

Réprimer (Apaiser). Compescere, o, is, ui. (sans *supin*.)

Résoudre. Statuere, o, is, i, tutum.

Résoudre (se — d'aller). Iter sibi Constituere, o, is, i, tutum.

Respirer. Spiritum Agere, o, is, egi, actum. Ducere, o, is, i, ctum.

Respirer (l'odeur). Odorem Trahere, o, is, traxi, tractum.

Respirer (la gloire). Laudem Appetere, o, is, ivi, itum.

Rétablir. Restituere, o, is, i, tutum.

Retirer (Oter). Extrahere, o, is, xi, ctum.

Retourner (la terre). Terram Subvertere, o, is, i, sum.

45. Retracer (Faire des empreintes). Exprimere, o, is, pressi, pressum.

Retrancher. Detrahere, o, is, xi, ctum.

Réunir. Conjungere, o, is, xi, ctum.

Revêtir. Induere, o, is, i, tum.

Revoir. Revisere, o, is, si, sum.

Révolter (se —. Offenser). Offendere, o, is, i, sum.

Rompre. Rumpere, o, is, rupi, ruptum.

Ronger. Rodere, o, is, si, sum.

Rouer. Contundere, o, is, tudi, tusum.

Rosser. Ictibus Contundere, o, is, tudi, tusum.

46. Rouler. Volvere, o, is, vi, lutum.

Ruiner (de fond en comble). Subvertere, o, is, i, sum.

Ruminer. Remandere, o, is, di, sum.

S.

Saisir. Comprehendere, o, is, di, sum.

Satisfaire (Payer). Solvere, o, is, vi, lutum.

Semer. Serere, o, is, sevi, satum.

Séparer (Arracher). Evellere, o, is, vulsi, sum. (de). *ab. abl.*

Serrer (Presser). Premere, o, is, pressi, pressum.

Serrer (Comprimer). Comprimere, o, is, pressi, pressum.

Signer. Nomen Scribere, o, is, scripsi, scriptum.

47. Solder (Payer le tout). Persolvere, o, is, vi, lutum.

Soumettre (Subjuguer). Subigere, o, is, egi, actum.

Soustraire. Subtrahere, o, is, traxi, tractum.

Subjuguer. Subigere, o, is, egi, actum.

Submerger. Submergere, o, is, mersi, sum.

Sucer. Sugere, o, is, suxi. (sans *supin*.)

Suffoquer. Angere, o, is, anxi. (sans *supin*.)

Suggérer. Suggerere, o, is, gessi, gestum.

IMP. E. DÉZAIRS, A BLOIS.

ENSEIGNEMENT MUTUEL.

MÉTHODE LATINE.

QUATRIÈME ESPÈCE DE MOTS. — *LE VERBE.*

Verbes à conjuguer sur LEGO. (Voir Lhomond.)

Supprimer. Prætermittere, o, is, misi, missum.

Surmonter (Vaincre). Vincere, o, is, vici, victum.

48. Surmonter (l'Emporter). Vincere, o, is, vici, victum.

Surpasser (Devancer). Antevertere, o, is, verti, versum.

Surprendre (Etonner). Percellere, o, is, culi, culsum.

Suspendre. Suspendere, o, is, i, sum.

T.

Teindre. Tingere, o, is, tinxi, tinctum.

Tempérer (Réprimer). Compescere, o, is, cui.

Tendre. Tendere, o, is, tetendi, sum, ou tentum.

Tendre (Présenter). Porrigere, o, is, rexi, rectum.

Terminer. Absolvere, o, is, vi, lutum.

49. Tirer. Trahere, o, is, traxi, tractum.

Tirer. Depromere, o, is, prompsi, ptum. (de).

Tirer (dehors). Extrahere, o, is, traxi, tractum.

Tirer (Faire sortir). Educere, o, is, xi, ctum.

Tirer (des pierres). Excidere, o, is, si, sum.

Tomber (Laisser —). Emittere, o, is, si, ssum.

Tomber (Faire —). Impellere, o, is, puli, pulsum.

Toucher (avec les mains). Tangere, o, is, tetigi, tactum.

Tourner. Vertere, o, is, i, sum.

Traduire. Traducere, o, is, xi, ctum.

50. Trahir. Prodere, o, is, didi, itum.

Trahir (Découvrir). Detegere, o, is, texi, tectum.

Traîner. Trahere, o, is, xi, ctum.

Traîner (en portant). Devehere, o, is, vexi, vectum.

Traire. Sugere, o, is, xi, ctum.

Transporter. Devehere, o, is, vexi, vectum.

Triompher. Triumphum Agere, is, egi, actum. (de). *abl.*

Tresser. Texere, o, is, ui. (sans *supin*).

Tromper. Fallere, o, is, fefelli, falsum.

Tromper (Jouer). Deludere, o, is, si, sum.

51. Trouver (Découvrir). Detegere, o, is, texi, tectum.

Trouver (Rencontrer). Offendere, o, is, i, sum.

Tuer. Occidere, o, is, di, sum.

U.

Unir. Conjungere, o, is, junxi, junctum.

V.

Vaincre. Vincere, o, is, vici, victum.

Vendre. Vendere, o, is, didi, ditum.

Venir (Faire —). Arcessere, o, is, ivi, itum.

Verser (Répandre). Effundere, o, is, fudi, fusum.

Verser (dans). Infundere, o, is, fudi, fusum.

52. Vider. Effundere, o, is, fudi, fusum.

Violer (sa promesse). Fidem Fallere, o, is, fefelli, falsum.

Vivre (Passer la vie). Vitam Agere, o, is, egi, actum.

Voir (Faire —. Montrer.) Ostendere, o, is, i, sum.

Voir (Aller —. Visiter). Invisere, o, is, i, sum.

Vomir. Evomere, o, is, ui, itum.

Voyager. Iter Pergere, o, is, rexi, rectum.

ADVERBES.

Distraction (sans —. Attentivement). Attentè.

Dix. Decem.

Doucement (Paisiblement). Placidè.

Doute (sans —). Sanè. Profectò.

Procul dubio.

Douze. Duodecim.

Du moins. Saltèm.

Durement (Inhumainement). Inhumaniter.

Eclat (avec). Splendidè.

Eclat (avec honneur). Honorificè.

Effet (en). Etenim.

Egalement. Æquè.

Encore. Adhùc.

Enfin. Demùm. Tandem.

Ensemble. Unà.

Ensuite. Deindè.

Entièrement. Omninò. Prorsùs.

Entre autres. Imprimis.

Envi (à l'onvi). Certatim.

Environ. Circiter.

Etonnemment. Mirè.

Etourdiment. Inconsultè.

Etrangement. Admodùm.

CONJONCTIONS.

Pourquoi. Cur. Quarè. Undè.

Pourvu que. Dùm. (*subj.*)

Près (être près de). In eo esse ut. (*subj.*)

Présentement que. Nunc. Quùm.

Quand même. Quamvis. Licet.

Etiamsi. (*subj.*)

Que. Ut. (*subj.*)

EXERCICES (1).

Vous altérez. J'aurai arrêté. Nous aurons assigné. Qu'il attribue. Qu'il ait attaqué. En buvant. Tu choquas. Ils firent consister. Nous contraindrons. Ils auront convaincu. Qu'il demande. Démêler. Pour détourner. Devant dérober. Nous désirons ardemment. Détachant. Je détermine. Nous disposons. Nous avons divisé. Enfin il encouragera. Pour énerver. Devant enfermer. Tu enflammes. Que je m'enfonce. Nous enfournons. Vous engagez. Je m'engageais. Vous engloutissez. Vous amasserez des richesses. Il a ensemencé. Vous comprends. Il fait entendre un cri. J'ai entouré. Tu entraînas. Nous fîmes entrer. Ils entretiennent. Vous envelopperez. Ils enverront. Ils enverront chercher. Il épousera. Que je construise. Nous escaladerons. Esquiver. Etablissant. Nous étalons. Ils éteignent. Elles étendaient. Vous évaluerez. Que j'examine. Que j'excitasse. Que j'aie exigé. Il aurait expié. Nous exploitons. Ils exposent ou racontent. En exprimant. Ils façonnèrent la terre. Ils façonneront. Vous agirez. Nous fendions. Il fend. Il fermera. Il a fini. Que tu fixes. Qu'il fixe. Il fléchit. Que nous fondîmes. Qu'il fondit. Que j'aie forcé. Nous fréquenterons le chemin. Tu gouverneras. Vous rendez grâces. Tu gravas. Guérir de la peur. Devant s'habiller. Pour habiter. De hausser. Vous heurtez contre. A honorer ou pour honorer. Nous abaissâmes. Ils avaient injurié. Vous inquiéterez. Ils institueront. Vous interrompez. Tu introduis. Nous répandons. Tu joignais. Je lâchai. Tu as laissé. Il laissa là.

EXERCICES LATINS.

Finxit. Constituerunt. Sese introduxit. Immiserat. Labore frangit. Sustulit. Nodum solverunt. Amicitiam conjungam. Leget. Tradent. Se tradat. Prælium commisi. Raserat. Arcessam. Comedes. Uxorem ducet. Personam induerat. Cæseri. Duxissem. Vitam Degebant. Contempseras. Posuerunt. In lucem edidit. Reprimebant. Ostendere. Contusum. Missurus. Moluit. Neglexerat. Respuerant. Spreverunt. Sordes Abluo. Aluerit. Attendissem. Peregerint. Læserati. Proponendo. Opprimendi. Detrahendum. Pasce. Pallorem induebat. Percurras. Cratibus claudebant. Prætermittent. Tempus consumendo. Tempus terere. Succernam. Solverat. Pinxit. Effigiem exprimit. Pervasissent. Confossum. Transfixum. Erupit. Amiseratis. Tempus teret. Perpenderit. Posuissetis. Imposueritis. Severunt. Immerseratis. Compuleram. Coluit. Antecessit. Prædicam. Antepones. Sese accingebat. Prædicebant. Præscripserant. Porrecturus.

Exprimis. Premo. Contendère. Impenderet. Gignunt. Ediderunt. Promissurus. Edicet. Proponunt. Defenderunt. Lacessero. Edixeram. In lucem ediderunt. Plectendo. Pœnas repetendum. Reliquras. Deposueratis. Redemisti. Istá mente revolveratis. Collegerunt. Laborem tuum intermittis. Perductum. Disponens. Coegisti. Metum solvat. Perquiris. Colligetis. Eadem repetere. Inimicitias deponimus. Lectum repetivit. Subegerunt. Intellexit. Retexit. In pulverem resolves. Recludent. Rem attenturus. Reflexurus. Animadvertit. Rursùs navem conscenderat. Ascendit. Reddidit. Restituam. Includes. Subvertit. Culpam luet. Iter sibi constituit. Spiritum agamus. Odorem traximus. Laudem appetivimus. Terram subverterunt. Rosit. Ictibus contundent. Fefellit. Delusit. Trahet. Deprompsit. Extrahet. Educet. Excidet.

(1) Nous rappelons ici ce qui a été dit pour les exercices précédents sur les Verbes.

IMP. E. DÉZAIRS, A BLOIS.

ENSEIGNEMENT MUTUEL.

METHODE LATINE.

QUATRIÈME ESPÈCE DE MOTS. — *LE VERBE.*

Verbes à conjuguer sur Lego. (*Voir* Lhomond.)

RÈGLE DES VERBES QUI GOUVERNENT L'ACCUSATIF. (EXERCICES.)

Continuez votre route. Qu'ils se corrigent. Ils ont corrompu les mœurs. Le chien couche les oreilles. Nous coulerons des jours heureux. Il coupe les veines. Ils coupent les blés. Nous coupons les herbes. Vous couronnerez le vainqueur. Nous couronnerons notre ouvrage. Ils avaient couvert la maison. Ils craignent le maître. L'ouvrier fouillera la terre. Nous cueillerons des roses. Vous cueillerez des fruits. Je cultivais la vigne. Il cultivera son esprit. Le soldat darde son dard. Nous avons découvert la maison. Ils décèlent les complices du crime. Le pontife déchire ses vêtements. Vous avez décidé sa perte. Vous déclamerez votre discours. Ils décrivent la France. Je défendrai ma vie. Vous vous êtes déguisés. Ils se défendront. Demain nous déjeûnerons ensemble. Délayer de la farine. Vous déliez les liens. Ils demandent cette faveur. Il fit venir son valet. Ces riches font beaucoup de dépenses. Le sénat députa le général. Ils l'ont détrôné. Vous digérez des aliments. Nous vous dispensons. Vous avez dispersé les soldats. Il s'est disposé. Il distingue les choses. Nous distribuions du pain. Nous livrons notre cheval. Vous avez donné les prix. Ils dressèrent un autel. Elle fit éclore ses petits. Vous avez confondu le témoin. Vous aurez écrasé les nations. Ils détournèrent le pauvre de son chemin. Vous avez écrit une lettre. Ils élevèrent les yeux. Nous élevons ce paysan aux honneurs. Le peuple élira son chef. Nous nous embarquerons. Nous avons éloigné l'ennemi. Il emmena son fils. Nous employons notre argent. Vous employez votre temps. Nous enchâssons nos tableaux.

EXERCICES LATINS.

Romam petivit. Avum suum inviset. Lampades accenderunt. Copias colligunt. Greges adduxerint. Militum animos incendit. Iram compescet. Intellexit culpam fratris tui. Artem didicerunt. Bellum pertimescent. Tui homines sese accinguut. Gladium, scutum induebant. Hortulanus olera perfoderat. Regnum appetam. Galliæ regiones invaserat. Me comitem adjungam. Hostem lacessit. Boves jungere. Meam fidem fefellit. Hoc facinus tribuit. Corpus abluat. Famula cubiculum converrat. Colorem induxit. Hæc avis rostro pungit plantas. Illam arguent. Magistri famam læserant. Urbis mœnia cinxerunt. Injurias vincent. Dentes illidis. Crura frangunt. Catenas ruperunt. Nationes contriverint. Frumenta triverunt. Avarus thesaurum abscondit. Jus suum cessorat. Dies festos agent. Sacerdotes hymnos sacros cecinêre. Hostem expulserant. Illas quærebat. Magister discipulos suos diligit. Gallici præsidem elegerunt. Mater liberos suos committebat. Poeta versus composuit. Auctor opus scripsit. Hic vir præclarus senatum constituit. Linguam latinam intelligunt. Viros hostium compresserunt. Illos addicetis. Matris parvulum ducebat. Servum tuum convicit. Belli imperium credidit. Te cognoverat. Stuporem hominis attendite. Templum erexistis. Sortem consulam. Tempus consumendo. Ignis lignum succendit.

Verbes à conjuguer sur Accipio.

A.

Abattre. Dejicere, io, is, jeci, jectum.

Accélérer (la course). Citatiorem cursum Facere, io, is, feci, factum.

Accepter (Recevoir). Accipere, io, is, cepi, ceptum. (de). d. abl.

Accomplir. Perficere, io, is, feci, fectum.

Accoutumer. Aussuefacere, io, is, feci, factum. (à). dat.

Accueillir. Excipere, io, is, cepi, ceptum.

Achever (Parfaire). Perficere, io, is, feci, fectum.

Agiter (Secouer). Quatere, io, is, quassi, quassum.

Agréer (Accepter). Accipere, io, is, cepi, ceptum.

1. Agripper. Arripere, io, is, ui, reptum.

Ajouter (Parler). Subjicere, io, is, jeci, jectum.

Améliorer (Rendre meilleur). Meliorem Facere, io, is, feci, factum.

Améliorer (Rendre plus abondant). Uberiorem Efficere, io, is, feci, fectum.

Apercevoir. Aspicere, io, is, exi, ectum.

Apercevoir. Conspicere, io, is, exi, ectum.

Apercevoir (Regarder devant soi). Prospicere, io, is, exi, ectum.

Apprendre (Avoir des renseignements). Documenta Capere, io, is, cepi, captum. (de). abl.

Apprivoiser (Rendre moins sauvage). Mansuefacere, io, is, feci, factum.

Arracher (Ravir). Eripere, io, is, ui, reptum. dat. ou abl. à.

2. Arracher (des pleurs, un secret). Elicere, io, is, i, itum.

Arrêter (les Yeux). Oculos Conjicere, io, is, jeci, jectum.

Assassiner. Interficere, io, is, feci, fectum.

Assujétir. Subjicere, io, is, jeci jectum. (à). dat.

Avertir. Certiorem Facere, io, is, feci, factum. (de). gen. ou abl. avec de.

B.

Broyer (avec les dents). Dentibus Conficere, io, is, feci, fectum.

C.

Cheminer. Iter Facere, io, is, feci, factum.

Charger (se—. Accepter). Suscipere, io, is, cepi, ceptum. (de). acc.

Commencer. Incipere, io, is, cepi, ceptum.

Composer (Préparer). Conficere, io, is, feci, fectum.

3. Concevoir. Concipere, io, is, cepi, ceptum.

D.

Délasser (se—. se Refaire). Se Reficere, io, is, feci, fectum.

Dérober. Subripere, io, is, repi, reptum.

Dérober (se—. s'Enfuir). Effugere, io, is, fugi, fugitum. (à). acc.

E.

Échauffer. Calefacere, io, is, feci, factum.

Empoisonner. Veneno Interficere, io, is, feci, fectum.

Enlever (Ravir). Rapere, io, is, ui, raptum.

Enlever (Arracher). Eripere, io, is, ui, reptum. (à). dat. ou d. abl.

Entraîner. Rapere, io, is, ui, raptum.

Entraîner (Enlever). Abripere, io, is, repi, reptum.

4. Éveiller. Expergefacere, io, is, feci, factum.

Éveiller (s'). Somnum Excutere, io, is, cussi, cussum.

Éviter (Fuir). Fugere, io, is, fugi, itum.

Exécuter. Perficere, io, is, feci, fectum.

Exposer. Objicere, io, is, jeci, jectum. (à). dat.

F.

Fabriquer. Conficere, io, is, feci, fectum.

Faire. Facere, io, is, feci, factum.

Fondre. Liquefacere, io, is, feci, factum.

Forcer (Faire violence). Vim Facere, io, is, feci, fectum.

Fuir. Fugere, io, is, fugi, itum.

H.

5. Humecter (Mouiller). Madefacere, io, is, feci, factum.

I.

Infecter. Inficere, io, is, feci, fectum.

Informer. Certiorem Facere, io, is, feci, factum.

Intercepter. Intercipere, io, is, cepi, ceptum.

J.

Jeter (Lancer). Jacere, io, is, jeci, jactum.

Jeter (les yeux). Oculos Conjicere, io, is, jeci, jectum. (sur). in. acc.

Jeter (la terreur). Terrorem Injicere, io, is, jeci, jectum.

L.

Lancer (Jeter au loin). Injicere, io, is, jeci, jectum.

M.

Marcher (Faire du chemin). Iter Facere, io, is, feci, factum.

Mépriser. Despicere, io, is, pexi, pectum.

O.

6. Obtenir (Recevoir). Percipere, io, is, cepi, ceptum.

P.

Percer (Creuser. Fouiller). Confodere, io, is, i, ssum.

Q.

Quitter. Abjicere, io, is, jeci, jectum.

Quitter (tout). Se Proripere, io, is, ui. (sans supin).

R.

Radouber (un vaisseau). Navem Reficere, io, is, feci, fectum.

Recevoir. Accipere, io, is, cepi, ceptum.

Recevoir (Accueillir). Excipere, io, is, cepi, ceptum.

Recevoir (sur son dos). Dorso Excipere, io, is, cepi, ceptum. (sur). abl.

IMP. E. DÉZAIRS, A BLOIS.

ENSEIGNEMENT MUTUEL.

MÉTHODE LATINE.

QUATRIÈME ESPÈCE DE MOTS. — *LE VERBE.*

Verbes à conjuguer sur Accipio. (Voir Lhomond.)

Récolter (Faire la moisson). Fruges excipere, io, is, cœpi, ceptum.

Recueillir (Recevoir). Percipere, io, is, cepi, ceptum.

7. Régaler. Opiparè excipere, io, is, cepi, ceptum.

Regarder (Observer). Inspicere, io, is, pexi, pectum.

Regarder (de haut, de loin). Despicere, io, is, pexi, pectum.

Rejeter. Rejicere, io, is, jeci, jectum.

Rentrer (en soi-même). Se Recipere, io, is, cepi, ceptum.

Renverser (Abattre). Dejicere, io, is, jeci, jectum.

Répartir (Répondre). Subjicere, io, is, jeci, jectum.

Répliquer. Subjicere, io, is, jeci, jectum.

Reprendre. Recipere, io, is, cepi, ceptum.

Ressentir. Percipere, io, is, cepi, ceptum. (de). *ex. abl.*

8. Rôtiver. Percipere, io, is, cepi, ceptum. (de). *ex. abl.*

S.

Saccager. Diripere, io, is, ui, reptum.

Saisir (se). Arripere, io, is, ui, reptum.

Sauver. Salvum Facere, io, is, feci, factum.

Secouer. Excutere, io, is, cussi, cussum.

Sortir (faire). Ejicere, io, is, jeci, jectum.

Soustraire (Dérober). Subripere, io, is, ui, reptum.

Surprendre (Tromper). Decipere, io, is, cepi, ceptum.

T.

Terminer (Achever). Conficere, io, is, feci, fectum.

Traverser. Trajicere, io, is, jeci, jectum.

9. Tromper. Decipere, io, is, cepi, ceptum.

Tuer. Interficere, io, is, feci, fectum.

ADVERBES.

Evidemment. Apertè.

Exactement. Sedulò. Verè.

Excès (avec). Immoderatè.

Exprès. De industriá.

Extraordinairement. Mirum in modum.

Extrêmement. Summoperè. Graviter.

Faiblement. Paulatim.

Facilement. Facilè.

Favorablement. Benignè.

Faussement. Falsò.

Ferme (d'un ton —). Impavidè. Interritè.

Fermeté (avec —). Constanter.

Fidèlement. Bonâ fide. Fideliter.

Fièrement. Superbè.

Fois (une —). Semel.

Fois (une autre —). Aliàs. Jàm.

Fois (une seconde—). Iterùm. Denuò.

Fois (toutes les fois que). Quotiès.

Fois (plus d'une—). Sæpiùs.

Fois (deux —, trois —, quatre —, mille —). Bis, ter, quater iterùm iterùmque.

Fois (par —). Identidem.

Fois (quelques—). Nonnunquàm.

Fond (au —). Intùs.

Formellement (Expressément). Expressè.

Fort (Beaucoup). Validè.

Fort. Validè. Arctè.

Franchement. Ingenuè.

Froidement. Immutato vultu.

Gaiement. Festivè. Hilariter.

Général (en —). Universè.

Généralement. Universè.

Généreusement. Generosè.

Glorieusement. Gloriosè.

Gravité (avec —). Fronte severâ.

Grossièrement. Turpiter. Fœdè.

Habituellement. De more.

Hardiment. Audacter.

Heure (de bonne —). Maturè.

Heure (de meilleure —). Maturiùs. Citiùs.

Heure (à la bonne —). Esto. Per me licet.

Heureusement. Feliciter.

Honneur (avec —). Honorificè.

Huit. Octo.

Humblement. Submissè. Humiliter.

Ici (avec résidence). Hic.

Ici (avec tendance). Hùc.

Ici (bas). His in terris.

Ignominieusement. Fœdè.

Impatiemment. Ægrè. Inimico animo.

Impitoyablement. Inhumaniter. Inhumanè.

Imprudemment. Imprudenter.

Incessamment (Bientôt). Mox.

Infailliblement. Profectò.

Ingénument. Candidâ mente. Apertè.

Inhumainement. Inhumanè.

Injustement. Iniquè.

Insensiblement. Sensim.

Inutilement. Frustrà. Nequaquàm.

Jadis (Un jour). Olim.

Jamais. Unquàm.

Jamais (avec négation). Nunquàm.

Joliment. Lepidè.

Jour (un —). Olim. Aliquandò. Quondàm.

Jour (De jour en jour). In dies.

Là (avec résidence). Ibi.

Là (avec tendance). Eò.

Là (de —). Indè.

Largement. Largè. Amplè.

Légèrement. Leviter. Paululùm.

Lendemain (pour le —). Postridiè.

Lentement. Tardè.

Lestement. Expeditè.

Librement. Liberè.

Lieu (en quel lieu du monde). Ubinàm terrarum.

Lieu (du même —). Indidèm.

Loin. Longò.

Loin (au —). Latè.

Loin (bien, fort —). Latissimè. (*superl.*)

Longtemps. Diù.

Longtemps (de —). Haud citò.

Longtemps (depuis —). Jampridèm.

Magnifiquement. Magnificè.

Mal. Pravè. Malè.

Manière (d'une belle —). Lepidis simè. (*superl.*)

Matin (du —). Manè.

Mépris (avec —). Fastidiosè.

Mieux. Meliùs.

Mieux (le —). Optimè. (*superl.*)

Mille. Mille.

Mille (Trois —). Ter mille.

Mille fois. Iterùm iterùmque.

Modérément. Moderatè.

Moins. Minùs.

Moins grand. Minimè.

Moins (au —). Saltem.

Moins (pas —). Non minùs. Nihilò seciùs.

Moins (non —). Æquè.

Mortellement. Graviter.

Mortellement. Lethaliter.

Mouvement (au premier—). Quàm primùm.

Naguère (Tout-à-l'heure). Modò.

Naturellement. Naturè.

Ne (Ne pas. Non). Haud. Non.

Ne... que. Tantummodò. Solùm. Tantùm.

Nécessairement. Necessariò.

Négligence (avec —). Negligenter.

Net. Apertè.

Neuf fois. Novem. Noviès.

Non. Non. Minimè.

Nouveau (de —). Denuò. Rursùs.

Nuit (de —). Noctu.

Nullement. Nequaquàm. Minimò. Nullo modo.

Occasion (dans une autre —). Aliàs.

Ordinaire (pour l' —). Plerùmque.

EXERCICES.

J'achève. Tu traverseras. Tu trompes. Ils tuent. Nous nous saisîmes. Je renversais. Vous aviez regardé de loin. Ils observaient. Recueille. Qu'il reçoit. Que j'aie accueilli. Qu'ils aient reçu. Radoubez. Avoir méprisé. Qu'il a, ou qu'il avait inspiré. Devant jeter en l'air. Qui doit, ou devait jeter en l'air. En jetant les yeux. De lancer. Nous fabriquerons. Nous exposions. Ils exécuteront.

Que tu t'éveilles. Que tu entraînasses. Qu'il enlevât. J'empoisonnerais. Vous échaufferiez. J'aurais dérobé. Tu te déroberais. Vous vous seriez délassés. S'être déchargé. Il conçoit. Que tu composes. Qu'ils aient commencé. Je cheminerais. J'aurais broyé avec les dents. Il a averti. Il eût assassiné.

EXERCICES LATINS.

Documenta capiunt. Accepisti. Perficeras. Excipiont. Assuefacias. Dejecissem. Susceptura. Subjiciendum. Certiores fecerunt. Eripuisse. Rapere. Fugies. Fecerant. Madefaciunt. Inficerem. Intercepisses. Jacis. Terrorem injeci. Iter facitis. Confossurus. Navem refecistis. Accipient. Excipient. Percipietis. Se

reciperet. Ejiciebam. Excutiebant. Decepisses. Trajicerit. Interficeres. Abjecturus. Diripuissemus. Salvum faciet. Citatiorem cursum feceratis. Uberiorem effecerint. Meliorem fecimus. Aspexisse. Prospiciendo. Elicitum. Oculos conjiciendi. Despectum.

RÈGLE DES VERBES QUI GOUVERNENT L'ACCUSATIF. (EXERCICE.)

Il abattit facilement l'oiseau. Il accélérera sa course. Ils reçurent un livre. Il accomplira son devoir. J'avais accoutumé facilement les chevaux. Ils l'accueilliront avec bonté. Il aura achevé son ouvrage. Ils ont secoué l'arbre. Nous agréons vos services. Tu agrippas hardiment la main. Cette terre vous améliorera. Vous aurez aperçu les aigles. Apprenez. Tu t'apprivoiseras facilement ces animaux. Ravir le bien d'autrui. Ils arrachèrent des pleurs. Vous arrêterez les yeux. Les voleurs ont assassiné cet homme. Nous l'averti-

rons franchement. Vous assujétissez cette domestique. Ils broient le pain. Je cheminais gaiement. Vous s'étaient chargés du crime. Nous commencions généreusement notre travail. Nous préparons le dîner. Ils conçoivent de grands desseins. Une autre fois vous vous délasserez. Il déroba de l'argent. Nous nous sommes échappés de ses mains. Le soleil échauffera l'appartement. Il avait empoisonné son chien. Ces brigands enlevèrent l'enfant. Ils ont enlevé la peau de la main.

IMP. E. DÉZAIRS, A BLOIS.

ENSEIGNEMENT MUTUEL.

METHODE LATINE.

QUATRIÈME ESPÈCE DE MOTS. — *LE VERBE.*

Verbes à conjuguer sur Accipio. (*Voir* **Lhomond.**)

EXERCICES LATINS.

Illos iterùm expergefecimus. Frater tuus somnum excutit. Pueri, lupum fugite. Famulus jussa tua perfecit. Romani imperatores christianos objecerunt. Hic operarius pannos conficiet. Ferrum et argentum liquefecerat. Vim fecerant. Vestes madefaciunt. Illam certiorem facit. Epistolam intercipiet. Nautæ anchoram jaciant. Oculos conjecerat. Hostes terrorem injiciunt. Hi adolescentes iter faciebant. Pater meus vitium despicit. Pecuniam percipietis. Curam reipublicæ abjecit. Se proripuit. Navem refecit. Mercedem accipis. Convivas festivè exceperat. Dorso simiam excepit. Villicus fruges excipiet. Amicos tuos opiparè excipies. Te recipit. Domum diripuistis. Salvum facis.

Verbes à conjuguer sur Audio.

A.

Acquitter (s' —). Obire, eo, is, ivi, itum (1).

Adoucir (Calmer). Lenire, io, is, ivi, itum.

Ambitionner. Ambire, io, is, ivi, itum.

Apercevoir (s' — . Sentir. Éprouver). Sentire, io, is, si, sum.

Apprendre (par ouï-dire). Audire, io, is, ivi, itum. (de). *ab. abl.*

Apprêter à manger. Cibos Condire, io, is, ivi, itum. (à). *dat.*

Avaler (en buvant). Haurire, io, is, hausi, haustum.

B.

Briguer (Ambitionner). Ambire, io, is, ivi, itum.

C.

Connaître (Sentir). Sentire, io, is, si, sum. (par). *ex. abl.*

Couvrir. Operire, io, is, ui, pertum.

(Couvrir) (Vêtir). Vestire, io, is, ivi, itum. (de). *abl.*

Couvrir (de feuilles). Vestire, io, is, ivi, itum.

D.

Débarrasser. Expedire, io, is, ivi, itum. (de). *abl.*

Déclarer. Aperire, io, is, ui, pertum.

Découvrir. Aperire, io, is, ui, pertum.

Dédaigner. Fastidire, io, is, ivi, itum.

Délivrer (Débarrasser). Expedire, io, is, ivi. itum.

E.

Ecouter. Audire, io, is, ivi, itum.

Embarrasser. Impedire, io, is, ivi, itum.

Engloutir (Avaler). Haurire, io, is, hausi, haustum.

Ensevelir. Sepelire, io, is, ivi, sepultum.

Entendre. Audire, io, is, ivi, itum.

Enterrer (Ensevelir). Sepelire, io, is, ivi, sepultum.

Entrevoir (Pressentir). Præsentire, io, is, si, sum.

Epuiser (Engloutir). Exhaurire, io, is, hausi, haustum.

F.

Filer (Laisser —). Expedire , io , is, ivi, itum.

Finir (Terminer). Finire , io , is , ivi, itum.

Fortifier. Munire, io, is, ivi, itum,

G.

Garder (Défendre). Custodire, io, is, ivi, itum.

I.

Ignorer (ne savoir pas). Nescire, io, is, ivi, itum.

Inventer (Trouver). Invenire, io, is, veni, ventum.

Investir (Venir à l'entour). Circumvenire, io, is, veni, ventum.

O.

Ouvrir. Aperire, io, is, ui, pertum.

Ouvrir (s' —). Mentem Aperire, io, is, ui, pertum, (à). *dat.*

P.

Polir. Expolire, io, is, ivi. itum.

Prendre (Boire. Avaler). Haurire, io, is, hausi, haustum.

Présager (Pressentir). Præsentire, io, is, si, sum.

Puiser. Haurire , io , is , hausi , haustum. (à). *ex. abl.*

Remplacer. Subire, eo, is, ivi, itum.

Remplir (un devoir, une charge). Munus Obire, eo, is, ivi, itum

Réparer. Resarcire, io , is , ivi, itum.

Retrouver (Trouver). Reperire, io, is, ri, pertum.

S.

Sarcler. Sarrire, io, is, ivi, itum.

Sauter (un fossé). Fossam Transilire, io, is, ivi, itum.

Savoir. Scire, io, is, vi, itum.

Savoir. (Apprendre). Audire, io, is, ivi, itum. (de). *d. abl.*

Sentir. Sentire, io, is, si, sum.

Soutenir. Fulcire, io, is, si, fultum. (par). *abl.*

T.

Terminer (Finir). Finire, io, is, ivi, itum.

Trouver. Invenire, io, is, veni, ventum.

V.

Vêtir. Vestire, io, is, ivi, itum.

EXERCICES.

Que je m'aperçoive. Nous adoucirons peut-être. Vous ambitionnerez mille fois. Vous avez bu imprudemment. Que j'aie toujours brigué. Il avait couvert. Un jour il débarrassera. Déclarer avec plaisir. La plupart du temps il dédaigne. Jamais vous n'écouterez. Ils embarrasseront plutôt.

Nous entrevîmes peu à peu. Que tu fortifies. Qu'il inventât. Ils ouvriraient. Je me serais ouvert. En polissant. Pour prendre De présager. Ils auront puisé.

EXERCICES LATINS.

Longè invenies. Magnificè vestiebat. Expeditè transierat. Meliùs audimus. Nequaquàm resarciemus. Diù sarrivimus. Paululùm hauriat. In dies præsentiebat. Aliquandò circumveneramus. Jampridèm sciunt. Imprudenter custodiebatis. Inconsultè muniverunt. Quamprimùm finivère. Profectò impediet.

RÈGLE DES VERBES QUI GOUVERNENT L'ACCUSATIF. (EXERCICES.)

Il a poli ses armes. Il avale la potion. Vous avez réparé le dommage. Ces écoliers trouveront des prétextes. Votre jardinier sarclera les herbes du jardin. Rémus sauta le fossé. Vous savez cette histoire. Vous avez su cette nouvelle.

J'avais senti la douleur. Il soutiendra le mur de la maison. Il finira son travail. Il puisera mille fois de l'eau.

EXERCICES LATINS.

Animos leniebat. Cæsar fortunam ambiebat. Milites famem non senserunt. Sonos audies. Uxor tua cibos condidit. Pateram hausisti. Honores ambiit. Nox operuit terras. Mater tua hunc pauperem vestit. Vias expedit. Consilium aperuit. Illos fastidivit. Mortuos sepelierunt. Vitam finire. Urbem muniverunt. Provinciam custodiverat. Hi custodes te nesciunt. Famuli tui januam aperient. Mentem aperuit.

(1) Voir Lhomond au verbe irrégulier *Eo.*

IMP. E. DÉZAIRS, A BLOIS.

ENSEIGNEMENT MUTUEL.

MÉTHODE LATINE.

QUATRIÈME ESPÈCE DE MOTS. — *LE VERBE.*

Conjugaison des verbes **Passifs.** (Voir Lhomond.)

EXERCICES (1).

Il est accusé (2). Ils étaient adoptés. Tu as été aidé. Nous fûmes allaités. Vous aviez été anoblis. Il sera apprécié. Nous aurons été convoqués. Sois attendu. Que tu sois baigné. Qu'il ait été bâti. Qu'ils aient été battus. Que nous eussions été changés. Être ciselé , qu'il est ou qu'il était ciselé. Compté. Ayant été conçu. Qui a été condamné. Devant être confirmé. A être suppléé. Vous seriez contrebalancés. J'aurais été corrigé. Tu seras déchargé. Ils sont dédommagés. Elle a été défendue. Vous aviez été défiés. Nous sommes dégagés. Ils furent demandés. Ils auront été dépecés. Qu'ils soient domptés. Être égalé. Ils ont été égorgés. Tu es emporté. Vous étiez endurcis. Que vous ayez été énervés. Devant être enivré. Entassée. A être enterré. Il a été essayé. Nous aurons été examinés. Ils furent exilés. Ils avaient été expliqués. Vous serez fortifié. Que tu ais été foulé aux pieds. Que vous soyez frustrés. Tu avais été goûté *(approuvé)*. Ils seront guéris. Il aura été habité. Qu'il ait été honoré *(orné)*.

Ils auraient été illustrés. Qu'ils soient immolés. Vous êtes implorés. Vous étiez infectés. Tu eus été invité. Elle fut tourmentée. Elles avaient été irritées *(exaspérées)*. Je serai jugé. Il aura été labouré. Elle aura été louée. Sois maltraité. Tu serais mandé. Être marqué. Devant être ménagée. A être nommé. Ayant été persécutée. Elles seront pliées. Il sera poli. Vous aurez été prises pour. Tu étais préparée. Vous aviez été préservé. Nous avons été priés. Ils sont prouvés. Nous avions été provoqués. Qu'il eût été raconté. Qu'ils soient rappelés. Ils seraient rapportés *(racontés)*. Il aurait été ravagé. J'avais été récompensé. Je serai redouté. Tu auras été refusé. J'aurai été regretté. Elles sont récitées. Vous aurez été remués. Ils seront représentés. Elles furent réservées *(conservées)*. Devant être révoquée. A être sarclé. Ils ont été savourés. Ils sont sollicités. Il aura été surnommé. Devant être toléré. Vous êtes tourmentés. Tu es troublé. Il a été usurpé.

EXERCICES LATINS.

Aboletur (3). Edoctus est. Admoti eratis. Obsedebantur. Obtenti fuerint. Augear. Habereris. Completus sit. Permistus esset. Censeri. Perterrendus. Suo loco motu. Lugemini. Movebantur. Debebitur. Amotus eras. Per caliginem visus erit. Perterriti erunt. Excusati habeamini. Exerciti fuissent. Deleta fuerant. Fuso torquentur. Mulsi sunt. Tosti fuerant. Edocebar. Mordetur. Movebantur. Exibebaris. Urgeantur. Prævisus erit. Præbebitur. Refoveris. Suppleti essetis. Expleti sint. Contineri. Detinebantur. Suspecti habiti fuêre. Malè haberemini. Benignè habemini. Tonsi sunt.

Deseror (4). Dejicitur. Naves ad littus appulsæ sunt. Absoluti eratis. Premar. Acceptus eris. Perficiaris. Concederem'ni. Emi. Absolvenda. Adscribuntur. Admittebamini. Fracti sumus. Invasus eras. Interficietur. Attributus eris. Subjiciuntur. Certiores facti fuerant. Rostro pungitur. Arguebantur. Læduntur. Cincti eramus. Despectæ sunt. Frangentur. Rumpantur. Illiderentur. Ceditur. Dies festi agebantur. Expulsi sint. Quæsiti essemus. Arcesserentur. Lædentur. Commissi erunt. Comparatur. Convincetur. Convinci-

tur. Consumpti sunt. Capientur. Coacti sitis. Plexi essetis. Abscissi eratis. Effodintur. Legebamini. Excolemini. Chori acu sunt. Ietus impingitur. Describentur. Diluatur. Solvamini. Petereris. Pecunia impensa est. Depositus fuisset. Subripieris. Capientur. Dicitur. Discernar. Dividantur. Erectæ sunt. Opprimuntur. A vià deducitur. Veneno interfectæ sunt. Includemini. Rapti estis. Abrepti eritis. Aleantur. Missi fuêre. Uxores ductæ fuerant. Ascenduntur. Constituitur. Fingebaris. Percutitur. Viæ relegentur. Recti eramus. Sublati fuissent. Madefaciuntur. Jaciatur. Relinqueretur. Tolluntur. Legantur. Contempti fuerint. Percipiar. Persoluti erunt. Picti eratis.

Lenitur (5). Ambiebatur. Auditi sint. Hausti sunt. Operiuntur. Vestientur. Expeditus es. Aperiuntur. Fastidiaris. Impediendæ. Sepultu. Exhaurieris. Finiebaris. Muniti fuerant. Custodiantur. Inventi fuissent. Circumventi eramus. Aperientur. Expolitus sum. Reperti fuerant. Fossæ transiliuntur. Scitur. Sentitus fuit. Fulti fuerant. Finitus sis. Inventus fuisset. Vestitus erat.

RÈGLE DES VERBES PASSIFS. Voir Lhomond. (EXERCICE.)

Cet ouvrage admirable a été composé par un homme très savant. Un crime abominable a été commis par votre domestique. Cette science fut enseignée par un maître fort habile. Votre ami a été condamné par ses concitoyens. L'innocence de cette femme a été reconnue par les juges. Cette lettre est envoyée par votre parent. Ces deux enfants auraient été écrasés par le chariot (6). Les montagnes les plus hautes sont frappées par la foudre. Les enfants sages sont estimés des honnêtes gens. L'armée avait été convoquée par le général. Ce pré est arrosé par la rivière. L'ennemi sera battu par vos troupes. L'oiseau de la forêt avait été blessé par la flèche du chasseur. Tu avais été caché par l'arbre de la forêt. La vérité avait été cachée par les coupables. La soif du paysan était calmée par le breuvage. La fureur de votre frère aura été calmée par les sages conseils du père. Que l'âne soit chargé par le jardinier. Le valet fut chargé d'une commission par le maître. La chose était consentie par votre

ami. Le travail a été consenti par l'écolier. Ces élèves ont été corrigés par le maître. Ce livre a été corrigé par l'écrivain.

La ville est assiégée par l'ennemi. Tu auras été averti par ton père. Il eut été déplacé par le choc. La somme était due par les convives. Ils sont éloignés par les chiens. Nous avons été excités par les larmes de votre sœur. Cet art a été exercé par un ouvrier habile.

Ces biens ont été arrachés par le fermier. Le secret de votre ami avait été arraché par la crainte. Cette maison est assaillie par les voleurs. Le verre serait brisé par l'enfant. L'arbre aurait été brisé par le char. La vaisselle est brisée par le marteau. Cet ouvrage sera composé par un grand écrivain. Le sénat de Rome a été composé par les rois. Cette affaire sera conduite par un philosophe intelligent. La jeune fille sera conduite par sa mère.

Ce mets a été apprêté par Jacob. Ces arbustes sont couverts de feuilles. La terre est couverte par la nuit.

EXERCICES LATINS.

Magister à discipulis auditus est. Corpora à militibus sepulta fuêre. A civibus urbs munitur. Villa custodiatur à canibus. Ab hostibus arx circumventa est. A populo res præsensa est. Domûs fenestra à servo aperiretur. Pocula exhauriantur à convivis. Aqua ex puteo hauriatur à famulis. Mœnia trabibus fulciuntur. Pauper à matronâ vestitus est.

Nemus securi abscissum fuit. Ab asinis prata tonsa fuerant. Hic ager aratro villici colitur. Vestis parvuli à pusione scissus erat. A magistratu arcessitus eras. A duce mitteris. Pecunia à latronibus subrepta fuit. Ab huminibus piis erectæ fuerant aræ. A victore oppressi fueramus. A rege ad honores evecti erunt. A militibus abducuntur. Ovis à lupo rapietur. Hæc domus exstructa fuit

ab hero. A mercatore hæ merces exponuntur. Colles à pastoribus scanduntur. Hic lapis ab adolescente injectus est. Tuus equus à rustico immissus fuit.

(1) Repasser les verbes sur *Amo.*
(2) Avant de commencer ces exercices, l'élève devra mettre au passif les verbes actifs qu'il a déjà conjugués.
(3) Repasser les verbes sur *Moneo.*
(4) Repasser les verbes sur *Lego et Accipio.*
(5) Repasser les verbes sur *Audio.*
(6) Voir Lhomond à la règle *Mærore conficior.*

IMP. E. DÉZAIRS, A BLOIS.

ENSEIGNEMENT MUTUEL.

METHODE LATINE.

QUATRIÈME ESPÈCE DE MOTS. — *LE VERBE.*

Verbes Pronominaux qui se rendent en latin par le Passif.

Affermir (s' —). Consolidari, or, aris, atus sum.

Approuvé (Être —). Probari, or, aris, atus sum. (de). *dat.*

Baisser (se —). Inclinari, or, aris, atus sum.

Changer (se —). Mutari, or, aris, atus sum. (en). *in. acc.*

Composer (se —). Conflari, or, aris, atus sum. (de). *ex.*

Couler à fond. Demergi, or, eris, sus sum.

Crever (Rompre. Eclater). Rumpi, or, eris, ruptus sum.

Déplacer (se—). Moveri, eor, eris, motus sum.

Détacher (se—). Exsolvi, or, eris, solutus sum.

Diviser (se —). Scindi, or, eris, soscissus sum.

Écouler (s' —). Devolvi, or, oris, lutus sum.

Entremêler (s'—). Immisceri, eor, eris, mixtus, sum.

Exécuter (s'—). Agi, or, eris, actus sum.

Façonner (se —). Effingi, or, eris, fictus sum.

Faire (se —). Confici, ior, eris, fectus sum.

Fatiguer (se—). Fatigari, or, aris, fectus sum.

Fondre (se —). Resolvi, or, eris, solutus sum.

Former (se—). Procreari, or, aris, atus sum.

Goûter (le plaisir). Delectari, or, aris, atus sum. *abl.*

Hérisser (se —). Erigi, or, eris, rectus sum.

Inondé (Être —). Effundi, or, eris, fusus sum. *per. acc.*

Méprendre. (se —). Être trompé. Falli, or, eris, falsus sum.

Nommer (se —). Nominari, or, aris, atus sum.

Nommer (s'Appeler—).Vocari,or, aris, atus sum.

Noyer (se —). Aquis Obrui, or, eris, tus sum.

Ouvrir (s' —). Aperiri, ior, ieris, pertus sum.

Paraître (Être vu). Videri, cor, eris, visus sum.

Passer (par mer). Devehi, or, eris, vectus sum.

Passer pour. Être regardé pour. Haberi, cor, eris, itus sum.

Placer (se — sur). Imponi, or, eris, situs sum.

Plaire (se —). Delectari, or, aris, atus sum.

Rassasier (se —). Satiari, or, aris, atus sum.

Rebuter (se —. Être épouvanté). Deterri, eor, eris, ritus sum.

Recevoir (un coup). Ictu Impelli, or, eris, pulsus sum.

Reconnaître (se faire—). Agnosci, or, eris, itus sum.

Redoubler. Ingeminari, or, aris, atus sum.

Repaître (so —). Ali, or, eris, itus sum.

Rester (Être retenu). Detineri, eor, eris, tentus sum.

Rongé (Être). Confici, ior, eris, fectus sum.

Sembler. Videri, eor, eris, visus sum.

Succomber (Être vaincu). Vinci, or, eris, victus sum.

Tourner (se — vers). Converti, or, eris, versus sum. *ad. acc.*

Tuer (se — en travaillant). Labore Frangi, or, eris, fractus sum.

User (s' —). Frangi, or, eris, fractus sum.

EXERCICES.

Il s'est affermi. Nous nous sommes baissés. Tu te changes. Ils se composent. Je m'étais déplacé. Il se divisera. Qu'il se soit écoulé. S'entremêler. S'étant exécuté. Devant se façonner. Il se fait. Nous nous fatiguons. Il s'est fondu. Ils se formeront. Vous vous hérisserez. Nous nous méprenons. Il se nomme. Vous vous appelez. Il se sera noyé. Je m'étais ouvert. Ils passaient pour. Que tu te sois placé. Que je me fusse plu. Se rassasier. S'étant fait reconnaître. Vous vous repaissez. Ils sont retenus. Vous serez rongés. Que je sois vaincu. Vous vous tournez. Vous vous tuerez en travaillant. Ils passeront.

EXERCICES LATINS.

Frangor, Labore fractus sum. Convertar. Vinceris. Videtur. Confecti sunt. Detinentur. Aliti fueratis. Agnoscerentur. Deterriti sint. Satiatus. Delectandus. Impositus fuerat. Habebuntur. Devecti sunt. Aperiuntur. Aquis obruti sunt.

Vocatur. Nominabatur. Effusus sum. Procreantur. Fatigati erant. Effingi. Aguntur. Immiscebamini. Movearis.

Verbes Déponents. (Voir Lhomond.)

VERBES DÉPONENTS QUI GOUVERNENT L'*ACCUSATIF* SUR *IMITOR.*

Admirer. Mirari, or, aris, atus sum.

Arrêter (Retarder). Morari, or, aris, atus sum.

Contempler. Contemplari, or, aris, atus sum.

Dédaigner. Dedignari, or, aris, atus sum.

Détester. Exsecrari, or, aris, atus sum.

Emprunter. Mutuari, or, aris, atus sum. (à). *ab. abl.*

Egayer (s' —). Oblectari, or, aris, atus sum.

Etonner (s' —). Mirari, or, aris, atus sum. (de). *acc.*

Enthousiasmer (s' —). Nimiò plùs demirari, or, aris, atus sum. (de). *acc.*

Examiner (Scruter). Scrutari, or, aris, atus sum.

Exhorter. Hortari, or, aris, atus sum. (à). *ad. acc.*

Expliquer (Interpréter). Interpretari, or, aris, atus sum.

Extasier (s' —). S'étonner. Mirari, or, aris, atus sum. (de). *acc.*

Fureter. Rimari, or, aris, atus sum.

Gagner. Lucrari, or, aris, atus sum.

Imiter. Imitari, or, aris, atus sum.

Inviter (Exhorter). Adhortari, or, aris, atus sum. (à). *ad. acc.*

Jouer (un air). Cantilenam Modulari, or, aris, atus sum.

Juger. Arbitrari, or, aris, atus sum.

Maudire. Dira Imprecari, or, aris, atus sum.

Méditer. Meditari, or, aris, atus sum.

Menacer. Minari, or, aris, atus sum. (de). *dat.*

Modérer (Mettre un frein). Frenari, or, aris, atus sum.

Négocier. Negotiari, or, aris, atus sum.

Picorer. Piller. Prædari, or, aris, atus sum.

Prier. Precari, or, aris, atus sum.

Protester. Obtestari, or, aris, atus sum.

Prouver (Attester). Testari, or, aris, atus sum.

Ravager. Populari, or, aris, atus sum.

Récompenser. Remunerari, or, aris, atus sum.

Respecter (Vénérer). Venerari, or, aris, atus sum.

Ressouvenir (se —). Recordari, or, aris, atus, sum. *acc. ougén.*

Siffler (un air). Cantus Modulari, or, aris, atus sum.

Souvenir (se —). Recordari, or, aris, atus sum. *gén.* ou *acc.*

Témoigner (Prendre à témoin). Testari, or, aris, atus sum.

Tempérer (Modérer). Moderari, or, aris, atus sum.

ADVERBES.

Ordinairement (Vulgairement). Vulgò.

Où (avec résidence). Ubì.

Où (avec tendance). Quò.

Où (d' —). Unde.

Où (par —). Quà.

Oui. Ità.

Parfaitement. Perfectè. Absolutè.

Part (de part et d'autre). Utrinquè. Hinc inde.

Part (nulle —). Nusquàm.

Partout. Undiquè.

Particulier (en —). Privatim.

Particulièrement. Præcipuè.

Parties (de toutes les — du monde). Undiquè terrarum.

Partout (avec résidence). Ubiquè.

Partout (avec tendance). Quocumquè.

Pas (ne... pas). Non. Haud.

Pathétiquement. Disertè.

Peine (avec —). Ægrè.

Peine (sans —. Facilement). Facilè.

Point (à —). Vix.

Permis (il est —). Fas est.

Permis (il n'est pas —). Nefas est.

Peu. Parùm.

Peu (un peu de temps). Paulisper.

Peu (dans —). Mox. Brevi.

Peu (peu de temps après). Haud multò post.

Peu à peu. Paulatim.

Peut-être. Fortè. Fortassè.

Pitié (avec —. Avec clémence). Clémenter.

Plaisir (avec —. Librement. Libens.

Plupart (la plupart du temps). Sæ-pissimè. Plerùmque.

Plus. Magis.

Plus (bien —). Imò.

Plus tôt (de meilleure heure). Citiùs. Maturiùs.

Plus tôt (au —). Quàmprimùm.

Plutôt (Préférablement). Potiùs.

Point (au point du jour). Primà luce.

Point (ne... point). Non. Hau.

IMP. E. DÉZAIRS, A BLOIS.

ENSEIGNEMENT MUTUEL.

MÉTHODE LATINE.

QUATRIÈME ESPÈCE DE MOTS. — *LE VERBE.*

Verbes Déponents. (Voir Lhomond.)

EXERCICES.

Nous admirions. J'avais arrêté. Je contemplerai principalement. Vous dédaignerez promptement, puis vous emprunterez. Vous vous égayiez mal à propos. Que j'aie interprété sagement. Vous gagnerez. Je joue un air. Ils jugent.

Ne maudissez pas. Menaçant. Devant négocier. En modérant. Vous pillez. Je prierais. J'aurai protesté. Je ravagerais. Il aurait récompensé. Que j'aie vénéré. Qu'il se ressouvint. Vous sifflerez un air.

EXERCICES LATINS.

Testatus. Recordando. Venerari. Remuneratus sim. Populatus fuisses. Tester. Obstetur. Precari. Prædatus fueras. Frenatus est. Publicè minatur. Ali-

quantisper meditati sunt. Sapienter adhortatur. Opportunè lucror. Nimiò plùs demirantur. Ægrè mutuatur.

RÈGLE D'*IMITOR PATREM.* (*Voir Lhomond.*) EXERCICES.

Il dédaigne vos présents. Nous admirons la vertu des honnêtes gens. Je contemplais le ciel. Je détesterai toujours le mal. Vous vous étonnerez de notre courage. Mon père a été enthousiasmé de notre travail. Le militaire

exhortera son compagnon. La vieille a expliqué le songe du jeune homme. Il vénère vos parents. Le pauvre se souviendra de vos bienfaits. Votre mère récompensera les services de ses domestiques.

EXERCICES LATINS.

Frater tuus cantus suavissimos modulatus est. Deos testatus erat. Hic gentium domitor agros populatur. Hujus urbis ædificium miratus esset.

VERBES DÉPONENTS QUI GOUVERNENT L'*ACCUSATIF* SUR *POLLICEOR.*

Avouer. Fateri, eor, eris, fassus sum.

Conserver (Protéger). Tueri, eor, eris, itus sum.

Contempler. Intueri, eor, eris, itus sum.

Convenir (en —). Avouer. Fateri, eor, eris, fassus sum.

Craindre (avec respect). Vereri. eor, eris, itus sum. (pour). *dat.*

Défendre (Protéger). Tueri, eor , eris, itus sum. (de). *ab. abl.*

Garantir. Tueri, eor, eris, itus sum.

Mériter. Mereri, eor, eris, itus sum.

Nier (ne pas —). Avouer. Fateri, eor, eris, fassus sum.

Préserver (Défendre). Tueri, eor,

eris, itus sum. (de). *d. abl.*

Professer (Faire profession). Profiteri, eor, eris, fessus sum.

Promettre. Polliceri, eor, eris, citus sum.

Remédier (Traiter). Mederi, eor,

eris.

Sauver (Protéger). Tueri, eor, eris, itus sum.

Témoigner (Déclarer). Profiteri, eor, eris, fessus sum.

ADVERBES.

Pour moi. Ego verò.

Pour toi. Tuâ causâ.

Précaution (sans —). Inconsultè.

Précipitamment. Præcipitanter.

Précipitation (avec —). Præcipitanter.

Précisément (Assurément). Certè. Profectò.

Près (de —). Propiùs.

Près (à peu —). Presque. Ferè.

Près (assez —). Haud Longè.

Presque. Ferè. Fermè.

Presque jamais. Rarò. Admodùm.

Prince (en —). Basilicè.

Principalement. Præcipuè.

Profondément. Altè. Submissè.

Promptement. Citò. Citiùs.

Propos (à —). Aptè. Opportunè.

Propos (mal à —). Intempestivè.

Proprement. Concinnè.

Prudemment. Prudenter.

Publiquement. Palàm. Publicè.

Puis. Indè.

Quelque temps. Aliquantisper.

Regret (à —). Invito. Ægrè.

Respect (avec —). Verecundè.

Respectueusement. Verecundè.

Rien. Nihil.

Sagement. Sapienter.

Sagesse (avec). Sapienter.

Savamment. Scitè. Cordatè.

Sèchement. Asperè.

Sèchement (fort —). Severà voce.

Secrètement. Occultè.

Semblable. Instar. (*gén.*)

Séparément. Separatim.

Seulement. Tantùm. Tantummodò.

Seulement (non —). Non modò.

Sévèrement. Severè. Asperè.

Si. Tàm. Adeò.

Singulièrement. Imprimis, Præcipuè.

Soigneusement. Accuratè. Studiosè. Sedulò.

Soin (avec). Diligenter.

Sorte (en —). Quodam modo.

Sorte (de la —). Isto modo.

Sottement. Stultè.

Soudain. Extemplò.

Souvent. Sæpè. Sæpiùs.

Spirituellement. Salsè.

Subitement. Subitò.

Successivement. Vicissim.

Suffisamment (Assez). Satis.

Sûrement. Profectò.

Surtout. Præsentim, Præcipuè.

EXERCICES.

J'avouerai. Que j'eusse conservé. Qu'il ait contemplé. Nous en convenons. Tu craignais. Nous défendions. Tu as garanti. J'avais mérité. Vous n'aviez pas

nié. Il préserverait. Tu aurais professé. Promettant. Devant remédier. En sauvant. A ou pour témoigner.

EXERCICES LATINS.

Satis professus est. Diligenter tuiti sumus. Studiosè intuebimini. Fassi estis. Imprimis vereor. Intuitus sis. Stultè fassi fuère. Mœreberis.

RÈGLE D'*IMITOR PATREM.* (Voir Lhomond.) EXERCICES.

Mon père a promis une grande récompense. Nous défendrons vos biens, votre sœur, votre mère et votre tante. Ces jeunes écoliers craignaient le mai-

tre. Le coupable a avoué son crime.

EXERCICES LATINS.

Culpam suam fatetur. Gloriam paternam tuitus sum. Viator lunam et stellas cæli intuebitur. Crimen suum fassus erat. Adolescens parentes suos vereatur.

Bonorum hominum gratiam merebitur. Soror mea mercedem pollicita est. Medicus tuus ægritudinem fratris mei medebitur.

VERBES DÉPONENTS QUI GOUVERNENT L'*ACCUSATIF* SUR *UTOR.*

Accompagner (Suivre par derrière). Subsequi, or, eris, cutus sum.

Accrocher (s'—). Embrasser. Amplecti, or, eris, plexus sum.

Acquérir. Adipisci, or, eris, deptus sum.

Adresser (s'— à quelqu'un). Alloqui, or, eris, cutus sum.

Attacher (s' —). Complecti, or, eris, plexus sum. (à). *acc.*

Atteindre. Assequi, or, eris, cutus sum,

Continuer. Aggredi, ior, eris, gressus sum.

Embrasser. Amplecti, or, eris, plexus sum.

Entreprendre. Aggredi, ior, eris,

gressus sum.

Faire (Exécuter). Exsequi, or, eris, cutus sum.

Joindre (Atteindre). Assequi, or, eris, cutus sum.

Obtenir. Consequi, or, eris, cutus sum.

Oublier. Oblivisci , or, eris, tus sum. *acc.* ou *gén.*

Persécuter. Poursuivre. Insequi, or, eris, cutus sum.

Prétendre (ne pas souffrir, ni permettre). Non Pati, ior, eris, passus sum.

Rejoindre. Assequi, or, eris, cutus sum.

Remporter. Consequi , or, eris, cutus sum.

Renfermer (Embrasser). Complecti, or, eris, plexus sum.

Souffrir. Pati, ior, eris, passus sum.

Subir (Souffrir avec patience). Perpeti, ior, eris, pessus sum.

Suivre. Sequi, or, eris, cutus sum.

Venger (se —). Ulcisci, or, eris, ultus sum. (de). *acc.*

IMP. E. DÉZAIRS, A BLOIS.

ENSEIGNEMENT MUTUEL.

MÉTHODE LATINE.

QUATRIÈME ESPÈCE DE MOTS. — *LE VERBE.*

Verbes Déponents. (Voir Lhomond.)

ADVERBES.

Tantôt. Mox. Brevi.	Tard (trop —). Seriùs.	Temps (quelque —). Paulisper.	Tendrement. Ex amico.	Tour (à mon —). Vice meâ.
Tantôt (répété). Modò *ou* Tàm.	Tellement. Ità. Tàm. Adeò.	Temps (quelque temps après). Tôt. Citò.		Tout-à-fait. Omninò.
Tant. Tantùm.	Temps (long —). Diù.	Non multò post.	Tôt (si —). Tam citò.	Toutefois. Attamen.
Tant que. Quandiù.	Temps (en peu de —). Brevi tem-	Temps (en même —). Simùl.	Toujours. Semper. Perpetuò.	
Tard. Serò.	pore.	Temps (de long —). Haud citò.	Tour à tour. Vicissim.	

EXERCICES.

Je suivais toutefois. Il s'accrocha longtemps. Il s'adressa. Quelque temps | joint. Devant persécuter.
après il atteignit. Ils ont embrassé. Exécuter. En obtenant. Oubliant. Ayant

EXERCICES LATINS.

Non passus est. Consequens. Complexurus. Perpessus. Sequebantur. Ultus est. Exsequebantur. Adepti sunt. Subsecutus fuerat. Allocutus fuerit. Consequentur.

RÈGLE D'*IMITOR PATREM*. (*Voir Lhomond.*) EXERCICES.

Vous avez supporté de longs et pénibles travaux. Les courtisans suivirent le convoi du roi. Ils ont poursuivi l'ennemi. Vous avez entrepris une affaire très importante.

EXERCICES LATINS.

Gloriam ingentem adeptus est. Hedera quercum complectitur. Ætatem ju- | magnam laudem consequetur. Pauper famem acerbam paulisper passus est.
venilem assecutus est. Milites ducis imperium exsecuti sunt. Hic orator

VERBES DÉPONENTS QUI GOUVERNENT L'*ACCUSATIF* SUR *BLANDIOR.*

Attaquer. Adoriri, ior, iris *ou* eris, ortus sum.	Distribuer. Partiri, ior, iris, titus sum. (en). *in. acc.*	Éprouver. Experiri, ior, iris, per-tus sum.	Parcourir (en mesurant). Emetiri, ior, iris, mensus sum.	titus sum.
Commencer. Ordiri, ior, iris, or-sus sum.	Embrasser (Mesurer). Metiri, ior, iris, mensus sum.	Essayer (Tenter). Experiri, ior, iris, pertus sum.	Partager. Partiri, ior, iris, titus sum.	Recevoir (Obtenir par le sort). Sortiri, ior, iris, titus sum.
Communiquer. Impertiri, ior, iris, itus sum. (à). *dat.*	Entreprendre (Former). Moliri, ior, iris, itus sum.	Mesurer. Metiri, ior, iris, mensus sum.	Prodiguer. Impertiri, ior, iris,	Sentir (Éprouver). Experiri, ior, iris, pertus sum.

ADVERBES.

Tranquillement. Placidè.	Vaillamment. Fortiter.	Véritablement. Verè.	Vivement. Graviter. Vehementer.	Volontiers. Libenter.
Tristement. Mœstè. Miserabiliter.	Vain (en —) Frustrà.	Vis-à-vis. Ex adverso.	Vivement (Promptement). Celeri-ter.	Y. Là. (Avec résidence). Ibt.
Trop. Nimis. Nimiùm.	Vainement. Frustrà. In vanum.	Vite. Citò. Citato cursu.		Y. Là. (Avec tendance). eò.
Uniquement. Unicè.	Veille (la —) Pridiè. (*gén.*)	Vite (plus —). Citiùs.	Volontairement. Ultrò. Spontè.	Zèle (avec —). Studiosè.

CONJONCTIONS.

Quoique. Quamvis. Etiamsi. (*subj.*)	Si. Si.	Si (dubitatif). An. Utrùm. (*subj.*)	Si... ne. Si non. Nisi. (*subj.*)	Tandis que. Dùm. (*subj.*)

EXERCICES.

Mesurer. Nous communiquâmes. Vous distribuerez. Qu'ils eussent entre- | rions. Nous avions prodigué. J'aurais obtenu par le sort.
pris. Éprouvé. Devant essayer. Ils mesurent en parcourant. Nous partage-

EXERCICES LATINS.

Experiatur. Sortietur. Emetiremur. Partitus fuerit. Expertus eras. Moliti fueramus. Impertitus erit. Orsus fuisset. Adorti simus.

RÈGLE D'*IMITOR PATREM*. (*Voir Lhomond.*) EXERCICES.

Nous avons parcouru l'ouvrage de cet auteur. Qu'il ait prodigué ses soins. | grandes douleurs.
Le préteur romain a obtenu par le sort sa province. Le malade a senti de

EXERCICES LATINS.

Hostem fortiter adortus est. Ignis calorem impertiur. Hæc aranea telam | suum partitus est.
placidè orsa fuit. Consilia moliri. Fortunam in vanum experiendo. Tempus

VERBES QUI GOUVERNENT LE *GÉNITIF.*

Intéresser (s' —). Avoir pitié. Misereri, eor, eris, misertus sum.	Oublier. Oblivisci, or, eris, itus sum. (et *acc.*)	Souvenir (1) (se —). Meminisse, i, isti. (et *acc.*)	Fâché (Être —). Pigere, et, uit. eor, eris, misertus sum.
	Souvenir (se —). Recordari, or, aris, atus sum.	Honte (2) (Avoir —). Pudere, et, uit et puditum est.	Ennuyer (s' —). Tædere, et, uit. Repentir (se —). Pœnitere, et, uit.
			Compassion (Avoir —). Misereri,

EXERCICES.

Il a pitié. Il oubliera. Je me souviendrai. J'aurai eu honte. Tu seras fâché. Nous nous ennuierons. J'avais compassion. Qu'il se repente.

(1) Voir Lhomond au verbe irrégulier *Memini.*
(2) Voir Lhomond au verbe irrégulier *Pœnitere.*

IMP. E. DÉZAIRS, A BLOIS.

ENSEIGNEMENT MUTUEL.

MÉTHODE LATINE.

QUATRIÈME ESPÈCE DE MOTS. — *LE VERBE.*

Verbes qui gouvernent le GÉNITIF.

EXERCICES LATINS (1).

Me pœnituisset. Te misereat. Illos tædebit. Illos piget. Memineras. Recordabitur. Miserti sint.

RÈGLES *MISERERE PAUPERUM ET ME POENITET CULPÆ MEÆ.* **(EXERCICES).**

J'ai pitié des malheureux. Oubliez les injures. Je me souviens de vos bien-faits. Vous vous intéressez aux braves campagnards. Il s'ennuie de l'étude.

Vous êtes fâchés de cette injure.

EXERCICES LATINS.

Hominem scelestum rarò pœnitet criminis sui. Filium meum tædebit laboris. Fratres meos miseret pauperum. Filiam meam piguit hujus oblivionis haud voluntariæ.

VERBES QUI GOUVERNENT LE *DATIF.*

Chercher à (s'Étudier). Studere, eo, es, ui. (sans *sup.*)	Caresser (Flatter). Blandiri, ior, iris, ditus sum.	stare, o, as, stiti, stitum.	Obéir. Parere, eo, es, ui, itum.	Rencontrer. Occurrere, o, is, i, sum.
Applaudir. Plaudere, o, is, si, sum.	Bénir. Benedicere, o, is, xi, ctum.	Épargner. Parcere, o, is, peperci, parcitum.	Joindre (se — à). Accedere, o, is, di, cessum. (ou *ad. acc.*)	Sourire. Subridere, eo, es, si, sum.
Applaudir (s' —). Sibi Plaudere, o, is, si, sum. (de). *acc.*	Combler (les désirs). Votis. Annuere, o, is, ui. (sans *sup.*)	Épouser (en parlant de la femme). Nubere, o, is, nupsi, nuptum.	Livrer (se —). Incumbere, o, is, cubui, cubitum.	Sourire. Subridere, eo, es, si, sum, *et* Arridere, eo.
Asseoir (s' —). Assidere, eo, es, sedi, sessum. (auprès). *dat.*	Commander. Imperare, o, as, avi, atum.	Espérer (3) (Avoir confiance). Fidere, o, is, fidi *et* fisus sum.	Marier (se —, en parlant de la femme). Nubere, o, is, nupsi, nuptum.	Secourir (Soulager). Opitulari, or, aris, atus sum.
Arrêter (Mettre obstacle). Obstare, o, as, stiti, stitum *ou* statum.	Consentir. Annuere, o, is, ui. (sans *sup.*)	Féliciter (se —). Sibi Plaudere, o, is, si, sum.	Ménager (Épargner). Parcere, o, is, peperci, parcitum.	Résister. Obsistere, o, is, stiti, stitum.
Assister. Adstare, o, as, stiti, stitum.	Conserver (sa santé). Vitæ ou saluti Consulere, o, is, ui, consultum.	Entretenir (Favoriser). Favere, eo, es, vi, fautum.	Percher (se —). Considere, eo, es, sedi, sessum.	Satisfaire (Contenter). Satisfacere, io, is, feci, factum.
Assister (Secourir). Subvenire, io, is, veni, ventum.	Contenter. Satisfacere, io, is, feci, factum.	Garder (Servir). Servire, io, is, vi, itum.	Plaire. Placere, eo, es, cui, itum.	Succéder. Succedere, o, is, cessi, cessum.
Défier (2) (se —). Diffidere, o, is, fisus sum.	Continuer (Presser). Instare, o, as, stiti, stitum.	Obéir. Obedire, io, is, vi, itum.	Plaire (Sourire). Arridere, eo, es, si, sum.	Servir. Servire, io, is, ivi, itum.
Désobéir. Non Obedire, io, is, ivi, itum.	Contracter (une habitude). Suescere, o, is, ivi, etum.	Garantir (se —). Sibi. Consulere, o, is, ui, sultum.	Pourvoir. Providere, eo, es, di, sum.	Souscrire. Assentire, io, is, si, sum.
Déclarer (se — contre). Adversari, or, aris, atus sum.	Couver. Incubare, o, as, avi *ou* ui, atum *ou* itum. (ou *acc.*)	Gêner (Mettre obstacle). Obstare, o, as, stiti, stitum.	Pardonner (Oublier). Ignoscere, o, is, gnovi, gnotum.	Soupirer (après quelqu'un). Inhiare, o, as, avi, atum.
Dresser (un piège, des embûches). Insidiari, ior, aris, atus sum.	Déplaire. Displicere, eo, es, ui, itum.	Gouverner. Imperare, o, as, avi, atum.	Pardonner (Ménager). Parcere, o, is, peperci, parcitum.	Surpasser. Præstare, o, as, stiti, stitum.
Échoir. Obtingere, it, tigit, (*impers.*)	Envier (Porter envie). Invidere, eo, es, i, sum.	Interdire. Interdicere, o, is, xi, ctum.	Opposer (s' —). Obstare, o, as, stiti, stitum.	Surveiller. Invigilare, o, as, avi, atum.
Féliciter. Gratulari, or, aris, atus sum. (au *dat.* le nom de la personne)	Être (auprès de). Assidere, eo, es, assedi, assessum.	Insister. Instare, o, as, stiti, stitum.	Poser (se — sur). Incubare, o, as, ui, itum.	Suffire. Sufficere, io, is, feci, fectum.
Flatter. Adulari, or, aris, atus sum.	Étudier. Studere, eo, es, ui. (sans *sup.*)	Insulter. Insultare, o, as, avi, atum. (ou *acc.*)	Précéder (Aller devant). Præire, eo, is, ivi, itum (4).	Suppléer (Venir en aide). Succurrere, o, is, i, sum.
Consentir. Assentiri, ior, ris, assensus sum.	Favoriser. Favere, eo, es, vi, fautum.	Livrer (se — au jeu, au plaisir). Indulgere, eo, es, si, sum *et* tum.	Pourvoir. Consulere, o, is, ui , tum.	Survivre. Superstes Vivere, o, is, xi, ctum.
Émouvoir (s' —. se Fâcher. s'Irriter contre). Irasci, or, eris, iratus sum.	Empêcher (s'Opposer à). Obstare, o, as, stiti, stitum.	Menacer (en parlant des choses). Imminere, eo, es, ui.	Prévenir (Aller au-devant). Occurrere, o, is, i, sum.	Valoir (mieux). Præstare, o, as, stiti, stitum.
	Emporter (l' Emporter sur). Præ-		Railler (se Moquer). Deridere, eo, es, si, sum.	Veiller. Invigilare, o, as, avi, atum.

EXERCICES.

Vous êtes attachés. Épargner. Vous avez épousé. Vous avez eu con-fiance. En se garantissant. Que j'eusse interdit. Ils avaient insulté. Il s'est livré. Nous menacerons. Obéissant. Vous vous êtes joints. Ils se sont mariés. Devant épargner. Que tu eusses plu. Ils auraient pourvu. A pardonner. Ils se poseraient sur.

EXERCICES LATINS.

Occurris. Consultum. Deridebas. Subriseras. Opitulabantur. Satisfecistis. Succedam. Serviens. Inhiando. Assentiendum. Invigilaverant. Sufficerunt. Succurristis. Superstes vixerunt. Præstimimus. Invigilabit. Subveniet. Adstabimus. Irascebantur. Adulatus eram. Nupserant.

RÈGLE *STUDEO GRAMMATICÆ.* (EXERCICES).

Vous conserverez votre santé. Le domestique laborieux contentera ses maî-tres. Il a servi ses amis. L'écolier attentif contractera l'habitude du travail. Il déplaira à l'armée. Ils ont porté envie aux honneurs des magistrats. Notre orateur a beaucoup étudié l'éloquence. La république favorise la liberté du peuple. Vos qualités l'emportent sur celles de votre ami.

EXERCICES LATINS.

Præclaro huic facinori populus plaudit. Sibi plaudent. Mater mea arbori assedit. Plebis inhumanitati fortiter obstiterat. Legi divinæ non obedivit. Tri-bunus senatui adversatus fuerat. Venator apris silvæ insidiabitur. Magistro suo adulatur discipulus. Conspirationi assensus es. Homo tibi irascitur. Pastoris canibus blanditi fuerant. Viris probis benedicit Deus. Omnipotens votis tuis annuit.

(1) Voir Lhomond à la règle *Me pœnitet culpæ meæ* et *Misere pauperum.*
(2) Voir Lhomond au verbe irrégulier *Gaudeo.*
(3) Voir Lhomond au verbe irrégulier *Gaudeo.*

(4) Voir le verbe *Eo.*

IMP. E. DÉZAIRS, A BLOIS.

ENSEIGNEMENT MUTUEL.

MÉTHODE LATINE.

QUATRIÈME ESPÈCE DE MOTS. — *LE VERBE.*

VERBES QUI GOUVERNENT L'*ACCUSATIF* A L'AIDE DES PRÉPOSITIONS AD, IN, ADVERSUS, PER, INTER.

Abonder. Luxuriare, o, as, avi, atum. *in. acc.*

Accrocher (s'—). Adhærere, eo, es, hæsi, hæsum. *ad. acc.*

Appartenir. Pertinere, eo, es, ui. *ad. acc.*

Dégénérer. Abire, eo, is, ivi, itum. (en). *in. acc.*

Aborder. Accedere, o, is, cessi, sum. *ad. acc.*

Adressor (s'—). Confugere, io, is, fugi, gitum. *ad. acc.*

Assaillir (Venir en foule). Confluere, o, is, xi, ctum. *ad. acc.*

Battre (se —). Inter se Pugnare, o, as, avi, atum.

Contracter (des dettes). In æs alienum Venire, io, is, veni, ventum.

Déchaîner (se — contre). Debacchari, or, aris, atus sum. *in. acc.*

Consentir. Assentiri, ior, eris, assonsus sum. (*ad. acc.* ou *dat.*)

Entrer. Ingredi, ior, ieris, gressus sum. *in. acc.*

Consister. Consistere, o, is, stiti, stitum. (en). *in. acc.*

Courir (à sa perte, s'y Précipiter). In perniciem Currere, o, is, cucurri, cursum.

Débarquer. In terram Venire, io, is, i, ventum.

Croire. Credere, o, is, credidi, ditum. (en). *in. acc.*

Descendre. Descendere, o, is, di, sum. (en). *in. acc.*

Elancer (s'—). Se Précipiter. Ruere, o, is, i, tum. (en). *in. acc.*

Empresser (s'—). Se Hâter. Properare, o, as, avi, atum. (à). *ad. acc.*

Fondre (se Précipiter). Ruere, o, is, i, tum. (sur). *in. acc.*

Grimper. Adrepere, o, is, psi, ptum. *in. acc.*

Jeter (se —). Currere, o, is, cucurri, cursum. (sur). *in. acc.*

Lutter. Pugnare, o, as, avi, atum. *adversùs. acc.*

Marcher. Procedere, o, is, cessi. cessum. (vers, contre). *adversùs. acc.*

Nourrir (Paître). Pasci, or, eris, pastus sum. (*per. acc.*)

Passer. Migrari, or, aris, atus sum. (on). *in. acc.*

Parvenir. Pervenire, io, is, veni, ventum. (en un lieu). *in. acc.*

Regarder. Spectare, at, avit. (unipersonnel). (à). *ad. acc.*

Regarder. Pertinere, et, uit. (unipersonnel). (à). *ad. acc.*

Réfugier (se—). Confugere, io, is, fugi, itum. *ad. acc.*

Rendre (se—). Procedere, o, is, cessi, cessum. *ad. acc.*

Serrer (se—). Inter se hærere, eo, es, si, sum.

Revenir (1). Redire, eo, is, ivi, itum. (à). *ad. acc.*

Ruer (so—). Ruere, o, is, i, tum. (sur). *in. acc.*

Tomber (aux genoux). Ad genua procumbere, o, is, cubui, cubitum.

Voler à (se Hâter). Properare, o, as, avi, atum.

Exercices.

Il marcha. Vous luttiez. Ils se jetèrent. En grimpant. Il fondit. Ils s'empressèrent. En s'élançant. Devant croire. En consentant. Vous vous déchaîniez contre. Il tombait aux genoux. Que je marche. Qu'il entrât.

Exercices Latins.

Cucurrit. Pugnabant. Processerunt. Pasti erant. Migrabuntur. Pervenerint. Pertinent. Confugerent. Inter se hæserint. Ruissent. Redire. Ad genua procumbentes. Properabas. Descendit. Ingressus fuerat. Accessero. In terram venicbant.

Phrases Détachées.

Vous avez consenti à cette mauvaise action. Ils sont entrés dans la chambre de la tante. Le conquérant court à sa perte. Tous les voyageurs débarquèrent sur la terre de France. Je crois en Dieu. Les bêtes féroces descendirent dans la plaine. Le cavalier s'élança sur l'ennemi. Il abonde en feuillage.

Phrases Détachées.

Ad scopulos adhærebant. Domus ista ad patrem tuum pertinebat. Ad littora naves accesserunt. Ad divites confugerat pauper. Plebs ad satellites confluxit. Homines isti inter se pugnant. Adolescens dissolutus in æs alienum veniet.

VERBES QUI GOUVERNENT L'*ABLATIF* AVEC OU SANS LES PRÉPOSITIONS È ou EX, A ou AB, DE (2).

Affliger (s'—). Dolere, eo, es, vi, itum, ou *acc.*

Asseoir (s'—). Sodere, eo, es, di, sessum. (sur). *in. abl.*

Battre (se—). Rivaliser. Decertare, o, as, avi, atum. (avec). *cum. abl.*

Combattre. Dimicare, o, as, avi, atum. (avec). *cum. abl.*

Combattre. Pugnare, o, as, avi, atum. (avec). *cum. abl.*

Demeurer. Séjourner. Commorari, or, aris, atus sum. (dans). *in. abl.*

Demeurer. Manere, eo, es, mansi, mansum. (dans). *in. abl.*

Détacher (so —). Elabi, or, eris, lapsus sum. (de). *de ou ex. abl.*

Emparer (s'—). Se rendre maître. Potiri, ior, iris, titus sum.

Fixer (se—). Commorari, or, aris, atus sum. (dans). *in. abl.*

Fréquenter. Versari, or, aris, atus sum. (avec). *cum.*

Glorifier (se—). Gloriari, or, aris, atus sum. (de). *abl.*

Murmurer (se Plaindre). Conqueri, ror, reris, questus sum. (de). *abl.*

Abuser. Abuti, or, eris, usus sum. *abl.*

Acquitter. (s' —) Fungi, or, eris, functus sum. *abl.* ou *acc.*

Appuyer (s'—). Inniti, or, eris, nixus sum. (*abl.* ou *dat.*)

Disposer (se Servir). Uti, or, eris, usus sum.

Employer (se Servir). Uti, or, eris, usus sum.

Manger (se Nourrir). Vesci, or, eris.

Haranguer. Concionari, or, aris, atus sum. (auprès). *de. abl.* (auprès). *apud.*

Jouir. Frui, or, eris, fruitus ou fructus sum.

Dégénérer. Degenerare, o, as, avi atum. (de). *à. abl.*

Discuter. Disserere, o, is, ui, disertum. (sur). *de. abl.*

Différer. Discrepare, o, as, avi atum. (de). *ab. abl.*

Disparaître (Fuir la présence). È conspectu Evolare, o, as, avi, atum. (de). *è. abl.*

Disparaître (s'Évanouir). Evanescere, o, is, ui. (de). *ex. abl.*

Disputer. Contendere, o, is, i, sum. (sur). *de. abl.*

Écarter (s'—). Se Retirer. Discedere, o, is, cessi, cessum. *ab. abl.*

Écarter (s' —). Se Fourvoyer. Aberrare, o, as, avi, atum. *à. abl.*

Dépendre. Pendere, eo, es, pependi, pensum. (de). *ex. abl.*

Eviter (Prendre garde). Cavere, eo, es, cavi, cautum. (de). *abl.*

Eloigner (s' —). Discedere, o, is, cessi, cessum. (de). *ab. abl.*

Informer (s' —). Quærere, o, is, sivi, quæsitum. (de). *à. abl.*

Manquer (Être privé de). Carere, eo, es, ui ou cassus sum (3).

Manquer (Être dans l'indigence). Indigere, eo, es, ui. ou *gén.*

Jouer (à la paume). Pilâ ludere, o, is, si, sum.

Passer. Versari , or , aris , atus sum. (dans). *in. abl.*

Passer. (Demeurer). Commorari, or, aris, atus sum. (dans). *in. abl.*

Régaler (se—). Epulari, Satiari, or, aris, atus sum.

Réjouir (se). Lætari, or, aris, atus sum.

Nourrir (se —). Vesci, or, eris.

Partir. Proficisci, or, eris, fectus sum. (de). *ex. abl.*

Persévérer. Perseverare, o, as, avi, atum. (en). *in. acc.*

Plaindre (se —). Queri, ror, reris, questus sum. (de). *abl.* (à). *apud. acc.*

Profiter (se Servir). Uti, or, eris, usus sum.

Profiter (Jouir). Frui, or, eris , fruitus ou fructus sum.

Réjouir (se) (4). Gaudere, eo, es, gavisus sum.

Quitter (se Retirer). Discedere, o, is, cessi, cessum. *ab. abl.*

Regorger. Abundare, o, as, avi, atum.

Renoncer à (se Désister). Absistere, o, is, stiti, stitum. *d. abl.*

Remplir (un devoir). S'en Acquitter. Fungi, or, eris, functus sum.

Sauter (à bas). Prosilire, io, is, lui *ou* lii, saltum. *à. abl.*

Sauter. Insilire, io, is, lui *ou* lii, saltum. (sur). *d. abl.*

Sortir. Egredi, ior, eris, gressus sum. (de). *ex. abl.*

Sortir. Exire, eo, is, ii *ou* ivi, itum. (de). *ex. abl.*

Souffrir (Être tourmenté par la douleur). Dolore Angi, or, eris.

Séjourner. Versari, or, aris, atus sum. (à). *in. abl.*

Séjourner (Demeurer). Morari, or, aris, atus sum.

Séparer (s'—). Discedere, o, is, cessi, cessum. (de). *ab. abl.*

Triompher (de joie). Gaudio Exsultare, o, as, avi, atum.

---

(1) Voir au verbe irrégulier *Eo.*

(2) Faire observer aux élèves que les prépositions *è* ou *à* se mettent devant un nom qui commence par une consonne, et les prépositions *ex* ou *ab* devant un nom qui commence par une voyelle ou les lettres *H, I.*

(3) Voir le verbe irrégulier *Gaudeo.*

(4) Voir le verbe irrégulier *Gaudeo.*

Exercices.

Vous sortez dehors. Ils souffraient beaucoup. Vous avez séjourné longtemps. Vous demeurerez. J'aurai triomphé de joie. Il s'est emparé. Vous êtes dans l'indigence. Vous avez discuté. Tu as disputé. Nous dépendons. Il s'est plaint amèrement.

IMP. E. DÉZAIRS, A BLOIS.

ENSEIGNEMENT MUTUEL.

METHODE LATINE.

QUATRIÈME ESPÈCE DE MOTS. — *LE VERBE.*

Exercices Latins.

Contendere. Discesserant. Aberraverant. Pendendum. Cavendi. Quæram. Gavisus est. Carebant. Indigebatis. Pilâ ludunt. Versabamini. Commorabantur. Epulati eratis. Lætatus sum. Vescantur. Proficisceretur. Perseveravissetis. Questæ sunt. Usi sitis. Fruiti erimus. Abundabatis. Abstitimus. Prosiliit. Insiliit.

Phrases Détachées.

Il s'acquitta de son devoir avec soin. S'étant appuyé sur son bâton. Ils disposèrent de toute la vaisselle. Vous vous nourrirez de viande exquise. Ces écoliers ont joui du congé. Vous avez dégénéré de vos ancêtres. Vous discuterez sur la philosophie et les mathématiques. Vous différez entre vous de goûts et de conduite. Que je disparaisse de votre présence. Le fantôme a disparu à nos yeux.

Phrases Détachées.

Exitu amici sui dolebat. In lapidibus sedebant. Boves et oves in agris manebunt. Discipuli scolæ decertant cum magistro. Cum hostibus dimicando. Cum latrone pugnando. In urbe commoratus est. E monte saxum elapsum fuit. Bonis alienis gloriari. Injuriis tuis conquesta est. Dux arce potiebitur. Pane, vino et lacte utebar.

VERBES ESSENTIELLEMENT NEUTRES.

Abattre (s' —). Corruere , o , is , ui, tum.
Accourir. Accurrere, o, is, i, cursum.
Adoucir (s' —). Dulcescere, o, is.
Arriver (en parlant des personnes). Advenire, io, is, veni, ventum.
Avancer (s' —). Procedere, o, is, cessi, cessum.
Aigrir (s' —). Coascescere , o , is , coacui.
Augmenter (s' —). Crescere, o, is, crevi, cretum.
Augmenter (s'Aggraver). Ingravescere, o, is.
Augmenter (s'Accroître). Crescere, o, is, crevi, cretum.
Avancer (s' —). Incedere, o, is, cessi, cessum.
Bondir. Subsilire, io, is, lui, sal-tum.
Braire (comme un âne). Rudere, o, is.
Broncher (Faillir). Labi, or, eris, lapsus sum.
Briller. Fulgere, eo, es, fulsi.
Briller. Illucescere, o, is.
Cacher (s'—). Delitescere, o, is, toi.
Causer. Garrire, io, is, ivi, itum.
Cesser. Desinere, o, is, ivi ou ii.
Choir (se Laisser —). Corruere, o, is, ui, tum.
Commencer. Cœpisse, i (1).
Coucher (se —). Cubare , o , as, ui, itum.
Couler. Fluere, o, is, xi, cium.
Courir. Currere , o , is , cucurri , cursum.
Courir (se Précipiter). Præcipites currere , o , is, cucurri , cur-sum.
Courir (çà et là). Cursitare, o, as, avi, atum.
Coûter. Constare, o, as, stiti, sti-tum.
Croasser. Crocire, io, is , ivi, itum.
Chasser (Aller à la chasse). Venari, or, aris, atus sum.

Chercher (s'Efforcer). Conari, or, aris, atus sum.
Croître. Crescere, o, is, crevi, cre-tum. (sur). ex. abl.
Danser. Saltitare , o , as , avi , atum.
Demeurer. Jacere, eo, es, cui.
Divertir (se —). Lascivire, io, is, vi, vitum.
Dormir. Dormire , io , is , ivi, itum.
Douter. Dubitare , o , as , avi , atum.
Élancer (s' —). Prosilire , io, is , ui ou ii, saltum.
Endormir (s' —). Obdormire, io, is, ivi, itum.
Efforcer (s' —). Conari , or , aris , atus sum.
Errer. Vagari, or, aris, atus sum.
Élever (Sortir de). Exhoriri, ior, iris, ortus sum.
Enfoncer (s'—). Deprimi, or, eris, pressus sum.
Épuiser (s' —). Deficere , io , is , feci, fectum.
Étendre (à terre). Prosternere, o, is, stravi, stratum.
Envoler (s' —). Evolare, o, as, avi, atum.
Étinceler. Scintillare, o, as, avi, atum.
Exister. Existere, o, is, stiti, sti-tum.
Folâtrer. Lascivire, io, is, ivi, vitum.
Fourmiller. Scatere, o, es, ui.
Frémir. Fremere, o, is, ui.
Frémir (d'horreur). Inhorrescere, o, is.
Gâter (se —). Fracescere , o , is, cui.
Grandir (Croître). Crescere, o, is, crevi, cretum.
Grandir (Devenir grand). Adolescere, o, is, levi, adultum.
Hâter (se —). Properare, o, as, avi, atum.
Hasarder (se — s'Exposer au danger). Periclitari , or , aris, atus sum.

Hurler. Ululare, o, as, avi, atum.
Hésiter. Hæsitare , o , as , avi, atum.
Languir. Languere, eo, es, ui.
Luire. Fulgere, eo, es, fulsi.
Laisser (Permettre). Sinere , o , is.
Laisser (se—Choir). Corruere, o, is, ui, tum.
Lever (se—). Surgere, o, is, rexi, rectum.
Luire (Reluire). Micare, o, as, cui.
Mentir. Mentiri , ior, iris , itus sum.
Mourir. Mori, ior, eris , mortuus sum.
Mugir. Mugire, io, is, ivi, itum.
Marcher. Incedere, o, is, cessi, cessum.
Marchander. Cocionari, or, aris , atus sum.
Méprendre (se —. Errer). Errare, o, as, avi, atum.
Mûrir. Maturescere, o, is.
Naître. Nasci , or , eris, natus sum.
Pâlir. Pallere, eo, es, ui.
Paraître (se Faire voir). Innotescere, o is, ui.
Parler. Loqui, or , eris , cutus sum.
Passer (s'Écouler). Fluere, o, is, xi, xum.
Pêcher. Piscari , or , aris , atus sum.
Plier (en parlant d'une armée). Inclinare, o, as, avi, atum.
Pleurer. Flere, eo, es, vi, tum.
Porter (se bien —). Valere, eo, es, ui, itum.
Périr. Perire, eo, is, ii, itum.
Persévérer. Perstare, o, as, stiti, stitum.
Pleuvoir. Pluere, it. (*impers.*)
Plier (Céder). Cedere, o, is, cessi, cessum.
Présenter (se —). Prodire, eo, is, ii, itum.
Pourrir. Putrescere, o, is, ui.
Présenter (se —). Occurrere, o,

is, i, cursum.
Promener (se —. Ambulare', o, as, avi, atum.
Prolonger (se —). Produci, or, eris.
Proposer (se —). Statuere, o, is , i, tutum.
Pouvoir (2). Quere, eo, is.
Pouvoir. Valere, eo, es, ui itum.
Pouvoir. Posse, possum , potes , potui, (3)
Rassembler (se —). Convenire, io, is, veni, ventum.
Redoubler (d'ardeur). Ardere, eo, es, arsi.
Refleurir. Vigere, eo, es, ui.
Revenir. Redire, eo, is, ii ou ivi, itum. (de). ex. abl.
Ramper. Repere, o, is, repsi, rep-tum.
Refleurir (en parlant des fleurs). Reflorescere, o, is.
Refuser. Abnuere. o. is, ui, tum.
Relever (se —. Surgere , o , is, rexi, rectum.
Relever (s'Insurger). Assurgere , o , is, rexi, rectum.
Redoubler (d'ardeur). Emicare , o, as, cui.
Réfléchir. Secum putare , o , as , avi, atum.
Renaître. Reviviscere, o, is.
Renaître. Renasci , or, cris, natus sum.
Remédier (Venir au secours). Occurrere, o, is, i, cursum.
Rester. Manere, eo, es , mansi, sum.
Rester (Demeurer). Stare , o , as , steti, statum.
Roculer. Retrocedere, o, is, cessi, cessum.
Rire. Ridere, eo, es, si, sum.
Rendre (se —. Couler dans). Defluere, o, is, xi, xum.
Rendre (se — habile). Peritus Fieri, fio, fis, factus sum (4).
Rentrer (Retourner). Redire, eo, is, ii, itum.
Répandre (se — . Se Disperser).

Dilabi, or , eris , lapsus sum. (dans). *in. abl.*
Répandre (se —). Grassari, or, aris, grassus sum.
Reproduire (se —). Renasci , or, eris, natus sum.
Retourner (se —). Verti, or, eris, versus sum. (vers). ad. acc.
Rompre (se —. Se Briser). Conteri, ror, reris, tritus sum.
Reposer (se —). Quiescere, o, is, quievi, quietum.
Ressusciter. A mortuis Surgere , o, is, rexi, rectum.
Retentir. Perstrepere, o, is.
Retirer (se —). Discedere, o, is, cessi, cessum.
Réunir (se —) (Couler ensemble). Confluere, o, is, xi, xum.
Réussir. Perficere, io, is, feci, fec-tum.
Réussir (en parlant des choses). Prospere Cedere, o, is.
Réveiller (se — , en parlant du mal). Recrudescere, o, is.
Revivre. Reviviscere, o, is.
Rougir. Erubescere, o, is, bui.
Révolter (se —. Rebellare, o, as, avi, atum.
Rôder. Cursitare, o , as , avi , atum.
Réunir (se —). Convenire, io, is, veni, ventum.
Rugir. Rugire, io, is.
Sauter. Saltitare, o, as, avi, atum.
Serpenter. Serpere, o, is , psi , ptum.
Signaler (se —). Inclarescere, o, is, ui.
Subsistere. Existere, o, is, stiti, stitum.
Soupirer. Gemere, o , is , ui , itum.
Sortir (se faire voir). Prodire, eo, is, ii, itum.
Sommeiller. Dormitare, o, as, avi, atum.
Souiller. Afflare, o, as, avi, atum.
Souper. Cœnare, o , as , avi , atum.

(1) Voir Lhomond au verbe irrégulier, *Memini.* (2) Voir le verbe *Queo.* (3) Voir le verbe *Possum.* (4) Voir le verbe *Fio.*

IMP. E. DÉZAIRS, A BLOIS.

ENSEIGNEMENT MUTUEL.

METHODE LATINE.

QUATRIÈME ESPÈCE DE MOTS. — *LE VERBE.*

VERBES ESSENTIELLEMENT NEUTRES.

Soutenir (se —). Stare, o, as, steti, statum.
Tâcher. Studere, eo, es, ui.
Taire (se —). Silere, eo, es, ui.
Tonner. Tonare, o, as, ui, itum.
Tarder. Morari, or, aris, atus sum.
Tempêter. Stomachari, or, aris, atus sum.
Tomber. Cadere, o, is, cecidi, casum.
Travailler. Laborare, o, as, avi, atum.
Traverser (en se promenant). Perambulare, o, as, avi, atum.
Triompher. Ovare, o, as, avi, atum.
Tromper (se —). Errare, o, as, avi, atum.
Traiter (Discuter). Disserere, o, is, rui, sertum.
Trouver (— se). Occurrere, o, is, i, cursum.
Venir. Venire, io, is, veni, ventum.
Venir (à bout). Efficere, io, is, feci, fectum. (*ut. subj.*)
Valoir. Valere, eo, es, ui, itum.
Vouloir (1). Velle, volo, vis, volui.
Vouloir (2)' (ne pas —). Nolle, nolo, non vis, nolui.
Voler (en l'air). Volare, o, as, avi, atum.
Voler (Voltiger). Volitare, o, as, avi, atum.

Exercices.

L'aigle s'abat. Le cheval accourrait. Mon père arriva. La maladie augmente. Le fleuve augmentera. L'éclair brillera. Les enfants causent. Ton camarade s'est laissé choir. Les gens coururent çà et là. Le corbeau croasse. Que les jeunes gens dansent. Que le lion se fût élancé. Les gardes s'endormirent. Les vivres s'épuisent. La jeunesse folâtre. La foule se hâte. Vos aïeux sont morts. Le bœuf mugit. Les eaux s'écoulèrent. L'armée pliera. Votre sœur pleure. Votre père se porte bien. Tous les hommes périrent. Il pleut.

Exercices Latins.

Mater tua ambulat. Caro putrescit. Negotium producitur. Senatus statuit. Queo. Potes. Imperium vigebit. Rus reflorescit. Hostis retrocessit. Tu rides. Ego fleo. Peritus factus est tuus amicus. Operarius quiescet. A mortuis surrexisset. Turba discesserit. Vitia recrudescunt. Latrones erubescunt. Miles rebellat. Leo rugit. Rivus serpsit. Columba gemens. Senex dormitat. Puer cœnabit. Incola laboraverit. Homo errat. Dux voluit. Hostis non vult. Aves volant.

CINQUIÈME ESPÈCE DE MOTS.

PARTICIPES, GÉRONDIFS, SUPINS. (Voir Lhomond) (3).

Exercices.

1° La jeune fille jouant de la harpe. Les magistrats louant les vertus du bon citoyen. Les bœufs labourant la terre de votre voisin.

Les peuples ayant été opprimés par le général. Votre cerf ayant été blessé par le chasseur. Ton frère ayant été peint par son ami.

La vertu devant être pratiquée par les bons paysans. La rose devant être cueillie par votre sœur. La bourse devant être trouvée par le voyageur. L'arme devant être polie par le valet.

2° L'occasion de parler. Le temps de lire l'histoire. L'heure de dîner. Le désir de voyager. Le plaisir de chasser. Le pouvoir de nuire. La facilité de chanter.

3° Votre frère écrit en causant. Le philosophe réfléchit en se promenant. Nous étudions en mangeant. Il garde ses troupeaux en poursuivant les bêtes féroces. Nous chantons en jouant.

4° Vous travaillez pour vous enrichir. J'étudiais pour m'instruire. Il s'était réveillé pour prier Dieu. Ils se réunissent pour travailler. Vous dirigez l'eau pour arroser les prés.

5° Cet ouvrage n'était pas facile à faire. Nos vices ne sont pas aisés à réprimer. Le paon est un oiseau superbe à voir. Notre langue est très difficile à apprendre. Ce poème est admirable à entendre. La géographie est très facile à retenir.

6° J'irai visiter mon oncle. Vous viendrez labourer notre champ. Il ira pêcher avec vous. Nous irons nous promener ensemble. Je viens voir votre maison, votre jardin et vos champs.

Exercices Latins.

1° Puer magistrum audiens. Discipulus grammaticæ studens. Poeta opus suum legens. Adolescentes patrem imitantes.

Canis ab hero suo ligatus. Aper a venatore occisus. Virgo ab hostibus rapta.

2° Potestas agendi. Jus eligendi. Cupido venandi. Tempus laborandi. Voluntas nocendi.

3° Olera colendo. Aras erigendo. Honores appetendo. Tempus consumendo. Amnem trajiciendo.

4° Ludo ad me calefaciendum. De nocte surgebam ad studendum. Librum meum capio ad legendum.

5° Lepus non est facilis captu. Lusciniæ cantus sunt mirabiles auditu. Causa tua facilis erit judicatu.

6° Eo piscatum. Ibimus ambo montes præruptos exploratum. Ibam amitam meam invisum.

SIXIÈME ESPÈCE DE MOTS. — *ADVERBES* (4).
SEPTIÈME ESPÈCE DE MOTS. — *PRÉPOSITIONS.*

HUITIÈME ESPÈCE DE MOTS. — *CONJONCTIONS.*
NEUVIÈME ESPÈCE DE MOTS. — *INTERJECTIONS.*

SYNTAXE DES NOMS.

ACCORD DE DEUX NOMS. — *Ludovicus rex* (5).

Exemples : La rose, fleur. De l'aigle, oiseau. Le chêne, arbre. Les pommes, fruits. Les éléphants, animaux. Le printemps, saison. La lune, astre. Paris, ville. La France, royaume. L'Alsace, province. L'eau, élément. La ciguë, poison. La charité, vertu. La gourmandise, vice.

Exemples : Deus, creator. Ciceroni, oratori. Augusto, imperatore. Bellum, calamitas. Pestis, morbus. Templo, ædificio. Alexander, rex. Virgilium, poetam. Œsopo, auctore. Stellam, sidus. Columbæ, aves. Sapientiæ, virtutis. Mendacium, vitium.

---

(1) Voir le verbe irrégulier *Volo.*
(2) Voir le verbe irrégulier *Nolo.*
(3) Repasser les verbes qui gouvernent l'*Accusatif* sur les quatre conjugaisons.

(4) Voir Lhomond pour les Adverbes, les Prépositions, les Conjonctions et les Interjections.
(5) On aura recours à Lhomond pour l'explication des règles : ne mettant ici que les exemples correspondants à ces règles.

IMP. E. DÉZAIRS, A BLOIS.

Nº 22.

ENSEIGNEMENT MUTUEL.

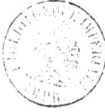

MÉTHODE LATINE.

SYNTAXE DES NOMS.

Remarque. — *Exemples :* La ville de Paris. A la ville de Lyon. O ville de Paris. De la ville de Lyon. Le mois de janvier. Du mois d'août. Du fleuve de la Loire. L'île de Corse. Les montagnes des Alpes.

Remarque. — *Exemples :* Urbi Lugduno. Mensem januarium. Mensi augusto. Insulæ Sardiniæ. Flumen Rhenus. Provincia Normannia. Flumini Sequanæ. Mense februario. Urbe Româ.

RÉGIME DES NOMS.

I. — *Liber Petri.* (Voir Lhomond.)

Exemples : Les délices de la campagne. Du spectacle de la nature. La maison de votre père. Les vertus de ma mère. Les défauts de cet enfant. A la douceur du mouton. Des rayons du soleil. La clarté de la lune. L'heure du jour.

Exemples : Sidus diei. Salus animæ. Valetudo corporis. Creator cœli et terræ. Deus misericordiarum. Domus mei patris. Culter mei fratris. Liber discipuli. Timor Domini. Cantus avis. Templum supremi arbitri. Vanitas divitiarum.

1re Remarque. — *Exemples :* La bonté du père. La tendresse de la mère. Le sénat de Rome. Les mœurs des Français. La cour des rois. Les habits du roi. Le gouvernement de la République. La langue des Espagnols.

1re Remarque. — *Exemples :* Mores lugdunenses. Lingua parisiensis. Urbs blesensis. Populus romanus. Plebs italica. Providentia divina. Oratores romani. Philosophi græci. Anxietas paterna. Rumor plebeius.

2e Remarque. — *Exemples :* Le vieillard d'une prudence rare. Les femmes d'un caractère aimable. L'ouvrier d'une adresse extraordinaire. Les campagnes d'une grande beauté. Les montagnes d'une très grande hauteur.

2e Remarque. — *Exemples :* Puer eximiâ pulchritudine. Homo indolis variæ. Adolescens naturâ blandâ. Magistratus probitate integræ. Rusticus avaritiæ horridæ. Dux animi mirabilis. Mater patientiâ mirandâ.

II. — *Tempus legendi.* (Voir Lhomond.)

Exemples : Le moment de partir. Le chagrin de déplaire. Le désir de plaire. La grande facilité de lire. Le plaisir de la chasse. La volonté d'acheter, de travailler, d'apprendre. La gloire de vaincre. L'ambition de conquérir.

Exemples : Tempus loquendi et tempus tacendi. Potestas certa nocendi. Tempestas opportuna vindemiandi. Cupido insolita ludendi. Voluptas audendi. Consuetudo mentiendi. Occasio scribendi. Hora prandendi et cœnandi.

1re Remarque. — *Exemples :* Le courage de supporter la mauvaise fortune. Le plaisir de remporter la victoire. La force de surmonter les obstacles. Le grand désir d'aimer Dieu. Le soin de cultiver les champs. L'heure de prononcer publiquement le discours.

1re Remarque. — *Exemples :* Tempus præmii tribuendi. Gloria hostium patriæ vincendorum. Tempestas terræ colendæ , tritici olerisque metendorum. Ambitio gloriæ acquirendæ. Difficultas linguarum antiquarum recentiumque ediscendarum.

2e Remarque. — *Exemples :* C'est un bonheur de travailler. C'est un avantage d'écrire. C'est un malheur de ne point travailler. C'est une gloire de vaincre. C'est une grande joie de se promener. C'est un crime de voler. C'est une injustice de tromper.

2e Remarque. — *Exemples :* Libido est bibere. Cupiditas est venari. Voluptas esset ludere. Gloria est vincere. Injustitia est fallere. Virtus est parcere. Ignavia esset fugere.

SYNTAXE DES ADJECTIFS.

ACCORD DE L'ADJECTIF AVEC LE NOM.

I. — *Deus sanctus.* (Voir Lhomond.)

Exemples : Le champ à l'abri du vent. La coupe d'argent. La maison adjacente. La jeune fille attentive. La mère chagrine. Le chêne superbe. Le vice honteux. De la vertu aimable. A l'écolier savant. La mère triste. Les fleurs magnifiques. Des soldats courageux.

Exemples : Deus bonus. Aquilæ romanæ. Dux impavidus. Mercedes promissæ. Templa excelsa. O vitium turpe. Criminis exitiosi. Thesauri ingentes. Exercitus numerosus. Murus niger. Domus pulchræ. Hortus fertilis.

II. — *Pater et filius boni , Mater et filia bonæ.*

Exemples : Mon oncle et mon grand-père bien aimables. Le cheval et l'âne fort utiles. Le chien et le corbeau très beaux. Le loup et le tigre dangereux. Le frère et le cousin très modestes. Le roi et le berger égaux. L'écolier et le maître studieux. L'enfant et le jeune homme irrités. Ma sœur et ma tante aimables.

Exemples : Pater et filius docti. Herus et servus fidi, fidissimi. Tuus equus et bos tuus validi, validiores , validissimi. Dux et miles fortes , fortiores, fortissimi. Capra nostra ovisque tua innocentes, innocentissimæ. Mater et filia devotæ. Lupus et aper carnivori. Mater et sorores parvæ , minores , minimæ.

III. — *Pater et mater boni*

Exemples : Le chien et le chat très beaux. Le roi et la reine fort aimables. L'ouvrier et la servante fort habiles. Mon frère et ma sœur contents, plus contents, très contents. L'aigle et le corbeau légers, plus légers, très légers. Le coq et la poule timides, plus timides, très timides.

Exemples : Tuus pater et tua mater devoti. Bos et vacca utiles, utiliores, utilissimi. Aquila et graculus audaces. Vulpes et lupus crudeles, crudeliores, crudelissimi. Opifex et famula sapientes, sapientiores, sapientissimi.

IV. — *Virtus et vitium contraria.*

Exemples : L'eau et le vin nécessaires. Le jeu et l'oisiveté nuisibles , plus nuisibles, très nuisibles. Le soleil et la lune très beaux. Les légumes et les plantes utiles, plus utiles, très utiles. L'arc et la flèche ont été cassés.

Exemples : Mendacium et veritas contraria. Terra et mare magnifica , magnificentiora, magnificentissima. Aurum et argentum vilia. Urbes et castella munita fuerant. Bellum et pestis tremenda.

IMP. E. DÉZAIRS, A BLOIS.

ENSEIGNEMENT MUTUEL.

METHODE LATINE.

SYNTAXE DES ADJECTIFS.

ACCORD DE L'ADJECTIF AVEC LE NOM.

V. — *Verè sapientes* (1).

Exemples : Les vrais justes. Les préceptes des vrais philosophes. Ce jeune homme est un vrai orgueilleux. Votre maître est un grand savant. Ce général est un habile guerrier. Cet empereur était un vrai barbare.

Exemples : Pater tuus optimè vir probus erat. Mater tua devotè religiosa est. Frater tuus verè doctus est. Romani sincerè militares erant.

VI. — *Turpe est mentiri.*

Exemples : Il est doux de travailler. Il est bien honteux de mentir. Il sera très glorieux de triompher. Il n'était pas bien de courir. Il ne serait pas bon de tromper. Il est plus agréable d'étudier. Il est affreux de médire.

Exemples : Pravum est fallere. Durum est semper laborare. Jucundissimum fuisset studere et legere. Dulce est vivere, amarum verò est mori. Crudele esset nocere. Gloriosum est vincere, sed gloriosius esset parcere.

VII. — *Deus est sanctus.*

Exemples : Cette fleur est magnifique. Le vice est honteux, très honteux. Les vertus sont bien rares. Cette montagne est très escarpée. Le chant du rossignol est beau, mais le chant du coq l'est moins.

Exemples : Magnus est sol. Pater meus est bonus et comis. Soror mea religioni dedita est. Hic opifex peritus erit. Astra sunt corusca. Vestes tuæ sunt madidæ. Mater tua ægrota est. Hic culter est acutus.

REMARQUE. — La vertu paraît fort aimable. Mes sœurs ont paru chagrines. L'homme sage vit heureux. Ces écoliers seraient devenus plus savants. Cette femme a été jugée très coupable. Votre oncle passe pour un homme méchant.

REMARQUE. — Sapiens morietur securus. Templa hujus urbis sanctissima habebantur. Consobrinus mortuus est pauper. Hi opifices solertissimi habebantur. Frater tuus nominabatur Paulus. Virgo incedebat læta.

RÉGIME DES ADJECTIFS.

I. — ADJECTIFS QUI GOUVERNENT LE *GÉNITIF* (2).

Avidus laudum.

Exemples : Cette bibliothèque est pleine de bons livres. Ces enfants ont toujours paru fort avides d'instruction. Cet empereur est avide de gloire. Vos frères sont désireux du bonheur; ils ont du goût pour les sciences et les arts.

Exemples : Græci antiqui et romani architecturæ periti erant. Duces belli patientes sunt. Discipuli sæpè sunt pecuniæ expertes. Frater tuus rudis est historiæ imperatorum.

Cupidus videndi.

Exemples : Je suis très désireux d'entendre les beaux discours. Ils ont du goût pour étudier les langues anciennes et modernes. Les habitants de ce village sont dégoûtés de travailler la terre. Ces jeunes filles sont habiles à jouer de la harpe.

Exemples : Adolescentes, memores estote colendi Dei, creatoris omnium. Legislatores græci justarum legum condendarum cupidissimi erant. Hujus urbis magistratus cupidissimi sunt celebris oratoris audiendi et videndi.

II. — ADJECTIFS QUI GOUVERNENT LE *GÉNITIF* OU LE *DATIF* (3).

Similis patris ou *patri.*

Exemples : La nature est très semblable à une bonne mère. Les rois ne sont pas semblables aux sujets. Ce prince est allié au roi de France. Les vices de cet homme sont contraires à la nature. La fortune de ce marchand est égale à la nôtre.

Exemples : Turris huic colli non est æqualis. Discipuli studiosi magistro cari sunt. Hic princeps amicus est suorum subjectorum. Homines feris non sunt similes. Pater meus tuæ familiæ affinis est. Dies nocti impar nunquàm fuit.

III. — ADJECTIFS QUI GOUVERNENT LE *DATIF* SEULEMENT (4).

Exemples : Nos soldats paraissent accoutumés à la victoire. Cette cause semblerait avantageuse à tous les honnêtes gens. Ton père semble irrité contre toi. Ces élèves sont attentifs à vos leçons. Ce jeune homme est adonné au plaisir.

Exemples : Grammatica utilis est et necessaria pueris. Via hujus urbis viatoribus commoda est. Dominus humano generi iratissimus fuit. Fuit Galliæ bellum noxium. Nostri discipuli studio deditissimi erant.

Aptus ad militiam, Natus ad arma.

Exemples : Virgile était né pour la poésie. Nos soldats sont propres au combat. Alexandre et César étaient nés pour les armes. Vos bœufs et vos chevaux sont propres au labour.

Exemples : Hi homines ad commercium nati erant. Canes tui ad venationem apti sunt. Vir probus et integer ad magistratum idoneus est. Lycurgus ad legislationem natus erat.

Corpus assuetum laborem tolerando, ou *labori.*

Exemples : Nos troupes sont accoutumées à vaincre les ennemis de la patrie. Les jeunes gens sont accoutumés à jouer de la paume. Ces motifs paraissent propres à consoler ces malheureux. Il était né pour rendre la justice. Romulus, roi des Romains, était accoutumé à faire la guerre.

Exemples : Laboris amor idoneus est ad felicem vitam degendam. Studii cupido aptissima est ad felicitatem hominis constituendam. Adolescentes sunt assueti tempori consumendo. Milites nostri sunt assueti hostes patriæ vincendo. Cibus aptus est ad corporis validitatem augendam.

---

(1) Voir Lhomond à la note qui suit la règle précédente.

(2) Voir les Adjectifs qui gouvernent le *Génitif*, Livre Iᵉʳ, Tableau 24.

(3) Voir les Adjectifs qui gouvernent le *Génitif* ou le *Datif*, Livre Iᵉʳ, Tableau 25.

(4) Voir les Adjectifs qui gouvernent le *Datif*, Livre Iᵉʳ, Tableau 25.

IMP. E. DÉZAIRS, A BLOIS.

ENSEIGNEMENT MUTUEL.

METHODE LATINE.

RÉGIME DES ADJECTIFS.

IV. — ADJECTIFS QUI GOUVERNENT L'*ACCUSATIF* AVEC *AD* (1).

Propensus ad lenitatem.

Exemples : Ces écoliers paraissent portés à l'étude des sciences. Cet empereur parut toujours enclin à la cruauté. Ils sont enclins à la paresse. Ce philosophe est porté à l'étude des hautes sciences. Le bœuf est propre au labour. Tous les jeunes gens sont portés au jeu.

Exemples : Cæsar, exercituum romanorum dux, ad clementiam lenitatemque propensus erat. Tyranni antiqui ad crudelitatem et ad omnia vitia proclivissimi erant. Pravi semper ad malum parati sunt. Omnes homines ad vitium propensi sunt.

Pronus ad irascendum.

Exemples : Les philosophes sont portés à pardonner les injures. Les récits de ce voyageur paraissent très propres à nous consoler. Les enfants sont toujours prêts à rire ou à causer. Ces jeunes gens passent pour très prompts à frapper les autres.

Exemples : Copia nostra apta est ad hostem vincendum. Virgilius et Ovidius nati fuere ad versus componendos, et ad facinora virorum canenda. Romani milites nati fuere ad bellum gerendum, ad hostes profligandos et ad urbes subigendas.

V. — ADJECTIFS QUI GOUVERNENT L'*ACCUSATIF*. (Voir Lhomond.)
VI. — ADJECTIFS QUI GOUVERNENT L'*ABLATIF* (2).

Præditus virtute.

Exemples : Votre fille est douée d'une candeur admirable. L'homme sage paraît toujours content de son sort. La nation française paraît douée d'une grande politesse. Des crimes volontaires seront toujours indignes de pardon. Le maître n'est pas content de la conduite ni du travail de ces jeunes gens.

Exemples : Avunculus tuus dotibus eximiis præditus est. Pueri amore laboris prædití, digni sunt nostris laudibus. Hujus principis milites calamitatibus fessi erant. Præclara facinora ducis mercede digna sunt. Græci Romanique telis, sagittis, scuto et arcu instructi erant.

VII. — *Mirabile visu.*

Exemples : Nos vices ne sont pas aisés à vaincre. Notre langue est très difficile à apprendre. Cet édifice est admirable à voir. Ce discours est beau à entendre. Ces choses sont dignes d'être vues. Ces alouettes sont bonnes à manger. Ces campagnes sont bien belles à parcourir.

Exemples : Augustus, romanus imperator, accessu facilis erat. Musica auditu mirabilis est. Lingua italica intellectu facillima est. Hominum libidines refrenatu difficillimæ sunt. Harum arborum fructus comestu dulces sunt. Vinum nostrum amarum est bibitu.

Remarque. — *Exemples :* Il était difficile d'étudier votre leçon. Il serait très utile et même nécessaire à un jeune homme d'étudier les auteurs latins. Il lui est difficile de dédaigner les mets exquis.

Remarque. — *Exemples :* Difficile est dissolutos mores compescere. Difficile est hujus mundi bona divitiasque respuere. Utile est viro probo pœnas suas luere. Jucundum est quietam degere vitam.

SYNTAXE DES COMPARATIFS ET DES SUPERLATIFS.

COMPARATIFS. — *Doctior Petro.*

Exemples : Le miel est plus doux que le lait. Les loups semblent plus voraces que les lions. Tous les écoliers sont plus paresseux que les petits paysans. La terre est plus petite que le soleil.

Exemples : Frater meus doctior est Paulo. Aurum pretiosius est argento. Sol major est luná. Leo fortior est lupo. Vulpes callidior est cane. Feles peritiores sunt muribus.

Remarque. — *Exemples :* Les taureaux sont plus forts que les sangliers. Votre ami est plus courageux que votre frère. La paix est plus douce que la guerre. Ce jeune homme est plus savant que le domestique.

Remarque. — *Exemples :* Pater meus severior est quàm meus avunculus. Eduardus major est quàm Victor, sed est minùs sapiens quàm ille. Tigrides pejores sunt quàm leones. Scripsi litteras breviores quàm vestræ.

Felicior quàm prudentior. — *Felicius quàm prudentius.*

Exemples : Ces soldats ont été plus heureux qu'habiles. Ce jeune homme paraît plus audacieux que savant. Les écoliers sont plus paresseux que diligents. Cet enfant travaille plus courageusement que nonchalamment. Cet orateur parlait plus éloquemment que prudemment. Ces historiens ont écrit plus négligemment que correctement.

Exemples : Plumbum est metallum gravius quàm pretiosius. Pater tuus vendidit equum fortiorem quàm pulchriorem. Hujus gentis leges justiores erant quàm severiores. Duces fortiùs quàm inconsideratiùs pugnant. Longiores quàm pretiosiores epistolas scripsi. Pica tua est nigrior quàm albi or.

Magìs pius quàm tu.

Exemples : Votre frère est plus assidu que vous. Votre oncle est plus inquiet que content. L'orgueil est plus opposé à l'humilité qu'aux autres vertus. Le conseil de votre père est plus douteux que certain.

Exemples : Virtus magis est necessaria hominibus quàm scientia. Tuus pater magis est pius quàm avunculus tuus. Hic miles magis est conspicuus quàm nos. Paupertas magis est toleranda quàm crimen.

Majori virtute præditus.

Exemples : Ma sœur est plus vertueuse que la vôtre. Nous sommes assurément moins vertueux et moins sages que nos ancêtres. Les citoyens de cette ville sont plus vertueux qu'estimés.

Exemples : Frater tuus majori gulæ deditus est quàm soror tua. Servi nostri sunt majori pœná digni quàm villicus. Rustici sunt majori virtute præditi quàm discipuli nostræ urbis.

Doctior est quàm putas.

Exemples : Le général qui est mort passait pour un guerrier plus intrépide que nous ne pensions. En étudiant, vous avancerez plus rapidement que vous ne croyez. Je vais plus fort que vous ne voudriez. Cet enfant est plus aimable que vous ne l'espériez.

Exemples : Scientia utilior est quàm putant ignari. Major sum quàm putas. Nihil est jucundius animæ quàm lumen veritatis. Amita tua sapientior est quàm suus nepos. Validior est quàm vultis. Hic homo prudentior et ditior est quàm putatis.

(1) Voir les Adjectifs qui gouvernent l'*Accusatif* avec ad, Livre 1er, Tableau 25.
(2) Voir les Adjectifs qui gouvernent l'*Ablatif*, Livre 1er, Tableau 25.

IMP. E. DÉZAIRS, A BLOIS.

ENSEIGNEMENT MUTUEL.

METHODE LATINE.

SYNTAXE DES COMPARATIFS ET DES SUPERLATIFS.

SUPERLATIFS. — I. — *Altissima arborum*, ou *ex arboribus*, ou *inter arbores*.

Exemples : La plus belle des vertus est la justice. L'âne est le plus patient des animaux. La plus jolie des fleurs est la rose. Il était le meilleur des rois. La plus haute des maisons. Le renard est le plus rusé des animaux.

REMARQUE. — *Exemples :* Le plus riche du village. Le plus savant de la classe. Le plus paresseux de l'école. Le plus habile de l'atelier. Le plus sauvage de la forêt. Le plus courageux de l'armée.

Exemples : Sol pulcherrimum est inter astra. Stella minimum est astrorum. Aquila est fortissima ex avibus. Urbs Parisiensis pulcherrima est inter urbes. Leo fortissimum est animalium.

REMARQUE. — *Exemples :* Quercus altissima sylvæ. Studiosissimus scolæ. Doctissimus regni. Potentissimus Galliæ. Celeberrimus urbis. Eloquentissimus senatûs. Pessimus hominum.

II. — *Validior manuum.*

Exemples : La plus aimable de vos deux sœurs. Le plus grand de ces deux astres est le soleil. Le plus précieux de ces deux livres. Le plus studieux de ces deux enfants est le plus digne de récompense. Le plus léger de ces deux animaux est le cerf.

Exemples : Major ocrearum. Invalidior pedum. Longior aurium. Acutior oculorum. Brevior brachiorum. Doctior horum duorum fratrum. Magis pia duarum virginum. Peritior duorum ducum.

III. — *Maximè omnium conspicuus.*

Exemples : La mère de ce jeune homme est la plus pieuse des femmes de cette ville. La chose la plus nécessaire à l'homme est le salut. Votre frère n'est ni le plus assidu des écoliers du collége, ni le plus pieux de vos frères.

REMARQUE. — *Exemples :* Un de mes oncles est arrivé aujourd'hui. Un de nos élèves est venu trop tard. Qui de vos soldats osera combattre? Personne de vos parents ne le châtiera. Quelqu'un de vos amis est arrivé. Qui de vous l'aimera? Qui de nous l'imitera? Qui de nous est content de la fortune?

Exemples : Soror mea erit maximè virginum conspicua. Simia est maximè animalium varia. Res maximè necessaria vitæ virtus est. Maximè omnium anxius. Maximè adolescentium temerarius est frater tuus.

REMARQUE. — *Exemples :* Una aquilarum. Unum ex meis calceamentis. Nullus inter homines. Aliquis nostrûm. Nemo ex militibus. Unus inter amicos nostros. Quis inter discipulos historiam romanam leget? Quis ex tuis servis laborare volet? Quis inter homines non vult ditescere?

SYNTAXE DES VERBES.

ACCORD DES VERBES AVEC LE *NOMINATIF* ou *SUJET*.

I. — *Ego audio.* (Voir Lhomond.)

Exemples : J'étudie. Vous enseignez. Ils écoutent, et comprennent. Elles courent, et sautent. Que nous buvions. Vous parliez. Elles avaient imité. Tu promettais.

REMARQUE : — *Exemples.* Nous travaillons, et vous êtes oisifs. Je cours, et vous êtes assis. Je dors, et vous chantez. Vous montez, et nous descendons. Nous chanterons, et vous pleurerez. Vous osez mentir ainsi ! Vous agissez ainsi ! Et ainsi vous m'aimez !

Exemples : Ego lego. Tu mones. Ille audit. Nos amabamus. Vos acceperatis. Illi imitantur. Illa pollicetur. Illi usi sunt. Illæ blanditæ fuerunt.

REMARQUE. — *Exemples :* Tu laboras, et nos quiescimus. Vos ridebitis, et ego flebo. Illi locuti sunt, et nos audivimus. Tu docebis, et nos discemus. Ego canto, et tu taces. Nos currebamus, et tu dormiebas. Tu laborare sic audes ! Sic tu respondes !

II. — *Petrus et Paulus ludunt.*

Exemples : Pierre et Paul mangeront. Le vice et la vertu combattent. L'artisan et le fermier travaillent. Le rossignol et le merle chantent. Le loup et le renard courent. Le paysan et le soldat pillaient.

Exemples : Scipio et Cato fuerunt sapientes. Joannes et Paulus garriebant. Pater meus et mater mea ægroti sunt. Villicus et incola terram vertebant. Frater et soror ludunt.

III. — *Ego et tu valemus.*

Exemples : Votre sœur et moi nous partirons demain. Votre père et moi avons travaillé longtemps. Vous et votre compagnon vous périrez. Votre ami et moi nous irons. Ton père et moi avons chassé hier. Votre oncle et vous vous viendrez demain.

Exemples : Tu laboras. Ego et tu historiam romanam legimus. Ego et tu nec felices neque contenti erimus. Tu fraterque ambulabatis. Nos et vos fructus emimus. Tu rusticusque vitem colebatis. Ego et servus meus venabamur.

IV. — *Turba ruit* ou *ruunt.*

Exemples : L'armée entra triomphante. La foule courait çà et là. Le peuple parut épouvanté. La populace épouvantée s'enfuit aussitôt. La multitude vint au-devant de nous.

Exemples : Turba scientiæ commoda nesciunt.

RÈGLE DES VERBES. (Voir Lhomond.)

VERBES QUI GOUVERNENT L'*ACCUSATIF.*

I. — *Amo Deum* (1).

Exemples : J'aime un Dieu puissant. Nous estimons les enfants sages, nous les récompensons. J'ai lu de belles histoires. Je ferai d'excellents vers, je les publierai. Votre oncle et moi avons châtié ces petits paresseux. Vous avez écouté attentivement votre maître.

Exemples : Viros probos colamus, et pravos toleremus. Magistrum audivimus. Pater meus virtutem colit. Mater mea peccatum timet. Jesus Christus omnes homines diligit. Deus creavit cœlum et terram. Spiritus Sanctus homines sanctificavit. Amo Deum et Virginem sanctam.

(1) Voir les verbes qui gouvernent l'*Accusatif* sur Amo, Moneo, Lego, Audio, Imitor, Polliceor, Utor, Blandior.

IMP. E. DÉZAIRS, A BLOIS.

ENSEIGNEMENT MUTUEL.

METHODE LATINE.

RÈGLE DES VERBES. (Voir Lhomond.)

VERBES QUI GOUVERNENT L'*ACCUSATIF*.

II. — *Imitor patrem.*

Exemples : J'admire la vertu, je la respecte. Nous avons conçu un projet fort utile. Nous imiterons les bons exemples de nos parents. Je promets un livre. Nous suivrons nos amis. Vous protégerez le malheureux. J'avoue ma faute.

Exemples : Omnes mirantur puerum qui suos parentes veretur. Hic adolescens consilia bona et sapientia sequitur, imitaturque exempla virorum proborum. Homines sancti mercedem æternam consequentur. Tuam culpam obliviscor.

III. — *Musica me juvat ou delectat.*

Exemples : Le beau temps me réjouit. La lecture de l'histoire me plaît. La légèreté ne convient pas à un magistrat. Le chant de ce rossignol me plaisait beaucoup. Des paroles grossières ne conviennent pas à un enfant bien élevé.

Suite. Nos élèves attendent une grande récompense. Nos généraux attendent les plus grandes victoires. Le plus grand des châtiments est réservé aux scélérats. Ce prince attendait la nouvelle de la mort du général.

Suite. Le maître n'ignore pas les ruses de ces jeunes gens. Le plus savant des hommes ignore beaucoup de choses. Les ennemis n'ignoraient pas nos desseins. Vous n'ignorez pas les bienfaits de votre père.

Exemples : Scientia juvat omnes homines. Hic sermo me delectat. Ludus plerosque juvat. Silentium adolescentem decet. Incessus modestus sacerdotem decet. Levitas mentis puellam non decet.

Suite. Pater tuus te exspectabat. Magna calamitas vos manet. Servus herum exspectabit. Dolores mœroresque hunc senem manebant. Deus peccatorem semper exspectat. Magna merces laborem tuum manebit.

Suite. Doli tui non nos fallunt. Hæc historia non te fugit. Hæc te non prætereunt. Consilia tua patrem tuum non fallunt. Studium hunc adolescentem fugiebat. Misericordia mea vos fugit.

VERBES QUI GOUVERNENT LE *DATIF* (1).

I. — *Studeo grammaticæ.* (Voir Lhomond.)

Exemples : Étudiez les poètes anciens. Nous ne favoriserons pas les élèves paresseux. Les richesses flattent tous les hommes. L'or ni l'argent ne satisferont la cupidité des avares. Cette bonne mère caressait ses enfants.

Exemples : Hominibus doctis favebimus. Scientiis et artibus hominibus utilissimis princeps noster favet. Scientiis artibusque studebant. Facinoribus tuis plaudent viri probi. Domino obedivit.

II. — *Defuit officio* (2).

Exemples : Vous manquez à vos devoirs qui sont plus utiles que vous ne pensez. Les campagnes manquent souvent de bras. Nous étions tous présents à cet horrible massacre. Mon père ne nuira pas à vos projets.

Exemples : Discipuli plerisque exercitiis desunt. Amicus meus huic venationi aderat. Studiis tuis oberit mentis levitas. Hic princeps Indis plebis interfuerat. Huic militi animus defuit.

III. — *Imminere, impendere, instare.*

Exemples : La mort vous menace. Un grand orage menaçait nos provinces. Une horrible guerre menace le royaume de France. Votre ami vous menaçait. Les écoliers paresseux menaçaient les plus studieux. De grands malheurs menacent votre famille.

Exemples : Magnæ calamitates urbi nostræ nationique imminebant. Pestis vel fames populis impendent. Fulmen domui nostræ imminet. Plebs viris probis instat. Fluctus maris portui nostræ urbis imminebant.

IV. — *Id mihi accidit, evenit, contingit.*

Exemples : Les adversités arrivent aux hommes justes. Les malheurs sont quelquefois avantageux aux hommes. Le plaisir de la chasse plaît aux jeunes gens. Cela vous est avantageux.

Exemples : Quod aliis evenit, nobis continget. Ludus atque cantus sorori meæ placent. Exercitatio discipulis expedit. Pietas ergà Deum omnibus hominibus conducit.

V. — *Homo irascitur mihi.*

Exemples : Nous flattons les écoliers sages et studieux. Votre frère s'est mis en colère contre moi ; il me menaçait. Les chiens caressent les petits enfants. Ma tante a secouru votre frère. Pourquoi me menacez-vous ?

Exemples : Deus, qui est justus et æquus, minatur his qui non indigentibus opitulantur, et libidinibus suis nimis blandiuntur. Mi fili, patri tuo opitulare. Soror mea irata est hortulano.

VI. — *Est mihi liber.*

Exemples : Ma tante a ces maisons, ces jardins, ces champs. J'ai une lyre, vous avez un bâton. Nous avions trois chats, et ma sœur avait trois petits oiseaux. Tu as de l'argent, j'ai de l'or.

Exemples : Hoc castellum antiquum hodiè est patri tuo. Hæc silva superba, hoc immensum pratum quoque erant avunculo tuo. Attamen his hortus, hæc prata, hæ messes nobis sunt.

VII. — *Hoc erit tibi dolori* (3).

Exemples : L'arrivée de notre ami nous a procuré une grande joie. La paresse vous causera beaucoup de chagrins. La lecture de cet ouvrage vous procurera beaucoup de plaisirs. Les passions mauvaises nous occasionnent des maladies.

Exemples : Reditus patris mei nobis magno gaudio fuit. Labor, studium, applicatio magnis voluptatibus tibi erunt. Caritas ergà fratrem tuum magnæ mercedi, in cœlo, tibi erit. Hoc erit tibi mœrori.

VIII. — *Crimini dedit mihi meam fidem* (4).

Exemples : Le maître vous fait un crime de votre orgueil insupportable. Il ne vous blâmera pas du service rendu. Vos maîtres ont fait à vos parents l'éloge de votre conduite. La vertu fait la gloire de l'homme juste. Le peuple blâmait la cupidité de l'avare.

Exemples : Crimini dedit mihi meam pietatem. Pater tuus vitio meritò vertebat tuam pigritiam. Avunculus tuus servo crimini dabat incuriam atque imprudentiam. Sacerdos populo vitio tribuebat impietatem.

(1) Voir les verbes qui gouvernent le *Datif*.
(2) Voir les composés du verbe *Sum*, ils gouvernent tous le *Datif*, excepté *Absum*.
(3) Avant de traduire ce thème, on fera faire à l'élève les *tournures* en français.

(4) Même recommandation que plus haut.

IMP. E. DÉZAIRS, A BLOIS.

ENSEIGNEMENT MUTUEL.

METHODE LATINE.

RÈGLE DES VERBES. (Voir Lhomond.)

VERBES QUI GOUVERNENT L'*ABLATIF.*

I. — *Abundat divitiis; Nullâ re caret* (1).

Exemples : Ces brigands regorgent de trésors précieux. Celui qui manque de vertu, manque de tout ; mais celui qui est vertueux ne manque de rien. Ces hommes abondent en argent et en biens. Vous vous réjouissez à tort du malheur d'autrui.

Exemples : Hæc silva lupis et apris scatebat. Hæc flumina et hi lacus piscibus abundant. Pauper pane, vestibus carebat. Rus incolis et operariis caruit. Amici tui felicitate patriæ gaudebant.

II. — *Fruor otio.*

Exemples : Votre mère se réjouit de votre bonheur. Le pauvre se nourrit d'un pain grossier. Je me sers des instruments de votre frère. La troupe s'est rendue maîtresse du château. Le juste se glorifie des injures reçues. Ces écoliers s'acquittent ponctuellement de leurs devoirs.

Exemples : Discipuli suis officiis strenuè fungentes intimâ pace fruentur. Qui hodiè pigritiâ ac incuriâ gloriantur, qui bonitate, mansuetudine et clementiâ præceptorum abutuntur, quâdam die conscientiâ stimulabuntur.

VERBES QUI GOUVERNENT LE *GÉNITIF* (2).

Exemples : L'homme de bien oublie facilement les injures, mais il se souvient toujours d'un bienfait. Souvenez-vous de la mort ; elle n'aura pitié ni du pauvre, ni du riche. Alexandre oubliait les peines, les travaux et les dangers.

Exemples : Milites Alexandri suas uxores, suos liberos, suas domus obliviscebantur. Frater tuus ediscendorum non meminit. Mater mea, mea soror pauperum vici miserentur. Tuorum beneficiorum puer recordabitur.

RÉGIME INDIRECT DES VERBES. (Voir Lhomond.)

I. — *Do vestem pauperi.*

Exemples : Votre mère vous a promis un livre ; elle vous le donnera. Cet élève a donné son pain aux pauvres. Les Romains distribuaient les provinces et les royaumes aux généraux. Ils ont déclaré la guerre aux États voisins.

Exemples : Senes præcepta sapientiæ vulgò dant adolescentibus. Roma gentibus vicinis bellum denuntiavit, omnibus populis tulit, et regibus terræ pacem imposuit. Magister magnam mercedem tibi promisit.

Minari mortem alicui.

Exemples : Le prince vous menace des plus grands châtiments. Le roi a félicité le général de cette grande victoire. Les brigands menacent de la mort votre femme et vos enfants. Vous le féliciterez de ce succès.

Exemples : Pœnas æternas peccatoribus Deus minatur. Tibi gratulor tuum amorem et studium tuum ergà pauperes. Hic princeps carcerem et mortem sontibus minabatur. Hoc facinus præclarum vobis gratularer.

II. — *Hæc via ducit ad virtutem.*

Exemples : La vertu conduit au vrai bonheur. Ces mauvaises actions conduisent au vice. Nous vous exhortons à l'étude. L'amour de la gloire excite les hommes à de belles actions. La vie oisive porte les hommes à la volupté.

Exemples : Virtutem colere et vitium vitare, en via certa quæ hominem ducit ad felicitatem. Jesus Christus Judæos hortabatur ad virtutem. Magister discipulos semper incitat ad laborem et ad studium.

III. — *Doceo pueros grammaticam.*

Exemples : Nous enseignons la géographie et l'histoire aux élèves. Vous dites toujours vrai, et ne cachez jamais la vérité à ces jeunes gens. Vous ne leur cachez point vos projets. Je vous prie d'une chose.

Exemples : Philosophi antiqui sapientiam homines docebant. Te officium rogabo. Patrem tuum beneficium rogo. Sontes veritatem non colabit magistratus. Historias antiquas vos docebit. Te artem herbariam docet.

IV. — *Scribo ad te* ou *tibi epistolam.*

Exemples : Ma chère mère, je vous ai écrit une lettre depuis longtemps. J'envoie ce chien à mon oncle, et ces colombes à ma tante. Portez ce panier au jardinier. Je vous écrirai demain. Apportez-moi des fruits ; je vous enverrai prochainement des légumes.

Exemples : Hoc opus ad te mitto, illud lege. Hæc omnia tibi scribam. Tuum frumentum pistrino fertis. Ad te canem misi. Mihi scribe. Affer mihi ligna, lapides, aquam, panem et vinum. Cràs tibi scribam, hodiè non possum. Ad amitam tuam mitto ancillam meam.

V. — *Accepi litteras à patre meo.*

Exemples : Je vous demande ce service. Vous avez reçu de mon père une jolie corbeille. Mon oncle a emprunté de l'argent à votre ami. J'ai acheté ce champ de votre fermier. J'espérais de vous cette faveur. Ils attendirent de votre piété les fruits les plus précieux. Le roi a obtenu la paix de ses sujets.

Exemples : Hic reus à principe gratiam petivit. A duce mercedem accipietis. A te hunc laborem spero. Mater mea à benevolentiâ tuâ hoc sacrificium exspectabat. Ab imperatore litteras impetravi. Mî fili, à me petis tuos libros et tuas vestes, ea ad te postridiè mittam. Ab avunculo nummos mutuatus sum.

REMARQUE. — J'ai reçu une grande joie de la nouvelle de votre mariage. Votre domestique a puisé de l'eau au fleuve. Ils ont allumé ces torches au bûcher. Vous le jugerez à son air.

REMARQUE. — Ex adventu tuo magnum gaudium accipiam. Suas vestes ex hâc arbore pependit. Ex igne caritatis divinæ fidem meam accendo. Dignitatem tuam è tuo incessu judicavit.

VI. — *Id audivi ex amico* ou *ab amico meo.*

Exemples : Mon fils, j'apprends, par la lettre de votre frère, vos heureux succès. Allez, je m'informerai de votre conduite. J'ai appris par votre messager cette triste nouvelle. O prince, vous apprendrez par le général le massacre de vos troupes.

Exemples : Audivi ex litteris unius inter amicos meos mortem regis et cladem exercitûs. Ab agendi ratione illius quæsivi, et ex responsis ejus veritatem cognovi. A patre meo mortem sororis meæ audivi.

(1) Voir les verbes qui gouvernent l'*Ablatif.*
(2) Voir les verbes qui gouvernent le *Génitif.*

IMP. E. DÉZAIRS, A BLOIS.

ENSEIGNEMENT MUTUEL.

METHODE LATINE.

RÉGIME INDIRECT DES VERBES. (Voir Lhomond.)

VII. — *Christus redemit hominem à morte.*

Exemples : Le Sauveur du monde a racheté l'homme de la servitude du péché. Il vous a délivré de vos ennemis. Vous éloignerez les loups de la forêt. Il vous arracha de la prison. Ne vous séparez jamais de votre ami. Il détournera le danger de votre tête.

Exemples : A periculo liberavit te. A servitute peccati redemit vos. Puer, amove peccatum è corde tuo. Hanc plantam ab horto eripiet. Domine, aufer à me pigritiam et omnia vitia. Caput è trunco avulsit.

VIII. — *Implere dolium vino.*

Exemples : Remplissez d'eau ce vase. Vous avez été comblé de présents. Il a été privé de tout secours. Les brigands l'ont dépouillé de l'argent de son maître. Votre mère a revêtu ce pauvre d'habits. Ils ont chargé l'âne de légumes et de fruits. Vous avez orné ces autels d'or et d'argent.

Exemples : Aquà amphoram impleverunt. Rex præfectos atque aulicos beneficiis cumulat. Hunc pauperem nudavit veste et fuste. Domum impleverat lacrymis et clamoribus. Fulmen hanc arborem frondibus nudavit. Pater-familiâs filios suos bonis ac divitiis cumulaverat.

IX. — *Admonui eum periculi* ou *de periculo.*

Exemples : La prudence nous avertit souvent du mal. Votre lettre m'informe de votre arrivée et de la mort de votre frère. Cicéron avertit les sénateurs romains de la ruine de Rome. Vous avez été informés de mes desseins. Nous l'avertîmes souvent du danger.

Exemples : Littera tua certiorem eum fecit tuo adventu et morte avunculi tui. Utinàm certiores facti essemus de consiliis nostrorum inimicorum! Demosthenes sæpè Athenienses admonuerat de malis patriæ. Cicero concives admonebat de conspiratione Catilinæ.

X. — *Insimulare aliquem furti* ou *furto.*

Exemples : La renommée accuse de crime plusieurs innocents, tandis qu'elle absout plusieurs coupables des plus mauvaises actions. Il vous a convaincu de mensonge. Les ennemis ont accusé cet homme de trahison. Il fut accusé de faux.

Exemples : Hunc adolescentem crimine horrendo insimulasti, ego absolvam illum hujus criminis. Judæi proditione Jesum Christum insimulaverunt. Mercator servum suum insimulabat furti.

1re REMARQUE. — *Exemples :* Vous avez condamné cet innocent à la mort. Cicéron, le plus célèbre des orateurs, fut condamné à l'exil. Ces élèves, convaincus de mensonge et de fraude, ont été condamnés à une pénitence rigoureuse.

1re REMARQUE. — *Exemples :* Hic dux fortis ad vincula damnatus fuit. Rex eum damnavit ad exsilium. Jesus Christus damnatus est ad mortem crucis.

2me REMARQUE. — *Exemples :* Jésus-Christ fut accusé d'avoir enseigné une mauvaise doctrine, et condamné à mort. Aristide fut accusé d'avoir pratiqué la vertu et la justice. Démosthène fut accusé d'avoir reçu une coupe d'or et condamné à quitter la ville. Phocion fut condamné à boire la ciguë.

2me REMARQUE. — *Exemples :* Socrates philosophus argutus est impietatem juventutem atheniensem docere. Jussus est cicutam bibere. Cicero oratorum disertissimus jussus fuerat ab urbe Romanâ discedere.

Deus amat virum bonum, illique favet.

Exemples : Il est juste de respecter et de satisfaire ses maîtres. J'admire et favorise les hommes vertueux. Cette excellente mère caresse et embrasse son cher fils. Aidez et secourez toujours les malheureux. Je verrai et féliciterai vos bons parents.

Exemples : Præcepta admirabilia philosophorum antiquorum sæpè legimus et eis studuimus. Miramur homines virtute præditos et sapientes, favemusque illis. Discipuli sapientes debent magistrum diligere et illi satisfacere.

RÉGIME DES VERBES PASSIFS.

I. — *Amor à Deo.*

Exemples : Ces ouvrages admirables ont été composés par des écrivains fort célèbres. Un crime bien grand a été commis par un fils très coupable. Cette science est enseignée par un maître fort habile. Aristide fut condamné à l'exil par ses concitoyens.

Exemples : Pax et tranquillitas à viris probis optata erant. Leges impletæ fuerunt à civibus. Virtus ab hominibus pravissimis æstimata est. A patre meo amamur. Ab hero suo servus æstimatur. A magistris docti sumus.

II. — *Mœrore conficior.*

Exemples : Cette maison a été dévorée par les flammes. Ces deux enfants auraient été écrasés par le char. Les montagnes les plus hautes sont frappées par la foudre. Ces plantes bien précieuses ont été brûlées par le soleil.

Exemples : Pater tuus dolore conficitur. Hæ plantæ prætiosissimæ sole refectæ sunt. Pater tuus labore conficitur. Mater tua morbo laborat. Hæc domus igne consumpta est. Mœrore conficimur.

REMARQUE. — *Exemples :* La soif insatiable des richesses n'est approuvée de personne. Les hommes qui ne pratiquent point la vertu ne me paraissent pas estimables. Le traité doit être approuvé par l'empereur. Tout bon citoyen doit défendre la patrie. Tout sujet doit aimer le prince.

REMARQUE. — *Exemples :* Viri probi nobis imitandi sunt, exempla eorum nobis sequenda sunt. Hæc agendi ratio honesta est atque laudabilis, improbabitur nec condiscipulis, nec magistris, nec tuis parentibus, probabitur contrà omnibus hominibus.

RÉGIME DES VERBES *Pertinet, Attinet, Spectat.*

Hoc ad me pertinet.

Exemples : Cet agneau appartient à ma sœur. Cette fable nous regarde. Cette affaire regarde le préfet de mon père du département. Les avis prudents de mon frère regardent votre frère. Cette affaire vous concerne. Ce chien m'appartient.

Exemples : Hoc pulchrum castellum ad unum inter meos amicos pertinet. Finis epistolæ quam mihi scripsisti ad sororem meam attinet. Fabulæ ad omnes homines spectant. Exprobrationes magistri ad discipulos attinent.

IMP. E. DÉZAIRS, A BLOIS.

ENSEIGNEMENT MUTUEL.

MÉTHODE LATINE.

RÈGLE DES VERBES. (Voir Lhomond.)

RÉGIME DES IMPERSONNELS *POENITET*, *PUDET*, *PIGET*, etc., etc.

I. — *Me pœnitet culpæ meæ.*

Exemples : L'homme scélérat se repent rarement de ses crimes. Cet écolier s'ennuie de l'étude. Cet homme impie rougit de la vertu. Vous avez honte du vice. Ma sœur est fâchée de cet oubli involontaire. Votre frère se repent de sa paresse.

Exemples : Quondàm te pœnitebit pigritiæ tuæ, et te pudebit negligentiæ tuæ. Te hodiè tædet studii, cràs te tædebit otii. Hos divites non miseret pauperum. Discipulos pigros tædet laboris. Diogenem philosophum non pudoit suæ paupertatis.

II. — *Incipit me pœnitere culpæ meæ.*

Exemples : Un écolier paresseux pourra se repentir de sa nonchalance. Ma fille a paru avoir honte de sa gourmandise. Vous semblez rougir de votre nonchalance. Il commençait à se repentir de son crime. Votre frère ne veut ni se repentir, ni avoir honte de son orgueil.

Exemples : Incipit te pœnitere sortis tuæ. Non potest me miserere horum discipulorum pigrorum. Volo me pœnitere sceleris mei. Mavis te tædere otii. Non vult illum miserere pauperis. Carissimi filii, debet vos miserere famuli miseri. Te et fratrem tuum debet tædere pigritiæ vestræ.

RÉGIME DES VERBES *REFERT*, *INTEREST* ; il importe à, il est important de, il est de l'intérêt de.....

I. — *Refert, interest regis.*

Exemples : Il importe à ces jeunes gens d'être sages et studieux. Il importerait aux écoliers d'écouter attentivement. Il importait au maître d'expliquer les règles de la grammaire ; mais il était de l'intérêt des écoliers de les écouter. Il est de l'intérêt de votre fils.

Exemples : Intererat apri venatorem fugere. Interesset omnium vitam honestam degere. Interest magistratuum esse æquorum. Referebat discipulorum attenté audire magistrum. Refert fratris tui sequi consilia amici.

II. — *Refert, interest meâ, tuâ, nostrâ, vestrâ, suâ.*

Exemples : Il vous importe de vous instruire. Il m'importait beaucoup de travailler. Il leur eût importé de ne point redouter l'ennemi. Il nous importera de bien apprendre nos leçons.

Exemples : Tuâ interest studere. Nostrâ retulerat laborare. Suâ interfuerit cantare. Meâ profectò refert orare. Hanc gratiam à rege petam, hoc meâ interest.

III. — *Refert meâ Cæsaris.*

Exemples : Il importe à toi seul d'écrire cet ouvrage. Il importait à moi, magistrat, de rendre la justice. Il importera à vous, mère de famille, de bien élever vos enfants. Il importe à moi, chasseur, de m'éveiller de grand matin.

Exemples : Interest meâ Ciceronis loqui. Refert tuâ ducis prælium committere. Interest vestrâ discipulorum non ludere. Refert meâ regis tueri subditos. Interest nostrâ mercatorum non sumptus agere.

IV. — *Utriusque nostrûm.*

Exemples : Il nous importe à tous deux d'aimer la vertu. Il vous importe à tous deux de traverser cette rivière. Il avait importé à vous deux de vous tenir fermes.

Exemples : Utriusque nostrûm interesset hanc culpam vitare. Utriusque vestrûm interest magistro satisfacere. Utriusque illorum interest grammaticæ et historiæ benè studere.

V. — *Ad honorem vestrum interest.*

Exemples : Il importera au bonheur de la France d'obéir aux lois. Il importe à la gloire de ce général de pacifier ces contrées. Il a toujours importé au bonheur des chrétiens de s'attacher fortement à la religion.

Exemples : Ad Ecclesiam interest veritatem docere. Ad felicitatem nostram interest habere amicos fideles et sinceros. Intererat ad honorem nostrum tranquillitatemque nostram benè agere ergà vicinos nostros.

RÉGIME DE L'IMPERSONNEL *EST* ; il appartient à.

I. — *Est regis.*

Exemples : Il est d'un bon père de donner à ses enfants une éducation chrétienne. Il est, il sera toujours d'un bon fils d'aimer ses parents. Il appartenait à ce soldat d'aimer son général.

Exemples : Est principis sapientis leges æquas condere, est autem subjectorum eas adimplere. Est ducis imperare, sed militum obedire. Est patris suos liberos diligere, sed semper erit liberorum patrem matremque suos vereri.

II. — *Est meum, tuum, nostrum, vestrum, suum.*

Exemples : C'est à vous de donner l'exemple. C'est à moi d'étudier. C'est à toi de secourir tes parents. Ce serait à lui d'attaquer. Ce n'est pas à vous de rire. C'est à eux d'écouter et non pas de parler.

Exemples : Meum est scribere. Tuum est ludere. Nostrum est dimicare. Tuum esset præmium referre. Suum erit terram colere. Vestrum est Deum orare. Tuum est, ò Virgo, castitatem servare.

III. — *Hic liber est meus.*

Exemples : Cette maison est à moi. Ce chapeau, ce livre, cette plume, cette canne, sont à moi. Ce rossignol est à nous. Ce champ n'est pas à vous. Ces habits sont à vous.

Exemples : Hæc mensa est mea. Hic ager est tuus. Hoc templum sanctum est meum, ait Dominus. Hæc rosa, hæc cerasus, hic hortus, mea sunt. Hæ lusciniæ tuæ sunt.

RÉGIME DE L'IMPERSONNEL *OPUS EST* ; il est besoin.

Mihi opus est amico.

Exemples : Aujourd'hui j'ai besoin de repos, demain de travail. Nous avons besoin d'un ami. Ils auraient besoin de vos conseils. Cet homme malade aurait besoin de la santé. Tous les soldats avaient besoin d'habits et de souliers.

Exemples : Pueris nostris opus erit pecuniâ. Huic exercitui ingenti opus erat disciplinâ. Huic oppido opus erit custodibus numerosis. Mihi opus est legere historiam. Nobis opus esset ei principi favere. Mihi opus est pane.

IMP. E. DÉZAIRS, À BLOIS.

ENSEIGNEMENT MUTUEL.

METHODE LATINE.

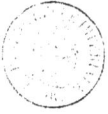

RÉGIME DES VERBES. (Voir Lhomond.)

RÉGIME DU VERBE *INTERDICO*.

Interdico tibi domo med.

Exemples : Nous interdisons l'entrée de la classe aux élèves paresseux. J'ai interdit la porte de ma maison aux libertins. Dieu interdira l'entrée du ciel aux méchants. Nous défendons (interdisons) l'entrée du collége à votre frère. Les lois nous défendent de chasser, de pêcher.

Exemples : Deus interdicet gloriâ æternâ avaris qui aurum et argentum adoraverint. Medicus nobis interdixerat usu olerum. Antiqui interdicebant igne et aquâ his qui patriam prodiderant. Deus denegabit mercedes æternas pravis divitibus qui interdixerint pauperibus aditu palatii. Ludo tibi interdico.

RÉGIME D'UN VERBE SUR UN AUTRE VERBE.

I. — *Amat ludere.*

Exemples : Beaucoup d'enfants aiment à causer, à rire, à jouer. Ils ne peuvent se taire. Je ne veux pas nuire à cet homme. Mon père désire vous voir. Vous pourrez le visiter, lui parler, le questionner. Je voudrais écrire, étudier, prier.

Exemples : Vellem onus impetrare, sed non possum prosperè cedere. Pueri amant currere, senes verò amant ambulare. Milites volunt urbe potiri. Non possum pace ac otio frui. Venite mecum, poteritis prata, silvas et montes explorare.

II. — *Eo lusum.*

Exemples : Nous irons ensemble entendre ce célèbre orateur. Nous venons commencer notre devoir. La plupart des flatteurs vont favoriser le prince. Les vaisseaux sont venus aborder à notre côte. Je cours voir mon père qui est malade. REMARQUE. — *Exemples :* Je viens étudier l'histoire. Ils vinrent expier leur crime dans la prison. Vous êtes venus lui refuser l'entrée du temple.

Exemples : Discipuli pigri ibunt lusum, dùm studiosi ibunt munera expletum. Ibo villicos meos invisum. Ivimus socios nostros redemptum à manibus barbarorum. Bonum opus est ire afflictos solatum, atque illis opem latum. REMARQUE. — *Exemples :* Eo ut in scolâ sternuam. Venerunt ut historiam discant. Frater tuus venit ut tumultum compescat.

III. — *Redeo ab ambulando.*

Exemples : Tous ces ouvriers viennent de travailler à ma vigne. Toute la foule revenait de voir les beaux tableaux de ce peintre. Ces deux chasseurs viennent de parcourir les forêts voisines. Votre oncle venait d'entendre l'orateur. REMARQUE. — *Exemples :* Ces jeunes gens viennent de visiter les principaux monuments de cette ville. Ce paysan revient de travailler à la terre. Je viens d'entendre la messe. Nous venons d'admirer les beautés de la campagne. Je reviens de lire l'histoire.

Exemples : Pueri sororis tuæ redibant à ludendo pilâ. Pater et mater à canendo veniebant. Hi discipuli à scribendo et legendo veniunt. Famulus redibat à fungendo suis officiis. A dormiendo veniebam, quùm ingressus es. REMARQUE. — *Exemples :* Avunculus meus venit à libris emendis. Amita mea veniebat à fratre meo invisendo, quùm mortem matris meæ audivit. Hi venatores ambo redeunt ab explorandis silvis vicinis. Ab urbe invisendâ redeo. Hæc famula ab emendis oleribus redibat.

IV. — *Te hortor ad legendum.*

Exemples : Nous exhortons les paresseux à travailler et à bien étudier. Le désir d'apprendre excite les jeunes gens à lire les bons auteurs. La soif de l'or porte les avares à transgresser les lois les plus saintes de la nature.

REMARQUE. — *Exemples :* Le désir des richesses porte les marchands à vaincre les plus grandes difficultés. Je vous engage à mieux pratiquer la religion chrétienne. Il est parvenu à lui déclarer la guerre.

Exemples : Cupido gloriæ impellit homines ad inter se pugnandum. Dolor nos cogit ad dolendum. Te hortamur ad studendum. Avaritia incitat ad lucrandum. Divitiæ tuæ te incitabant ad peccandum. Inducit villicum ad arandum.

REMARQUE. — *Exemples :* Exercitus nostri sese accingunt ad hostes dimicandos. Cupiditas divitiarum homines avaros impellit ad jura sacerrima violanda, atque ad leges sanctissimas delendas.

V. — *Consumit tempus legendo.*

Exemples : Les jeunes gens passent le temps à jouer, à rire, à causer; ils devraient au contraire l'employer à lire et à étudier. Heureux celui qui a passé sa vie à faire le bien et à éviter le mal.

Exemples : Tempus nostrum consumimus in historiâ antiquâ legendâ. O felices qui vitam consumpserint ignaros docendo, bona exempla præbendo atque opem miseris ferendo.

VI. — *Dedit mihi libros legendos.*

Exemples : J'ai donné mes champs à moissonner à ces paysans. Cet homme m'a confié ses biens à administrer. Ce grand homme a pris mes neveux à instruire. Nous donnerons nos champs à cultiver. Mon père m'a donné l'histoire romaine à lire.

Exemples : Hic homo mihi credidit bona gerenda. Præceptori credidisti liberos tuos docendos atque alendos. Discipulis tuis dedi hunc librum legendum. Agricolæ promisisti agros colendos. Dux militibus dabit urbem custodiendam.

VII. — *Vidi eum ingredientem.*

Exemples : Nous avons entendu chanter le rossignol. Je vis mourir ce soldat courageux. Vous avez écouté l'orateur parler. Je sentis mes genoux trembler. Nous entendrons le maître enseigner la géographie. Vous admirerez ces hommes cultiver la terre.

Exemples : Miratus sum tuos liberos studentes. Vidi canem venantem. Medicus sentit sanguinem in venas fluentem. Audient turbam acclamantem. Vidimus regem ambulantem. Præceptor nos vidit ridentes, loquentes, ludentes ac lascivientes.

SYNTAXE DES PRONOMS. (Voir Lhomond.)

ACCORD DU PRONOM AVEC L'ANTÉCÉDENT. — I. — *Deus qui regnat.*

Exemples : Numa, qui gouvernait Rome, était un prince illustre. Rome, qui admirait les vertus de ce prince, était étonnée. Le ciel qui l'avait donné aux Romains, ne le conserva pas longtemps. Ma mère qui a parlé. Le temple qui a été relevé.

Exemples : Duces qui exercitibus nostris præsunt. Provinciæ quæ immersæ fuerunt. Naves, quæ devehebant has merces, fluctibus obrutæ fuerunt. Vacca quæ empta fuit. Castellum quod evertitur. Templa quæ direpta sunt. Puer qui ludit.

IMP. E. DÉZAIRS, A BLOIS.

ENSEIGNEMENT MUTUEL.

METHODE LATINE.

SYNTAXE DES PRONOMS. (Voir Lhomond.)

II. — *Pater et mater quos amo* (1).

Exemples : Mon frère et ma sœur que je verrai demain, et que je reconduirai après-demain. Le coq et la poule que je prends. Le cheval et la jument que vous conduisez. Mon oncle et ma tante que tu visiteras.

Exemples : Rex et pastor quos post mortem æstimo æquales. Lepus et vulpes quos venator occidit. Bos et vacca quos emi. Famulus et famula quos vidimus, sunt tamen lætissimi.

III. — *Virtus et vitium quæ sunt contraria* (2).

Exemples : La vérité et le mensonge qui sont opposés. Le vin et l'eau qui sont nécessaires à l'homme. La viande et le pain qui nous nourrissent. La pluie et le vent qui sont incommodes. Le jardin et le château qui ont été vendus.

Exemples : Caro et panis quæ empta fuerunt. Terra et insula quæ aperta fuerunt, uberrima sunt. Mendacium et veritas quæ sunt contraria, vulgaria sunt. Mors et judicium quæ genus humanum perterrent.

QUI relatif. (Voir Lhomond.)
I. — *Puer quem pœnitet.*

Exemples : Le jeune homme qui se repentira de sa faute. Ma sœur qui a honte. L'ouvrier qui s'ennuie du repos. Ces hommes qui avaient compassion du pauvre. Mon père et ma mère qui étaient fâchés de vos dépenses.

Exemples : Latro quem pœnitet sceleris. Soror mea quam miseret pauperum. Discipulus quem tædet studii historiæ. Puer quem pudet levitatis suæ. Frater meus et soror mea quos piget.

II. — *Magister cui opus est.*

Exemples : Les Français qui ont besoin de la paix. Mon ami qui aura besoin d'un cheval, et qui a besoin actuellement d'argent. Mes champs qui ont besoin de fumier.

Exemples : Pauper cui opus est pecuniâ. Cubiculum meum cui opus erat luce atque aere. Ager vicini mei cui opus erit imbre. Operarii quibus opus est tranquillitate et labore.

III. — *Rex cujus interest.*

Exemples : Votre frère à qui il importait d'étudier. Ce paysan qui a intérêt de vendanger. Ton chien qui avait intérêt de quitter la forêt. La poule qui a intérêt de garder ses petits.

Exemples : Hic viator cujus interest proficisci. Lepus cui interfuerat currere. Vulpes quibus interfuit fugere. Gallina cui refert pullos gallinaceos congregare. Peccator cui præsertim interest Deum orare.

REMARQUE. — *Exemples :* Faites partir qui vous pourrez. Chassez qui vous voudrez. Prenez avec vous qui vous plaira. Donnez-lui qui vous désirez. Emmenez avec vos enfants qui vous promettra plus de confiance.

REMARQUE. — *Exemples :* Propelle quos poteris. Da mihi quem voles. Prosequere quos poteris. Eligite quem cupietis. Amabis quem tibi etiàm nocebit. Illi anteponos quem tibi fausta deprecabitur.

IV. — *Dont ou De qui.*

1° *Exemples :* Votre père dont nous admirons la sagesse. Votre frère dont je déplore la paresse. Ton chien dont je reconnais la sagacité. Le renard dont vous remarquez la ruse.

1° *Exemples :* Sol cujus splendorem miramur. Avus cujus avaritiam execror. Dux cujus peritiam cognoscimus. Doctor cujus scientiam miratus es. Lupi quorum crudelitatem animadvertisti.

2° *Exemples :* La ville dont je me souviens. La science dont vous êtes avide. La gloire dont il est digne. Le talent dont il est doué. Le sort dont il est content.

2° *Exemples :* Discipuli quibus contentus es, accipient præmia quibus digni sunt. Gloria cujus princeps avidus est. Scientia cujus cupidus fuit frater tuus.

3° *Exemples :* Le repos dont vous jouissez. La ville dont vous vous êtes rendus maîtres. Le pain dont je me nourris. La science de l'histoire dont je me sers. La victoire dont il se réjouira.

3° *Exemples :* Diligite parentes vestros, à quibus beneficia accepistis. Historici de quibus mecum loquebaris, eos cognosco. Magistratus à quo officium impetravisti.

V. — *A qui.*

1° *Exemples :* L'enfant à qui vous avez donné un livre. Le domestique auquel vous promettez une grande récompense. Le marchand à qui vous avez demandé ces deux livres.

1° *Exemples :* Adolescentes quibus hos libros commodavi. Famuli quibus hanc epistolam credidisti. Hæ mulieres quas musica delectat. Hi adolescentes, quibus interdixi lectione hujus libri.

2° *Exemples :* La famille à laquelle vous êtes allié. L'homme à qui cela est utile. Le pauvre à qui la patience est nécessaire. La science à qui la paresse est nuisible.

2° *Exemples :* Homines quibus vitium noxium est. Homo cui æqualis es. Operarius cui vinum est utile. Studium scientiarum cui pater tuus deditus est.

VI. — *Par qui.*

1° *Exemples :* César, général romain, par qui les Gaulois furent vaincus. Titus, par qui Jérusalem fut prise. Scipion, par qui Carthage fut détruite.

1° *Exemples :* Jesus Christus, à quo redemptus est homo. Populus romanus, à quo nationes subactæ fuerunt, bellicosissimus erat. Mater, à quâ alita fuisti, optima erat. Spiritus Sanctus, à quo sanctificati sumus.

2° *Exemples :* Le remède par lequel j'ai obtenu ma guérison. Le magistrat par qui j'obtins cet emploi. L'issue par laquelle nous sommes sortis était très étroite. Les courtisans par lesquels je me suis introduit auprès du prince.

2° *Exemples :* Rationes per quas hæc corda ferrea conteres, difficiles sunt inventu. Homo per quem sons beneficium impetravit à rege. Equus per quem ad te misi fructus pulcherrimos. Nuntius per quem tibi epistolam inscripsi.

VII. — *QUE relatif.* (Voir Lhomond.)

Exemples : Les écoliers sages et studieux que nous aimons. La vertu que j'admire. L'histoire que je lis. Le livre que vous donnerez à ces enfants. Les légumes que je mange. Les enfants que vous estimez.

Exemples : Avis quam comprehendi. Urbs quam dirupisti. Opus quod reviseram. Scopulus quem torrens volvebat. Natio quam subigebant duces. Dolium quod implent vinitores.

(1) Voir la règle de *Pater et mater boni*.
(2) Voir la règle de *Virtus et vitium contraria*.

IMP. E. DÉZAIRS, A BLOIS.

ENSEIGNEMENT MUTUEL.

MÉTHODE LATINE.

SYNTAXE DES PRONOMS. (Voir Lhomond.)

REMARQUE. — *Exemples :* Les malheureux que nous avons protégés et secourus. Le maître que nous respectons et satisfaisons. Les enfants vertueux que tous les hommes flattent et admirent. Les petits enfants que cette mère caresse et embrasse, sont sages.

REMARQUE. — *Exemples :* Historici antiqui quos legimus et quibus studemus. Officia nostra quæ diligimus et quibus fungimur. Milites quos diligebat Annibal et quibus favebat. Pater meus quem vereor et cui satisfacio. Deus quem amamus et cui semper servimus.

VIII. — *Animal quem vocamus leonem.*

Exemples : Les fruits que nous appelons cerises sont excellents. La liqueur que nous nommons vin est délicieuse. L'astre que nous appelons soleil fut adoré par les anciens peuples. La voûte immense que nous appelons ciel est l'ouvrage de Dieu.

Exemples : Quam vocamus pigritiam, vitium est odiosum omnibus hominibus. Quam tibi indico viam, ea est brevissima. Quæ huic principi misisti dona, ea jucundissimè ab illo recepta fuerunt. Quibus studui ediscendis, ea inter omnia sunt difficillima. Quibus favetis pueris, ii sunt sapientissimi.

PRONOMS *me, te, se, nous, vous, le, la, les, en, y.*

I. — *Mihi paruit.*

Exemples : Il m'obéira. Cet enfant vous caressera. Ce riche te secourra. Vous m'avez menacé. Le maître vous avait donné un beau livre. Nous vous aimons. Vous nous comblerez de joie. Il t'accueille avec bonheur. Il vous recevra chez lui.

Exemples : Deus me tuetur, mihi dat omnia necessaria. Pater tuus te diligit. Omnes homines se laudant. Ad nos scribes. Hunc librum nobis promisisti. Ibo vos invisum. Da mihi panem. Heri tibi scripsi; cràs mihi scribe.

II. — *Tibi promisi librum, hunc tibi dabo.*

Exemples : Je vois le ciel, et je l'admire. Nous regardons les astres, et nous les considérons. Nous adorons Dieu, et nous le prions. Vous lisez les livres que vous avez achetés, et vous les étudiez. J'admire la vertu et je l'aime.

Exemples : Vidi periculum, illud vitabo. Mercedem mihi promisisti, et illam mihi non das. Pater meus ægrotat, eum inviso. Luscinias emi, tibi eas ostendam. Domum ædificavi, hanc vobis dabo.

REMARQUE. — *Exemples :* Les riches devraient secourir les pauvres, souvent ils ne le font pas. Toute la ville le sait, et vous ne le savez pas. Tout le monde le fait. Je ne crains pas de le dire. Je l'affirme.

REMARQUE. — *Exemples :* Arripe libros tuos, hoc nolo. Mihi promittis laborare, illud non promitto. Nos invises, hoc non potero. Id tibi erit utile, hoc non puto. Illud non dicam.

III. — *Dices ei. Id illis facile est.*

Exemples : 1° Nous lui porterons secours. Vous lui enverrez ce livre. Ils lui défendront l'entrée de cette maison. Le maître aime ces enfants, il leur a donné des récompenses. Faites-leur du bien.

Exemples : 1° Præbes eis occasionem legere. Hanc viam illi indicabis. Officium illis præstitisti. Se gratum ei præbuit. Mortem attulit eis. Illis officia præscripsit. Eis imperavit urbem occupare.

Exemples : 2° Cela leur est utile. Cela lui est égal. Cela ne lui est pas agréable. Ces mœurs leur sont propres. Cette leçon leur est difficile.

Exemples : 2° Hoc erit commodum illis. Hic cibus eis noxius fuit. Pater meus illis devotus est. Mater mea eis dedita est. Id illis carum est.

IV. — *Vidi domum tuam, et illius pulchritudinem miratus sum.*

Exemples : 1° J'ai parcouru votre champ, j'en ai remarqué l'immensité. Nous avons été visiter cet antre, nous en avons admiré la profondeur. Je regarde le ciel, j'en contemple l'ordre magnifique.

Exemples : 1° Castellum tuum vidi, et illius altitudinem mensus sum. Hic puer mihi occurrit, et illius indolem amœnam animadverti. Solem aspicio, et illius splendorem intueor.

Exemples : 2° Vous avez eu des prix, vous en êtes digne. J'instruis ces enfants, j'en suis très content. Votre champ a beaucoup de chardons, il en est hérissé. Je n'assiste pas aujourd'hui à la classe, j'en suis exempt.

Exemples : 2° Libros tuos modò accipio, illis contentus sum. Veniam exposcunt, illà indigni sunt. Dotes præclaræ sunt matri meæ, illis prædita est. Tuis arboribus mali fructus, illos arbores refertæ sunt.

Exemples : 3° Vos enfants ont lu l'histoire, ils en ont profité. Notre père nous donnait de bons conseils, mais nous en abusions. Vous êtes ignorant, et vous en avez honte.

Exemples : 3° Scelus patravi, me pœnitet illius. Mercedem magnam accepisti, hoc tibi gratulor. Amo Deum, et ab eo diligor. Mortem propiùs vidi et eà perterritus fui.

V. — *Res est gravissima, huic operam dabo.*

Exemples : Cette matière est difficile à traiter, vous y donnerez tous vos soins. La mort nous presse, et nous n'y pensons pas. Ils vous accablent, et vous n'y voyez rien.

Exemples : Magna calamitas tibi imminet, et de eà non cogitas Officium à præceptore mihi datum est, in illud animum intendo. Lex instat, et illi non obedimus.

VI. — *Superbus se laudat, tibi blanditur.* (Voir Lhomond.)

Exemples : 1° Les habitants de ce pays se livrent à la culture des terres. Ces ouvriers s'exposent à la mort. Ces écoliers se livrent à l'étude. Les matelots se confient à la mer.

Exemples : 1° Hi oratores se laudabant. Improbi homines sibi plaudent; Operarii tui se corroborant. Hi pueri se oblectaverunt. Canes se dilaniant.

Exemples : 2° Toutes ces coquilles se trouvent sur le rivage. Les belles pierreries se trouvent dans les ruines. Les eaux s'écoulent. Ces instruments se fabriquent chez vous.

Exemples : 2° Hæc planta in horto tuo invenitur. Ea historia invenitur apud Romanos. Hi versus inveniuntur apud Virgilium. Hæc arma conflantur in hâc fabricatione.

REMARQUE. — *Exemples :* Nos occupations se renouvellent chaque jour ; ainsi l'occasion de s'instruire se présente sans cesse. Les mauvaises inclinations s'insinuent peu à peu dans les jeunes gens. Le venin de la paresse ne pourra jamais se glisser dans nos cœurs.

REMARQUE. — *Exemples :* Occasio otium expellere nobis quotidiè se dabat. Propensiones pravæ paulatim sese insinuant in adolescentes. Si pecuniam cupias, fames auri in corda paulatim sese insinuabit, et fies avarus. Vitium quotidiè sese insinuat in societatem.

Exemples : 3° Le pauvre et le riche se donnent des secours. Le soldat et le général se louaient. Les Romains et les Carthaginois se battirent souvent. Le roi et le berger ne se disputent point leurs rangs.

Exemples : 3° Frater tuus et meus, sese invicem amant. Duo fratres tui sese invicem oblectant. Pater et filius inter se colloquebantur de re familiari. Petrus et Joannes sese invicem laudabant. Hi duo pueri inter se luctabantur.

IMP. E. DÉZAIRS, A BLOIS.

ENSEIGNEMENT MUTUEL.

METHODE LATINE.

SYNTAXE DES PRONOMS. (Voir Lhomond.)

II. — *Vidisti-ne regem? vidi.*

Exemples : Avez-vous étudié la géographie? oui. Vos enfants ont-ils été sages? oui. Ont-ils satisfait leur maître? oui. Aimez-vous les pauvres? oui. Avez-vous pitié d'eux? oui.

Exemples : Nationes-ne subegisti? subegi. Libidines-ne suas coercuit? coercuit. Exercuit-ne sese labore? exercuit. Hostes-ne reformidat? reformidat.

III. — *An-non* ou *non-ne vidisti regem.*

Exemples : N'avez-vous pas vu mon frère? non. N'ont-ils pas voyagé? non. N'auriez-vous pas excité cet homme au mal? non. N'avez-vous pas porté à la colère cet enfant? non.

Exemples : An-non spoliavisti hunc mercatorem pecuniis et mercibus? non spoliavi. Non-ne hanc fossam exsiccat? non exsiccat. Non-ne has regiones vastavit? non vastavit.

IV. — *Puer, abige muscas.*

Exemples : Cieux et terre, écoutez. Parlez, Seigneur, votre serviteur écoute. Enfants, aimez vos parents, et respectez-les. Mes amis, étudions. Soldats, emmenez cet homme. Craignez le Seigneur.

Exemples : Agasones, equos refrenate. Domine, me excusatum habe. Discipuli, libros vestros asportate. Operarii, murum effodite. Janitor, portam aperi.

V. — *Abeat proditor.*

Exemples : Que mon fils vienne. Que le coupable se présente, qu'il soit interrogé, qu'il s'avoue, qu'il soit puni d'exil ou de mort. Que la sentence soit lue et exécutée.

Exemples : Hoc beneficium petat à rege. Servi tui fructus colligant. Currui jungant equos. Agricolæ prata irrigent. Lictores comitentur consulem.

VI. — *Ne insultes* ou *ne insulta miseris;* ou bien *noli, nolite insultare miseris.*

Exemples : Mon frère, ne faites de mal à personne. Ne détournez pas ces écoliers de l'étude. Ne méprisez jamais les sages conseils des vieillards. Ne vous livrez point au vice. Ne parlez jamais mal d'autrui. Ne négligez point de servir Dieu.

Exemples : Noli viam tuam pergere. Ne scribas hoc opus. Nolite istâ mente revolvere. Ne accipias hoc donum à latrone. Hos pigros noli præmio donare. Ne amoveas auxilium amici tui. Nolite hoc flumen trajicere. Ne fallas unquàm fidem tuam.

VII. — *Ne dicat.*

Exemples : Qu'il n'aille pas chez son père. Qu'il n'écrive pas cette lettre, et surtout qu'il ne l'envoie pas à son oncle. Qu'ils ne quittent pas leurs amis. Qu'ils ne se détournent jamais du chemin de la vertu.

Exemples : Ne civibus superstes vivant. Prælium ne committant. Illas ne pudeat signi crucis. Illum ne tædeat studii, nec laboris. De hâc re ne torqueat. Tui milites ne deleant nec vicos, neque urbes hujus regionis.

SYNTAXE DES PARTICIPES. (Voir Lhomond.)

I. — *Participes joints au nominatif.*

Exemples : 1° L'enfant mourant appelait encore sa mère. Abel offrant ses dons à Dieu. Les prêtres décorant l'autel du Tout-Puissant.

Exemples : 1° Adolescentes Deum orantes. Operarii domos retegentes. Hostes populos lacescentes. Cicero orationem habens. Nautæ navem ascendentes.

Exemples : 2° Le médecin devant panser le malade. Le peuple de Dieu devant perpétuer son nom. Le conquérant devant épouvanter les peuples. Le roi devant donner des lois à ses sujets.

Exemples : 2° Fratres Josephi togam ejus tincturi in sanguine hædi. Homo militaris arcum suum tensurus. Villici latronem deprehensuri. Pueri nidos inventuri. Mus spicas aratoris rosurus. Luscinia in nemoribus cantura.

Exemples : 3° L'église ayant été construite, fut aussitôt bénite. La maison ayant été rebâtie, s'écroula. Le vaisseau ayant été mis à la mer, échoua bientôt après.

Exemples : 3° Pueri relicti, clamores ejecerunt. Lupus propulsus, ululavit. Cervus cursu à canibus retentus, expiravit. Puer flagellatus, noluit studere.

Exemples : 4° L'ennemi devant être battu, s'enfuit. Socrate devant être condamné à mort, demeure tranquille dans sa prison. Devant être englouti par les flots de la mer, il se sauva. Devant être vaincu, il se défendit courageusement.

Exemples : 4° Puer puniendus, veniam petiit. Pusio arcessendus, fugit. Acies cædenda ab hoste, discessit. Miles in carcere mittendus, vincula fregit. Triticum à villico metendum, incensum est. Victima litanda, occisa fuit.

II. — *Participes joints au régime du verbe.*

Exemples : Les leçons ayant été apprises, les écoliers les récitent. Le devoir ayant été fait, le maître le corrige. Les élèves devant être punis, le maître leur pardonne. Les lois ayant été portées, nous les observons.

Exemples : Pannos confectos mercatores latè devehunt. Milites trucidatos hostis spoliavit. Adolescentibus puniendis pater meus ignovit. Puerum suum occidendum mater mea abscondit. Servum non laborantem hic herus dimisit.

III. — *Ablatif absolu.*

Exemples : Le traité ayant été conclu, il partit. Ayant pacifié ce royaume, il mourut. L'ennemi ayant été battu, le prince rétablit la tranquillité dans cette province.

Exemples : Mercibus in portu depositis, navis discessit. Messibus collectis, villicus domum rediit. Sermone audito, plebs pœnitens Deum adoravit.

SYNTAXE DES PRÉPOSITIONS. (Voir Lhomond.)

I. — *Noms de matière.* (Voir Lhomond.) — *Vas ex auro.*

Exemples : Un prince vit en songe une statue, dont la tête était d'or, la poitrine d'argent, le ventre de fer, les bras d'airain, les cuisses d'acier et les jambes en partie de fer et en partie d'argile. Les habits que nous portons sont de drap, et les bas sont de soie.

Exemples : Vas ex argento. Statua ex ferro. Equus ex plumbo. Asinus ex ligno. Sedes ex acere. Sertum roseum. Culter ex auro. Odor croceus. Vas ex vitro. Pons ex lapide.

IMP. H. DÉZAIRS, A BLOIS.

ENSEIGNEMENT MUTUEL.

METHODE LATINE.

SYNTAXE DES PRÉPOSITIONS. (Voir Lhomond.)

II. — *Noms de mesure, de distance et d'espace.*

Exemples : 1° Cette maison est haute de quinze mètres, longue de vingt-cinq. Vous êtes à une demi-lieue de la montagne. Ma table est longue de deux mètres, et large d'un mètre et demi. Vous êtes éloigné de moi de trente pas.

Exemples : 2° Votre puits a plus de trois mètres de profondeur que le mien. Votre chambre a un mètre de moins que la mienne. Il a plus d'un mètre que vous de grandeur.

Exemples : 3° Cette ville est à quatre lieues d'ici. Ce cheval est tombé mort à quarante pas d'ici. Ce nuage n'est pas à six cents mètres de nos têtes.

Exemples : 1° Hæc populus est alta viginti metra, et ingens metro secundùm orbem. Collis distat centum passibus. Hæc turris est alta centum metris, larga quindecim metris, longa quinque et viginti metris. Hic locus mille passibus distat ab urbe.

Exemples : 2° Hic ager vastior quàm tuus decem metris non est. Frater tuus duobus digitis minor me non est. Velum tuum ulnâ longius quàm meum non fuit.

Exemples : 3° Perdix periit ad duodecimum abhinc passum. Cecidit pluvia abhinc ad semi leucam. Urbs Roma distat abhinc trecentesimâ leucâ.

III. — *Noms de l'instrument, de la cause, de la manière, de la partie.*

Exemples : 1° Le plus beau peuplier a été frappé de la foudre. Cet homme a péri par l'épée. Vous avez reçu un coup de marteau. Les hommes se battent avec des armes, des bâtons ; les chiens avec les dents ; les oiseaux avec le bec et les serres.

Exemples : 2° Toute la famille est morte de douleur. Ces enfants étaient saisis de crainte ; leurs parents étaient morts de la peste, et eux-mêmes périssaient de soif et de faim.

Exemples : 3° Ce général s'est fait remarquer dans le combat par son courage. Vous l'emportez par la science, le talent et la beauté.

Exemples : 4° Ma mère tenait sa fille par la main. L'enfant tenait l'oiseau par les ailes. Prenez garde, vous le tirez par les cheveux. Ne vous laissez pas prendre par les oreilles.

Exemples : 1° Dux noster gladio transfixus fuit. Milites nostri ferro necati sunt. Omnes pueri hujus vici pilâ ludobant. Incolæ hujus insulæ cadavera sociorum nostrorum dentibus dilaniaverunt.

Exemples : 2° Milites nostri, plagis vulneribusque confecti, ceciderunt. Obsessi fame sitique conficiebantur ; obsessores verò laboribus et frigore premebantur, omnes febribus cruciabantur.

Exemples : 3° Hæc quercus altitudine atque amplitudine alias vincit. Frater tuus inclaruit amœnitate, caritate et benevolentiâ.

Exemples : 4° Arripuit eum brachio. Lupus vellere tenebat ovem. Canis ad venatorem rediens, leporem collo superbè tenebat. Anus conans ambulare, pedibus impediebatur.

IV. — *Noms du prix, de la valeur.*

Exemples : Mon cheval coûte cinq cents francs. Les prés que vous voyez ont coûté mille écus. Ma maison me coûte tout autant que la vôtre.

Exemples : Hoc diversorium mille nummis constitit. Culter meus constat duodecim assibus. Hæc tabula triginta nummis constabat.

V. — *Noms de temps.* — *Quandò* (1).

Exemples : Quand viendrez-vous me voir ? jeudi prochain, à cinq heures du soir. Ma mère est partie le vingt-trois mai, à huit heures du matin. Le déluge arriva l'an du monde mil six cent cinquante-six.

Exemples : Quotâ horâ cœnas ? horâ octavâ cœno. Me exspecta, horâ sextâ, et post cœnam ibimus ambulatum. Navem cràs ascendam, horâ nonâ, et mense proximo redibo. Natus sum anno millesimo octingentesimo octavo.

Quandiù (2).

Exemples : Combien de temps a-t-il commandé ? Ce prince régna vingt ans. Adam avait vécu neuf cent trente ans. David mourut âgé de soixante-dix ans ; il en avait régné quarante-deux.

Exemples : Pater meus quinquaginta annis vixit. Hunc librum tribus annis servavi. Iter feci quinque annos per Galliam. Ego et frater tuus tribus mensibus in hâc urbe commorati sumus.

A quo tempore (3).

Exemples : 1° Depuis quel temps êtes-vous malade ? depuis six mois. Il y avait six ans que vous habitiez dans ce pays, lorsque je vins au monde.

Exemples : 2° Il y avait hier vingt ans qu'il avait acheté ce jardin. Voilà trente ans que mon père est mort. Il y a dix ans au mois de janvier que j'ai vendu mon cheval. Il y eut avant-hier quinze jours que j'ai été à ma vigne.

Exemples : 1° Septimum annum alumnorum præceptor es. Quinque annos collegium peto. Vigosimum annum studio historiæ incumbimus.

Exemples : 2° Viginti abhinc annis hæc gens subacta fuit. Quinque et viginti abhinc annis domus patris mei ædificata fuit. Decem abhinc annos via ferrea per regiones blesenses, turonensesque erecta est. Quatuor abhinc mensibus hanc villam emi.

Quanto tempore.

Exemples : 1° En combien de temps avez-vous fait cet ouvrage ? en trois jours. Nous avons perdu en trois mois tous les avantages dont nous jouissions. Jésus-Christ était accusé de rebâtir le temple en trois jours. J'ai fait ce chemin en trois heures.

Exemples : 2° J'apprendrai la musique dans trois ans. Dans six mois nous serons en vendanges. Dans un an j'irai à Paris. Dans trois jours nous partirons pour la campagne.

Exemples : 1° Hanc statuam confeci intrà sex menses. Quanto tempore hoc fecisti ? intrà sex dies feci. Historiam et geographiam didici intrà quatuor annos. Deus creavit cœlum et terram intrà sex dies. Hanc imaginem pinxit intrà duas et viginti dies.

Exemples : 2° Post duas horas ambulatum ibimus. Post quinque horas cœnabimus. Post quatuor annos per Galliam atque Italiam iter faciemus.

NOMS DE LIEU. (Voir Lhomond.)

I. — Question *Ubi.*

Exemples : 1° Mon père n'est pas dans ce village, il est dans son jardin. Nous sommes en ville. Tous mes frères sont en Italie, et ma mère est en Allemagne. Nous courrons dans le jardin.

Exemples : 1° Soror mea diù commorata est in hâc urbe. Pueri vestri festivè currunt in septo. Frustrà quærebant latrones, in Galliâ confugiebant, et ii capti sunt in urbe nostrâ.

(1) De quel nombre se sert-on à la question *Quandò* ?
(2) Quel nombre emploie-t-on à la question *Quandiù* ?
(3) Quel nombre emploie-t-on à la question *A quo tempore* ?

IMP. E. DÉZAIRS, A BLOIS.

ENSEIGNEMENT MUTUEL.

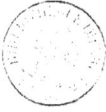

MÉTHODE LATINE.

Noms de lieu. (Voir Lhomond.)

Exemples : 2° Mon frère est né à Dijon. Nous nous promenions dans Besançon. Nos heureux voyageurs sont maintenant à Memphis.

Exemples : 3° Nous demeurons à Strasbourg, nous étions auparavant à Melun. Nous avons dîné à Mantes. Nous nous sommes arrêtés à Vienne.

Exemples : 4° J'écrivais chez mon oncle. J'étais chez mes parents. Tous les jours je dînais chez les amis de mon père.

Exemples : 2° Ego et amita mea Blesis nati sumus. Gemmas emimus Senonibus. Prandimus et cœnavimus Vesuntione.

Exemples : 3° Avunculus meus cum liberis suis Aureliæ habitabit. Estis-ne ruris? sumus. Cràs erimus domi fratris mei.

Exemples : 4° Quotidiè apud herum meum laborabam; ad vesperum autem pilâ ludebam apud amicum.

II. — Question *Quò.*

Exemples : 1° Dans quatre jours j'irai en Angleterre, en Écosse, puis je reviendrai en France. Ils se rendirent au même puits. Nous sommes venus au pied de la même colline.

Exemples : 2° Ma femme et moi nous irons à Rome ; ensuite nous irons à Lyon, puis à Blois et à Orléans. Quand vous aurez bien voyagé, vous irez à la campagne, à la maison de mon père, où vous vous reposerez.

Exemples : 3° Je vais chez mon ami, où je souperai. Je veux aller chez vous visiter vos tableaux. Demain j'irai au spectacle.

Exemples : 1° Eo ego in Italiam, vos verò ibitis, amicis comitantibus, in Germaniam. Ego et frater meus ad fontem proximum ivimus. Veniebant in agrum patris mei.

Exemples : 2° Quò ibis? Beneventum ibo. Post tres dies ibo Lutetiam, deindè Lugdunum, posteà me conferam Romam, tandem Massiliam redibo. Petivisti-ne collegium? petivi; sed cràs ibo rus.

Exemples : 3° Ivit ad suum mercatorem; ibi multa emit. Ivisti-ne ad sacram concionem? ivi. Postridiè ad villicum ibo.

III. — Question *Undè.*

Exemples : 1° Ces marchands sont revenus de l'Espagne, ils sortaient de la Sicile. En sortant de mon jardin, je vous vis revenir de la ville.

Exemples : 2° D'où venez-vous? je viens de Bade. Je sortis d'Athènes le vingt-cinq juin, je revenais alors d'Alexandrie. Vous revenez de la maison de votre père. J'ai rencontré votre mère et votre sœur, elles revenaient de la campagne.

Exemples : 3° Le laboureur revient des champs ; le vigneron de la colline ; les jeunes filles de la prairie. Nous revenions tous ensemble de chez mon ami. Je reviendrai demain de chez mon fermier.

Exemples : 1° Cràs ex Hispaniâ egrediemur. Redeundo ex Asiâ, ibimus in Siciliam. Quotâ horâ egrediemini ex horto? horâ tertiâ.

Exemples : 2° Horâ quartâ Lugduno profectus sum ; postridiè Strasburgo, horâ sextâ ; post tres dies Monachio, horâ octavâ. Cùm me vidisti, redibam domo amitæ meæ, fratresque mei rure veniebant.

Exemples : 3° Vicinus meus venit à piscatione; hortulanus ab horto ; sacerdos ab ecclesiâ ; virgo à fonte; opifex ab officinâ. Redeo à sutore meo ; frater tuus venit à pistrinario.

IV. — Question *Quà.*

Exemples : 1° Ma mère a passé par Marseille, par Lyon, Blois, Orléans et par Paris. Ces savants, dans leurs excursions, ont passé par la France, l'Afrique et l'Asie.

Exemples : 2° Nous avons traversé l'Océan, l'Angleterre, l'Irlande et l'Écosse. En France, ils ont traversé les Alpes et les Pyrénées, la Loire et le Rhône, la Saône et la Seine.

Exemples : 3° Nous avons resté plusieurs jours dans la ville ; nous avons passé par chez nos parents et amis. Hier, en revenant de la campagne, nous passâmes par chez mon père, ensuite par chez mon cousin.

Remarque 1°. — *Exemples :* 1° J'ai demeuré six ans à Paris, ville capitale du royaume de France. Votre frère a habité plusieurs années dans la ville de Rome et dans la ville de Vienne.

Exemples : 2° Nous irons tous deux à Lyon, ville riche et commerçante. Nous avons déjà été dans la ville de Marseille.

Exemples : 3° Nous revenons de Vienne, ville grande et célèbre. Ce voyageur vient d'Athènes, ville très ancienne. Vous revenez de la ville d'Orléans.

Exemples : 4° Hier nous avons passé par Lyon, ville très commerçante. Mon père a passé par le royaume de France et de Belgique.

Remarque 2°. — *Exemples :* Vos parents resteront dans cette belle maison, dans cette campagne fertile. J'irai à la campagne de mon père. Vos petits frères sont revenus de la maison et de la campagne de votre sœur. Ces voyageurs ont passé par la maison de votre oncle et ont traversé les campagnes de la Suisse.

Exemples : 1° Hic pater cum suis liberis iter fecerunt per Galliam, Italiam, Helvetiam et per Germaniam. Quà iter fecisti? iter feci per Angliam atque Hiberniam.

Exemples : 2° Quam urbem transiistis? transivimus Massiliam, Lugdunum atque Aureliam. Quem fluvium transiistis? transivimus fluvium Rhenum.

Exemples : 3° Lugdunum eundo, iter fecimus per domum patris mei; postridiè iter fecimus per domum avunculi mei ; undè iter fecimus per domum parentum atque amicorum nostrorum.

Remarque 1°. — *Exemples :* 1° Frater meus decem annos habitavit Aureliæ, in urbe frequentiâ mercatorum celebri. Sumus in urbe Lutetiâ.

Exemples : 2° Hi villici simùl ibant Blesas, in urbem ponte et fontibus suis conspicuam ; jàm iverant in urbem Lugdunum.

Exemples : 3° Frater meus redibat Carnuto, ex urbe ecclesiâ cathedrali conspicuâ. Redivimus ex urbe Vindebonâ.

Exemples : 4° Post tres dies iter faciemus per Lutetiam, urbem monumentis, artibus, litteris celeberrimam.

Remarque 2°. — *Exemples :* Sumus in domo et in rure patris mei. Ibimus in domum Cæsaris, in rus fecundum Pauli. Egrediemur eâdem domo, rure quod emi. Iter fecimus per domum novam et rus amœnum avunculi mei. Ivimus simùl in domum et rus amici tui.

SYNTAXE DES ADVERBES ET DES CONJONCTIONS. (Voir Lhomond.)

SYNTAXE DES INTERJECTIONS. (Voir Lhomond.)

FIN.

IMP. E. DÉZAIRS, A BLOIS.

ENSEIGNEMENT MUTUEL.

LOCUTIONS LATINES (*).

Détourner de la loi divine. A lege divinâ abducere.

Se jeter aux pieds. Se abjicere ad pedes.

Un autre chagrin se joignit à... Alius dolor accessit ad...

Presser la course. Accelerare cursum.

Allumer une haine violente. Accendere odium grave.

Mettre une épée au côté. Accingere latus gladio.

Se mettre à table. Accumbere mensæ.

Combattre en bataille rangée. Dimicare acie.

Livrer en servitude. In servitutem addicere.

Ajouter foi. Fidem adhibere.

Pousser à faire une faute. Adigere ad peccandum.

Être utile. Esse adjumento.

Approcher de sa bouche. Admovere ori.

Si quelque chose de fâcheux... Si quid adversi...

Raser une ville. Æquare urbem solo.

Trop indulgent. Plùs æquo.

D'un esprit égal. Animo æquo.

Affaires qui sont en mauvais état. Res afflictæ.

Être comblé de richesses et de délices. Affluere opibus et deliciis.

Servir à manger. Apponere cibum.

Augmenter son bien. Augere rem.

Elever en gloire. Augere gloriâ.

De bon œil. Oculis benignis.

Sonner de la trompette. Canere tubâ.

Ressentir de la douleur de... Capere dolorem ex...

Tout lui réussissait. Omnia feliciter ei cedebant.

Assiéger une ville. Urbem cingere obsidione.

Sonner de la trompette. Tubis clangere.

Jeter un cri. Edere clamorem.

Il avait le cœur ému. Erat commotus animo.

Il disparut. Nec comparuit ultrà.

Le sommeil s'empara de moi. Somnus complexus est me.

Les affaires ayant été réglées. Rebus compositis.

Sous prétexte de rétablir l'union. Specie concordiæ restituendæ.

Placer son camp vis-à-vis celui de l'ennemi. Conferre castra castris hostium.

Accabler de peine ou de travail. Conficere labore.

En venir aux mains avec quelqu'un. Conserere manum cum aliquo.

A quel dessein? Dans quelle intention? Quo consilio?

Couvrir de ses larmes. Conspergere lacrymis.

Lever une armée. Exercitum contrahere.

Commander des funérailles magnifiques. Curare funus magnificè.

Secours qui ne manquera pas. Auxilium non defuturum.

Renoncer à une résolution. Deponere consilium.

S'écarter de la conduite de son père. Desciscere à moribus paternis.

Désespérer de son pardon. Desperare veniam.

Ils se dispersèrent les uns d'un côté, les autres d'un autre. Alii dilapsi sunt aliò.

Détourner d'une entreprise. Dimovere à consilio.

S'écarter de la loi. Discedere à lege.

Se mettre en route. Se dare in viam.

Ne compter pour rien. Ducere pro nihilo.

Combler d'éloges. Efferre laudibus.

On alla au-devant de lui. Itum est obviàm ei.

Arracher d'un danger. Eripere è periculo.

Prononcer des paroles avec force. Erumpere in voces.

S'enflammer de colère. Exardere irâ.

Faire sortir d'un profond sommeil. A somno gravi excitare.

Subir la peine. Exsolvere pœnam.

Rendre le dernier soupir. Agere spiritum extremum.

Mettre une armée en déroute. Fundere exercitum.

Avoir de la complaisance pour quelqu'un. Gerere morem alicui.

Rendre des actions de grâces qui sont dues. Rependere gratos debitas.

Avec des intentions hostiles. Animo hostili.

Avec un esprit mécontent. Animo iniquo.

Par l'ordre de Dieu. Jubente Deo.

Rappeler à de meilleurs sentiments. Revocare ad mentem meliorem.

Venir à résipiscence. Redire ad mentem sanam.

Aux approches de la mort. Morte instante.

Comme des lions. More leonum.

Il s'éleva une guerre. Bellum motum est.

Les endroits faibles. Loca parùm munita.

La chose se présente à raconter maintenant. Res venit narranda nunc.

En forme de vaisseau. In modum navis.

Charger d'une commission. Dare negotium.

Convrir le ciel de nuages. Obducere nubes cœlo.

Avoir pour quelqu'un toute sorte d'égards. Colere aliquem omni officio.

S'offrir à la mort. Oppetere mortem.

Avec de grands gémissements. Planctu magno.

Accorder la permission à quelqu'un. Facere potestatem alicui.

En ma présence. Me præsente.

Faire des prières. Fundere preces.

Souhaiter du bonheur à... Precari fausta.

Souhaiter à quelqu'un toute sorte de bonheur. Precari alicui omnia prospera.

Bénir quelqu'un. Alicui benè precari.

Répandre des larmes. Lacrymas perfundere.

Sacrifier sa vie. Vitam perfundere.

Pêle-mêle dans le carnage. Cædes promiscua.

Étant menacé de la peine de mort. Pœnâ mortis propositâ.

On combattit vivement. Pugnatum est acriter.

S'endormir tranquillement. Quiescere morte placidâ.

Être fidèle à ses promesses. Stare promissis.

Au pied de la montagne. Ad radices montis.

Recouvrer la vue. Recipere visum.

Reprendre ses esprits. Recipere animum.

Remporter la victoire. Victoriam reportare.

J'en répondrai. Culpa in me residebit.

Pourvoir à sa conservation. Consulere saluti.

Trancher la tête. Percutere securi.

Simple de caractère. Simplex moribus.

Renverser de fond en comble. Æquare solo.

Briser les liens. Solvere vincula.

Lever le siége. Solvere obsidionem.

Donner une preuve. Edere specimen.

Que signifie cela? Quorsùm istud spectat?

Pour ressource contre la faim. In subsidium famis.

Mettre sous sa tête. Supponere capiti.

Se charger d'un fardeau. Suscipere onus.

Soutenir le choc. Sustinere impetum.

Souffrir la peine. Sustinere pœnam.

Craindre pour quelqu'un. Timere alicui.

Se loger chez quelqu'un. Uti hospitio alicujus.

Étant parti pour la chasse. Profectus venatum.

En un mot. Uno verbo.

En ces termes. Iis verbis.

Mettre en fuite. Vertere in fugam.

Vaincu par la douleur. Dolore victus.

Telle est la volonté de Dieu. Voluntas Dei fieri ità.

Afin qu'ils eussent meilleur visage. Quò essent vultu meliora.

S'avancer en ordre de bataille. In aciem procedere.

Encourager. Animos addere.

Condamner à une peine. Pœnâ afficere.

Employer la ruse envers quelqu'un. Dolo aliquem aggredi.

Déclarer la guerre à quelqu'un. Bello aliquem aggredi.

Avoir la volonté, l'intention de... In animo esse, habere.

Ressentir du chagrin, de la douleur. Dolorem capere.

Condamner à mort. Capite damnare.

A condition que... Eâ conditione ut...

Prendre la résolution. Inire consilium.

Tout n'est pas perdu pour... Non omninò malè consilium est.

Faire prendre la fuite à quelqu'un. Aliquem in fugam convertere.

Vendre à l'encan, vendre comme esclaves. Sub coronâ vendere.

Se livrer à ses passions. Cupiditates solvere.

Débarquer, mettre à terre. In terram deponere.

Demander la paix. Bellum deprecari.

Être réduit au désespoir, tomber dans le désespoir. In desperationem venire.

Se justifier, plaider sa cause. Causam dicere.

Ne sachant à quoi se résoudre. Dubius consilii.

Tirer son origine. Genus ducere.

Envoyer en exil. In exsilium ejicere.

Assister aux funérailles. Exequias prosequi.

Tirer vengeance. Ultionem exigere.

Éprouver l'inimitié de quelqu'un. Aliquem infensissimum experiri.

Faire concevoir l'espérance. Spem facere.

On dit, on rapporte. Fertur.

Prendre la fuite. Se dare in fugam.

Faire la guerre à quelqu'un. Bellum cum aliquo gerere.

Propager l'espèce. Genus facere.

Rentrer en grâce avec quelqu'un. Gratiam inire cum aliquo.

Être maltraité. Malè haberi.

Remplir les charges, les places. Honores gerere.

Surprendre quelqu'un. Incautum aliquem aggredi.

Au commencement de son règne. Ineunte regno.

Avec acharnement. Ingentibus animis.

Être monté sur un cheval. Equo insidere.

Dresser des embûches, des piéges. Insidias parare.

Semer la haine. Odia instruere.

A la tête de l'armée. Instructo exercitu.

En chemin faisant. Iter eundum.

Au point du jour. Primâ luce.

Les armes étant égales. Æquo Marte.

Le plus âgé. Natu maximus.

Tremblement de terre. Terræ motus.

Du haut des murailles. È muris.

Être dans la nécessité. Necesse habere.

La nuit étant formée. Nocte obductâ.

Lever le siége. Obsidionem solvere.

Rencontrer quelqu'un. Obvium habere aliquem.

En secret. In occulto.

Donner la liberté. Potestatem facere.

Donner à quelqu'un le gouvernement de... Aliquem alicui rei præponere.

Avoir de la tendresse pour quelqu'un. Aliquem pietate prosequi.

Témoigner de la reconnaissance. Gratiam referre.

Punir quelqu'un. Pœnas repetere.

A ce sujet. Eâ de re.

Il est à propos de... Non abs re fuerit...

Garder, tenir sa parole. Fidem servare.

Faire alliance avec... In societatem recipere.

Se tenir sous les armes. In armis stare.

Être victorieux, avoir l'avantage. Superiorem fieri.

Prendre la résolution. Consilium suscipere.

Monter sur le trône. Regnum suscipere.

Avoir des enfants. Liberos suscipere.

Rendre les armes. Victoriam tradere.

Employer la voie des armes. Armis uti.

Être ami de quelqu'un. Amicitiâ alicujus uti.

Livrer une bataille, un combat. In prælium venire.

(*) Le Maître fera expliquer mot à mot ces Locutions, et demandera à l'Élève d'après quelle règle est faite chaque Locution.

IMP. N. DÉZAIRS, A BLOIS.

ENSEIGNEMENT MUTUEL.

LOCUTIONS LATINES.

Prendre la fuite. Terga vertere.
Appeler à son secours. Vocare in auxilium.
Demander une entrevue, une conférence. In colloquium vocare.
Être privé du droit de bourgeoisie. Alienari jure civium.
Apprendre par renommée. Accipere famâ.
Serrer la courroie. Adducere lorum.
Agir en consul. Consulem agere.
Dormir profondément. Arctè dormire.
Porter aux nues. Ad cœlum ferre.
Engager le combat. Pugnam committere.
À discrétion. In deditionem.
Pour se promener. Ambulandi gratiâ.
S'indigner. Indignè ferre.
En public. In medio.
Il est à propos de... Operæ pretium est.
Se retirer. Se recipere.
Lâcher pied. Pedem referre.
Pain bis. Secundarius panis.
Les premières armes. Prima stipendia.
Armée rangée en bataille. Acie instructâ.
Se percer le sein d'un coup d'épée. Ensem in pectus sibi adigere.
Vaincre en bataille rangée. Acie vincere.
Rendre un culte. Cultum adhibere.
Avec le secours des soldats. Juvantibus militibus.
Vivre et mourir alternativement. Alternis diebus vivere et mori.
Régner tour à tour. Alternis annis regnum possidere.
Echouer contre des écueils. Appellere ad scopulos.
Jeter des pierres à quelqu'un. Appetere aliquem lapidibus.
Rendre service à quelqu'un. Beneficium in aliquem conferre.
Qui n'a ni pieds ni mains. Captus manibus pedibusque.
Revenir de sa fureur. Se colligere à furore.
Conserver sa virginité. Virginitatem colere.
Se mettre en mer. Se mari committere.
En temps de paix. Pace compositâ.
Agiter quelqu'un de violents transports de fureur. Concutere aliquem diro furore.
Dresser un autel. Condere aram.
Être consumé par la foudre. Fulmine conflagrare.
Se donner la mort. Sibi mortem consciscere.
Poussé par une malheureuse curiosité. Malè curiosus.
Donner des gardes à quelqu'un. In custodiam aliquem dare.
Être changé en rocher. Dirigere in saxum.
Faire tirer quelqu'un par quatre chevaux. Actis in diversa equis aliquem distrahere.
Tirer au sort. Sortem ducere.
Faire un horrible carnage. Ingentem cædem edere.
Rendre des oracles. Oracula edere.
Mettre au monde. In lucem edere.
Décharger sa colère sur quelqu'un. Effundere iram in aliquem.
Justifier une prédiction. Fidem facere vaticinio.
Au milieu des horreurs de la guerre. Bello flagrante.
Exceller à la lutte et dans l'éloquence. Palæstræ et eloquentiæ laude florere.
Errer au gré des flots. Fluitare incerto mari.
Chargé de vin. Gravis vino.
Accablé d'années et d'infirmités. Gravis annis et ærumnis.
Epier toutes les occasions. In omnem occasionem imminere.
Donner à téter à un enfant. Labris pueri mulgere.
Faire des courses à main armée. Cursare infestis armis.
Mettre un vêtement. Vestem induere.
Au grand regret de son père. Invito vehementer patre.
Publier les vacances des tribunaux. Indicere justitiam.
Balancé par son propre poids. Libratus ponderibus suis.
Passer en d'autres corps. Migrare in alia corpora.
Verser le nectar. Miscere nectar.
Accabler quelqu'un de toute sorte de disgrâces. Omnibus infortuniis aliquem mulctare.
Faire oublier quelque chose. Afferre oblivionem alicujus rei.
Remplacer quelqu'un. Occupare locum alicujus.
Donner du lustre à la vie. Ornare vitam moribus.
Être en âge de régner. Regno gerendo per ætatem parem esse.
La ville aux cent portes. Urbs centum portis patens.
Avoir en son pouvoir. Penès se habere.
Convenir à quelqu'un. Quadrare in aliquem.
Rouvrir une plaie. Obductam cicatricem refricare.
Garder les troupeaux. Regere gregem.
Tenir le gouvernail. Gubernaculum regere.
Combattre vaillamment. Rem strenuè gerere.
Renfermer dans les entrailles de la terre. Retrudere in imam tellurem.
Rappeler à la vie. In vitam revocare.
Plongé dans le vin et le sommeil. Sepultus vino et somno.
Goûter le sommeil. Somnum capere.
Le mot l'indique. Vox sonat.
Prendre différents noms. Varia sortire nomina.
Exploits dont la France a été le théâtre. Faciora per Galliam sparsa.
Distinguer deux génies. Duplex statuere genium.
Il eut d'elle deux enfants. Ex eâ suscepit duos liberos.
Mettre de l'eau dans le vin. Vinum aquâ temperare.
Faire mourir. Tollere è medio vorum.
Avoir les yeux très perçants. Oculis acutissimis valere.
Tomber entre les mains de quelqu'un. Venire in manus alicujus.
Prendre toutes les formes. Vertere sese in omnes formas.
S'approprier quelque chose. Vindicare sibi aliquid.
Inviter quelqu'un à prendre quelque chose. Vocare aliquem in societatem alicujus rei.
Se plonger, se rouler dans la fange. Volutare in cœno.
Faire accroire mille mensonges. Mille centones farcire.
Admettre quelqu'un à sa table. Suum amicum suæ mensæ adhibere.
Il aime à rire. Eum juvat ridere.
Il a l'air sombre. Videtur tristis.
Amasser des trésors immenses. Auri argenteque acervos congerere.
Vous avez lié amitié. Amicitias conjunxisti.
Pour l'amour de vous. Tui ergò.
Le jeu l'amuse. Ludus eum juvat.
Sans appel. Sine ullâ provocatione.
Arriver dans un lieu. Locum attingere.
Ce ragoût est plein d'arsenic. Hoc pulmentum arsenico refertum est.
Il attendra l'ennemi de pied ferme. In ipso vestigio hostem exspectabit.
Avant son avénement au trône. Antequàm principatum iniret.
Il gagna la victoire. Victoriam reportavit.
Il perdra la bataille. A prœlio inferior discedet.
Ils avaient fait bâtir. Jusserant ædificari.
Battu de la tempête. Procellâ jactatus.
Les besoins de la vie. Vitæ necessaria.
Au commencement de la carrière. Ineunte curriculo.
Cela a des charmes pour moi. Hoc me juvat.
Il a fait un beau choix. Bonum delectum habuit.
Cette table a un pied et demi de circonférence. Hæc mensa sesquipedem orbe collegit.
Comme il vous plaira. Ut tibi libuerit.
Composer un ouvrage. Librum vel opus scribere.
Condamner à mort. Capite addicere.
Connaître à fond. Penitùs cognitum habere.
Se corriger. Se ad meliorem frugem recipere.
Très bien écrit. Graphicè descriptus.
Ses seules délices. Unicæ ejus deliciæ.
Vivre dans les délices. Luxuriare.
Mettre sous la dent. Dente terere.
Montrer les dents. Dentes minari.
Depuis ce temps. Ab illo tempore.
A dessein. De industriâ.
Que deviendrons-nous? Quid fiet de nobis?
Des friandises à dévorer. Suavissimum aliquid devorandum.
Faire un délectable dîner. Jucundissimè prandere.
Dompter ses passions. Turbatos animi motus cohibere.
Donner des préceptes. Præcepta tradere.
Drap très fin. Pannus tenuissimæ texturæ.
Échapper au danger. Periculum effugere.
Cela ne m'est échappé. Ejus nomen mihi excidit.
S'élever au plus haut des airs. Sublimes in aras surgere.
Embaumer les morts. Corpora mortuorum condire.
S'emparer par les armes. Armis occupare.
Employer le temps. Tempus consumere.
Entreprendre de longs voyages. Longinquas profectiones ingredi.
Méditer une entreprise. Consilium agitare.
Charger sur ses épaules. Humeris imponere.
Une immense étendue d'eau. Longinquas aquarum tractus.
Étudier le caractère. Ingenium explorare.
Exercer la patience. Patientiam tentare.
Exposé à la vue. Situs in oculis.
Pressé par la faim. Fame coactus.
Mourir de faim. Fame interire.
Être accablé par les flots. Fluctibus obrui.
Tirer une fiction. Commentum fingere.
Sa fièvre a duré longtemps. Febris eum diù extorruit.
Reprenons le fil de notre histoire. Eò undè eramus, revertamur.
Remplir des fonctions. Munia explere.
Forcer de se rendre. Ad deditionem cogere.
Bonne fortune. Res secunda.
Mettre en fuite. In fugam vertere.
Plus gai que de coutume. Solitò hilarior.
Une heure et demie. Sesquihora.
De bonne heure. Maturè.
Lever des impôts. Tributa exigere.
Cela est inappréciable. Hoc non pretium habet.
Devenir inutile. Nihil proficere.
Jeter en prison. In carcerem, ou in vincula conjicere.
Mettre sous le joug. Sub jugum mittere.
Lever les yeux. Oculos attollere.
Combler de louanges. Summis laudibus onerare.
Jeter de la lumière. Lumen, ou lucem emittere.
Ille blessa de sa propre main. Eum manu suâ vulneravit.
Faire du mal. Nocere.
Tomber malade. In morbum incidere.
Faire une maladie. Morbo conflictari.
Sa maladie avait duré. Morbus eum tenuerat.
Sa maladie ne durera que... Morbus tantùm laborabit.
De cette manière. Hoc modo.
Mener une vie dépravée. Vitam pravam degere.
Il était en pleine mer. Altum tenebat.
Promettre monts et merveilles. Montes et maria policeri.
Donner la mort. Letho permittere.
Il perdit ce nom. Hoc nomen habebat.
Pendant la nuit. Per noctem, ou noctu, ou de nocte.
Une bonne occasion. Occasio opportuna.
J'ai reçu ordre. Jussus est.
Par son ordre. Illius jussu.
Passer au fil de l'épée. Ferro necare.
Passer des jours heureux. Dies fortunatos degere.
Demeurer quelques jours. Aliquot diebus commorari.
Passer le temps. Tempus consumere.
Il est permis. Fas est.
Il n'est pas permis. Nefas est.
Tendre des pièges. Insidias comparare.
Placer des obstacles au voyageur. Viatori progredienti impedimenta objicere.
Lucullus se plaisait à vivre. Vivere Lucullum juvabat.
Faire plaisir. Juvare.
J'ai beaucoup de plaisir. Multùm hoc me juvat.
La plupart des hommes. Plerique homines.
Tirer les écus de sa poche. È perulâ nummos depromere.
Frapper à la porte. Fores pulsare.
Poser à terre. Humi deponere.
Ordonner une potion. Potionem præscribere.
Prendre une potion. Potionem sorbere.
Dans la pratique des règles. In experiendis regulis.
Il aime à prêter. Eum juvat commodare.
Une extrême probité. Spectata integritas.
Prodiguer au premier venu. Obvio cuique porrigere.
Former de grands projets. Magna moliri.
Faire des projets. Animo cogitationes versare.
Manquer à sa promesse. Fidem violare.
Faire des provisions. Res vitæ necessarias comparare.
Bonnes qualités. Præclaræ dotes.
Mauvaises qualités. Pravæ dotes.
De piquantes railleries. Sales amari.
Réduire à la dernière extrémité. In summnas angustias adducere.
Ils regardent le bien et le mal avec indifférence. Malum et bonum eos modicè tangunt.
Mauvaise route. Via deterrima.
Belle saison. Secunda tempestas.
Être satisfait. Vehementer laudare.
Le savoir-faire. Singularis solertia.
Porter du secours. Ferre auxilium.
Selon mon plaisir. Ad libitum.
Servir un maître. Hero famulari.
Se charger du soin de son père. Curam sui patris suscipere.
Ce soir. Hoc vespere.
Dépenser des sommes considérables. Ingentes sumptus agere.
De la sorte. Hoc modo.
Se soustraire à la conscription. Militiæ nomen non dare.
Un peu trop souvent. Paulò sæpius.
Il a obtenu du succès. Res illi prosperè cessit.
Terminer un bâtiment. Ædem exstruere.
Se tenir aux portes. Ad portas stare.
Tirer quelqu'un par le bras. Aliquem brachio excutere.
Tirer l'épée. Gladium stringere.
Tomber entre les mains de l'ennemi. Hostis in potestatem cadere.

FIN.

www.ingramcontent.com/pod-product-compliance
Lightning Source LLC
Chambersburg PA
CBHW071822090426
42737CB00012B/2159